智能网联汽车专业"岗课赛证"融通活页式创新教材

汽车智能座舱系统与应用

组编　行云新能科技（深圳）有限公司
主编　于晓英　陈道泉　张朝山
参编　吴立新　郑　峥　张　力
　　　孙春玲　魏志宁　吴如艳

机械工业出版社

本书共分为 6 个能力模块，分别是：对智能座舱系统的基本认知、对智能座舱硬件的基本认知、掌握智能座舱中机器视觉技术的应用、掌握智能座舱中语音交互技术的应用、掌握智能座舱中数据采集与处理技术的应用、掌握智能座舱场景测试技术，并下设 19 个任务。全书以"做中学"为主导，以程序性知识为主体，配以必要的知识点和策略性知识，重点强化"如何做"，将必要知识点穿插于各个"做"的步骤中，边学习、边实践，同时将"课程思政"融入课程的培养目标，在实训教学中渗透理论的讲解，使所学到的知识能够融会贯通，让学生具有独立思考、将理论运用于实践的动手能力，成为从事智能网联汽车相关工作的高素质技能型专业人才。

本书内容通俗易懂，可作为职业院校新能源汽车技术、智能网联汽车技术、智能网联汽车工程技术等相关专业的教材，也可供从事相关专业工作的工程技术人员阅读参考。

图书在版编目（CIP）数据

汽车智能座舱系统与应用 / 行云新能科技（深圳）有限公司组编；于晓英，陈道泉，张朝山主编. —北京：机械工业出版社, 2024.3（2025.1重印）
智能网联汽车专业"岗课赛证"融通活页式创新教材
ISBN 978-7-111-75502-9

Ⅰ. ①汽… Ⅱ. ①行… ②于… ③陈… ④张… Ⅲ. ①汽车 – 智能通信网 – 座舱 – 教材 Ⅳ. ①U463.83

中国国家版本馆CIP数据核字（2024）第067045号

机械工业出版社（北京市百万庄大街22号　邮政编码100037）
策划编辑：谢　元　　　　　责任编辑：谢　元　丁　锋
责任校对：郑　婕　王　延　　封面设计：马精明
责任印制：郜　敏
中煤（北京）印务有限公司印刷
2025年1月第1版第2次印刷
184mm×260mm・17.25印张・381千字
标准书号：ISBN 978-7-111-75502-9
定价：69.90元

电话服务　　　　　　　　　　网络服务
客服电话：010-88361066　　　机 工 官 网：www.cmpbook.com
　　　　　010-88379833　　　机 工 官 博：weibo.com/cmp1952
　　　　　010-68326294　　　金 书 网：www.golden-book.com
封底无防伪标均为盗版　　机工教育服务网：www.cmpedu.com

智能网联汽车专业"岗课赛证"融通活页式创新教材

丛书编审委员会

主　任　吴立新　行云新能科技（深圳）有限公司

副主任　吕冬明　机械工业教育发展中心
　　　　　程安宇　重庆邮电大学
　　　　　丁　娟　浙江天行健智能科技有限公司
　　　　　王　潇　深圳市速腾聚创科技有限公司
　　　　　谢启伟　北京中科慧眼科技有限公司

委　员　陈纪钦　河源职业技术学院
　　　　　邓剑勋　重庆电子科技职业大学
　　　　　李　勇　山东交通职业学院
　　　　　吴海东　广东轻工职业技术大学
　　　　　谢　阳　惠州城市职业学院
　　　　　徐艳民　广东机电职业技术学院
　　　　　游　专　无锡职业技术学院
　　　　　于晓英　山东交通职业学院
　　　　　邹海鑫　深圳信息职业技术学院
　　　　　张朝山　杭州科技职业技术学院

资源说明页

本书附赠 8 个微课视频，总时长 48 分钟。

获取方式：

1. 微信扫码（封底"刮刮卡"处），关注"天工讲堂"公众号。
2. 选择"我的"—"使用"，跳出"兑换码"输入页面。
3. 刮开封底处的"刮刮卡"获得"兑换码"。
4. 输入"兑换码"和"验证码"，点击"使用"。

通过以上步骤，您的微信账号即可免费观看全套课程！

首次兑换后，微信扫描本页的"课程空间码"即可直接跳转到课程空间，或者直接扫描内文"资源码"即可直接观看相应富媒体资源。

课程空间码

序

当前,全球汽车产业进入百年未有之大变革时期,汽车电动化、网联化和智能化水平不断提升,智能网联汽车已成为世界公认的汽车产业未来发展的方向和焦点。党的二十大报告提出:"建设现代化产业体系。坚持把发展经济的着力点放在实体经济上,推进新型工业化,加快建设制造强国、质量强国、航天强国、交通强国、网络强国、数字中国。"这为推动智能网联汽车发展、助力实体经济指明了方向。

智能网联汽车是跨学科、跨领域融合创新的新产业,要求企业员工兼具车辆、机械、信息与通信、计算机、电气、软件等多维专业背景。从行业现状来看,大量从业人员以单一学科专业背景为主,主要依靠在企业内"边干边学"完善知识结构,逐步向跨专业复合型经验人才转型。这类人才的培养周期长且培养成本高,具备成熟经验的人才尤为稀缺,现有存量市场无法匹配智能网联汽车行业对复合型人才的需求。

为了响应高速发展的智能网联汽车产业对素质高、专业技术全面、技能熟练的大国工匠、高技能人才的迫切需求,为了响应《国家职业教育改革实施方案》提出的"建设一大批校企'双元'合作开发的国家规划教材,倡导使用新型活页式、工作手册式教材并配套开发信息化资源"的倡议,行云新能科技(深圳)有限公司联合中职、高职、本科、技工技师类院校的一线教学老师与华为、英特尔、百度等行业内头部企业共同开发了智能网联汽车专业"岗课赛证"融通活页式创新教材。

行云新能在华为 MDC 智能驾驶技术的基础上,紧跟华为智能汽车的智能座舱—智能网联—智能车云全链条根技术和产品,构建以华为智能汽车根技术为核心的智能网联汽车人才培养培训生态体系,建设中国智能汽车人才培养标准。在此基础上,我们组织多名具有丰富教学和实践经验的汽车专业教师和智能网联汽车企业技术人员一起合作,历时两年,共同完成了"智能网联汽车专业'岗课赛证'融通活页式创新教材"的编写工作。

本套教材包括《智能网联汽车概论》《Arduino 编程控制与应用》《Python 人工智能技术与应用》《ROS 原理与技术应用》《智能网联汽车传感器技术与应用》《智能驾驶计算平台应用技术》《汽车线控底盘与智能控制》《车联网技术与应用》《汽车智能座舱系统与应用》《车辆自动驾驶系统应用》《智能网联汽车仿真与测试》共十一本。

多年的教材开发经验、教学实践经验、产业端工作经验使我们深切地感受到,教材建设是专业建设的基石。为此,本系列教材力求突出以下特点:

1）以学生为中心。活页式教材具备"工作活页"和"教材"的双重属性，这种双重属性直接赋予了活页式教材在装订形式与内容更新上的灵活性。这种灵活性使得教材可以依据产业发展及时调整相关教学内容与案例，以培养学生的综合职业能力为总目标，其中每一个能力模块都是完整的行动任务。按照"以学生为中心"的思路进行教材开发设计，将"教学资料"的特征和"学习资料"的功能完美结合，使学生具备职业特定技能、行业通用技能以及伴随终身的可持续发展的核心能力。

2）以职业能力为本位。在教材编写之前，我们全面分析了智能网联汽车技术领域的特征，根据智能网联汽车企业对智能传感设备标定工程师、高精度地图数据采集处理工程师、智能网联汽车测试评价工程师、智能网联汽车系统装调工程师、智能网联汽车技术支持工程师等岗位的能力要求，对职业岗位进行能力分解，提炼出完成各项任务应具备的知识和能力。以此为基础进行教材内容的选择和结构设计，人才培养与社会需求的无缝衔接，最终实现学以致用的根本目标。同时，在内容设置方面，还尽可能与国家及行业相关技术岗位职业资格标准衔接，力求符合职业技能鉴定的要求，为学生获得相关的职业认证提供帮助。

3）以学习成果为导向。智能网联汽车横跨诸多领域，这使得相关专业的学生在学习过程中往往会感到无从下手，我们利用活页式教材的特点来解决此问题，活页式教材是一种以模块化为特征的教材形式，它将一本书分成多个独立的模块，以某种顺序组合在一起，从而形成相应的教学逻辑。教材的每个模块都可以单独制作和更新，便于保持内容的时效性和精准性。通过发挥活页式教材的特点，我们将实际工作所需的理论知识与技能相结合，以工作过程为主线，便于学生在实际的操作过程中掌握工作所需的技能和加深对理论知识的认知。

总体而言，本活页式教材以学生为中心，以职业能力为本位，以学习成果为导向，让学生在教师指导下经历完整的工作过程，创设沉浸式教学环境，并在交互体验的过程中构建专业知识，训练专业技能，从而促进学生自主学习能力的提升。每一个任务均以学习目标、知识索引、情境导入、获取信息、任务分组、工作计划、进行决策、任务实施、评价反馈这九个环节为主线，帮助学生在动手操作和了解行业发展的过程中领会团结合作的重要性，培养执着专注、精益求精、一丝不苟、追求卓越的工匠精神。在每个能力模块中引入了拓展阅读，将爱党、爱国、爱业、爱史与爱岗教育融入课程中。为满足"人人皆学、处处能学、时时可学"的需要，本活页式教材同时搭配微课等数字化资源辅助学习。

虽然本系列教材的编写者在智能网联汽车应用型人才培养的教学改革方面进行了一些有益的探索和尝试，但由于水平有限，教材中难免存在错误或疏漏之处，恳请广大读者给予批评指正。

丛书编委会

前　言

党的二十大报告指出："统筹职业教育、高等教育、继续教育协同创新，推进职普融通、产教融合、科教融汇，优化职业教育类型定位。"产教融合是培养智能网联汽车产业端所需的素质高、专业技术全面、技能熟练的大国工匠、高技能人才的重要方式，也是我们教材体系建设的重要依据。

2022 年 11 月，工业和信息化部与公安部联合发布《关于开展智能网联汽车准入和上路通行试点工作的通知 (征求意见稿)》。在电动化、智能化、网联化、共享化已成为汽车产业发展趋势的当下，政策的利好更进一步地推动了产业的健康发展。工业和信息化部数据显示，2022 年上半年，我国具备组合驾驶辅助功能的乘用车销量达 288 万辆，渗透率提高至 32.4%，同比增长 46.2%。国家智能网联汽车创新中心数据显示，到 2025 年，我国智能网联汽车产业仅汽车部分新增产值将超过 1 万亿元；到 2030 年，汽车部分新增的产值将达到 2.8 万亿元。智能网联汽车行业的快速发展推进了产业端对人才的需求，根据教育部等三部门联合印发的《制造业人才发展规划指南》，未来节能与新能源汽车人才缺口为 103 万人，智能网联汽车人才缺口为 3.7 万人，汽车行业技术人才、数字化人才非常稀缺。而智能网联汽车产业作为汽车、电子、信息、交通、定位导航、网络通信、互联网应用等行业领域深度融合的新兴产业，院校在专业建设时往往会遇到行业就业岗位模糊、专业建设核心不清等情况。在政策大力支持、产业蓬勃发展的大背景下，为满足行业对智能网联汽车技术专业人才的需要，促进中职、高职、职教本科类院校汽车类专业建设，特编写本教材。

本教材围绕智能网联汽车相关专业"岗课赛证"综合育人的教育理念与教学要求，基于"学生为核心、能力为导向、任务为引领"的理念编写。在对智能网联汽车技术技能人才岗位特点、1+X 职业技能等级证书和"校—省—国家"三级大赛体系进行调研的基础上，分析出岗位典型工作任务，进而创设真实的工作情景，引入企业岗位真实的生产项目，强化产教融合深度，从而构建整套系统化的课程体系。

本教材分为 6 个能力模块。能力模块一为对智能座舱系统的基本认知，讲解了智能座舱系统的概念、结构、发展历程与应用场景；能力模块二为对智能座舱硬件的基本认知，讲解了智能座舱的技术架构、关键零部件与拆装方法；能力模块三为掌握智能座舱中机器视觉技术的应用，讲解了手势交互技术的应用、DMS状态监测系统的测试、机器视觉在安全辅助驾驶中的应用；能力模块四为掌握智能座舱中语音交互技术的应用，讲解了语音交互技术在智能座舱领域的应用；能力模块五为掌握智能座舱中数据采集与处理技术的应用，讲解了如何实现数据的采集、标注、清洗与增强；能力模块六为掌握智能座舱场景测试技术，讲解了座舱场景的测试流程、测试工具与测试标准。各模块的学时分配见下表。

能力模块		理论学时	实践学时	权重
能力模块一	对智能座舱系统的基本认知	4	0	6.25%
能力模块二	对智能座舱硬件的基本认知	5	5	15.625%
能力模块三	掌握智能座舱中机器视觉技术的应用	8	10	28.125%
能力模块四	掌握智能座舱中语音交互技术的应用	4	4	12.5%
能力模块五	掌握智能座舱中数据采集与处理技术的应用	7	7	21.875%
能力模块六	掌握智能座舱场景测试技术	4	6	15.625%
	总计	32	32	100%

本书由山东交通职业学院于晓英、浙江机电职业技术学院陈道泉、杭州科技职业技术学院张朝山主编；行云新能科技（深圳）有限公司吴立新、山东交通职业学院郑峥、山东交通职业学院张力、山东交通职业学院孙春玲、杭州科技职业技术学院魏志宁、杭州科技职业技术学院吴如艳参与编写。

由于编者水平有限，本书的内容难免存在欠缺，欢迎广大读者批评指正。

编　者

活页式教材使用注意事项

 根据需要,从教材中选择需要夹入活页夹的页面。

02 小心地沿页面根部的虚线将页面撕下。为了保证沿虚线撕开,可以先沿虚线折叠一下。注意:一次不要同时撕太多页。

03 选购孔距为80mm的双孔活页文件夹,文件夹要求选择竖版,不小于B5幅面即可。将撕下的活页式教材装订到活页夹中。

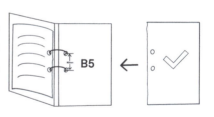

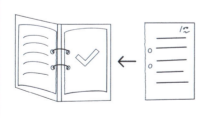 也可将课堂笔记和随堂测验等学习资料,经过标准的孔距为80mm的双孔打孔器打孔后,和教材装订在同一个文件夹中,以方便学习。

温馨提示:在第一次取出教材正文页面之前,可以先尝试撕下本页,作为练习

目 录

序
前言

能力模块一 对智能座舱系统的基本认知 /001

任务一　认知智能座舱系统的概念及结构 /001
任务二　了解智能座舱的发展历程、前景及政策 /014
任务三　了解常见车型的智能座舱 /025

能力模块二 对智能座舱硬件的基本认知 /034

任务一　了解智能座舱的技术架构 /034
任务二　认知智能座舱的关键零部件及芯片 /045
任务三　完成智能座舱台架的认知与传感器安装 /061

能力模块三 掌握智能座舱中机器视觉技术的应用 /074

任务一　了解机器视觉数字图像处理技术 /074
任务二　实现手势交互技术的应用 /093
任务三　完成 DMS 状态监测系统的测试 /110
任务四　实现机器视觉在安全辅助驾驶中的应用 /133

XI

能力模块四 04

掌握智能座舱中语音交互技术的应用 /146

任务一　了解智能座舱语音交互技术 /146
任务二　实现座舱中语音交互技术的应用 /156

能力模块五 05

掌握智能座舱中数据采集与处理技术的应用 /172

任务一　了解常见智能座舱的数据集 /172
任务二　实现数据的采集与标注 /181
任务三　实现数据的清洗与增强 /194
任务四　完成深度学习智能座舱开发流程的认知与实现 /211

能力模块六 06

掌握智能座舱场景测试技术 /228

任务一　了解座舱场景的测试流程 /228
任务二　认知座舱场景的测试工具 /240
任务三　了解座舱场景的测试标准与需求 /252

参考文献 /261

能力模块一 对智能座舱系统的基本认知

任务一 认知智能座舱系统的概念及结构

学习目标

- 了解智能座舱的定义。
- 掌握智能座舱的基本组成部件。
- 了解智能座舱的应用场景。
- 会运用相关工具进行文献检索、资料整理。
- 具有利用信息手段查阅相关资料的能力。
- 具有分析问题、解决问题和再学习的能力。
- 具有良好的团队精神和较强的表达沟通、协调组织能力。
- 具有认真负责的职业态度和良好的职业道德。

知识索引

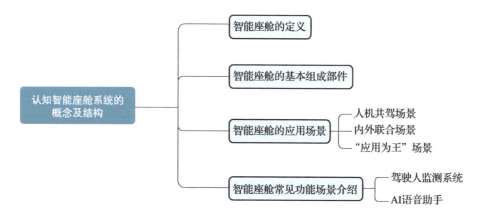

情境导入

近年来,随着以"电动化、网联化、智能化、共享化"为代表的汽车"新四化"加速发展,汽车正在从"单一的交通工具"向集休闲、娱乐、办公等多功能于一体的"第三空间"转变,智能座舱系统在其中发挥重要作用。作为智能座舱测试岗位新入职的实习生,在培训期间,你的主管需要你对智能座舱系统进行初步了解,这样有助于理解行业技术的发展。请查阅相关资料,完成智能座舱系统认知信息表整理并向进行汇报。

获取信息

引导问题 1

查阅相关资料,请问如今智能座舱的定义是什么?

_____

_____

_____

智能座舱的定义

座舱一词由飞机和船舶行业引进而来,"舱"指飞机或船的内部空间。舱体可分为驾驶舱、客舱、货舱等,最初在汽车上仅仅只是指一个驾乘空间,而如今智能座舱就是在智能化和网联化发展下的车载产品(图1-1-1),可以与人、路、车本身进行智能交互的座舱,是人车关系从工具向伙伴演进的重要纽带和关键节点。通俗来讲,智能座舱其实就是汽车驾驶舱中的人机交互,是将汽车的驾驶信息与娱乐信息进行整合,并利用大

图1-1-1 智能座舱内部图展示

数据信息的处理能力,为各用户提供更加便捷、有效且充满未来科技感的汽车驾驶体验。

智能座舱一个最大的特征就是车载屏幕的演变。汽车从最早能够反映车速和发动机转速的机械仪表,已经完全演变为当前主流的显示驾驶信息的液晶仪表和实现人机交互的中控屏。例如,蔚来ET7中控屏采用全触控设计,仅驾驶模式、双闪灯、车门上锁三个功能被单独设置成物理按键,其余功能全部集成在中控屏当中,如图1-1-2所示。通过中控屏,用户可以控制车辆大部分功能。

除了车载屏幕的形式发生演变,屏幕数量也随着智能化发展而有所变化。中控屏的技术发展也从小屏到大屏,大屏到双联屏、三联屏,再到贯穿一体的超大屏不断

图 1-1-2　蔚来 ET7 舱内环境

"进化"。最早特斯拉 Model S/X 在车内采用一块巨大的中控屏（图 1-1-3a），开启了中控屏应用时代。最后，悬浮大屏的出现，使得中控屏更像是一个平板式的智能终端，比亚迪的很多车型都采用了独立悬浮的平板式大屏，比如唐 EV、汉都是 15.6in[⊖] 独立中控屏（图 1-1-3b）。

a）特斯拉 Model S/X 中控屏　　　　　　b）比亚迪唐独立中控屏

图 1-1-3　典型中控屏

大屏之后还出现了双联屏，双联屏设计最早出现在奔驰 S 级上，而后国产车红旗 HS5（图 1-1-4）、长安 CS75 PLUS、北京现代第十代索纳塔等也采用了双联屏模式。

三联屏设计最早应用于奥迪 A6，典型应用车型还有吉利星越 L 与理想 ONE（图 1-1-5）。

图 1-1-4　红旗 HS5 双联屏　　　　　　图 1-1-5　理想 ONE 三联屏

⊖　1in=25.4mm

超大贯穿屏通常应用在豪华车型上,如林肯 Z 的贯穿式大屏、福特 EVOS 的 27in 贯穿屏、全新一代蒙迪欧 1.1m 的超大屏、奔驰 EQS 轿车的 17.7in+12.3in 大屏(图 1-1-6)。

多屏交互已成为发展的主流。目前大部分车企采用 1~2 块中控屏幕的方案,随着座舱朝着车辆感知精细化、实现机器自主/半自主决策方向发展,3 块屏幕及以上方案的占比也将明显提升。

图 1-1-6　奔驰 EQS 贯穿式大屏

> **引导问题 2**
> 查阅相关资料,请问智能座舱的基本组成部件有哪些?
> _____
> _____
> _____

智能座舱的基本组成部件

从硬件范围来看,智能座舱包括了带给驾驶人和乘客更加安全、舒适、智能的驾乘体验的所有模块,主要包含以下几点。

- 操控系统:转向盘。
- 娱乐系统:中控台屏幕、后排多媒体、扬声器等。
- 通信系统:蓝牙、WiFi、NFC 等。
- 交互系统:中控屏、仪表盘、HUD(Head Up Display,抬头显示系统)。
- 感知系统:雷达、摄像头、驾驶人健康监控系统、空气质量传感器等。

从软件范围来看,包含了车机互联、语音交互、驾驶人状态监控、生物识别、车路协同、安全预警、物联网、信息安全等功能,主要是在用户体验上进行功能设计,在舒适化、智慧化等方向上不断提升。

智能座舱是未来智能网联汽车的主要组成部分之一,以座舱域控制器(CDC)为核心,包含大量的软硬件设备和各模块系统,并且推动包含 IC(集成电路)、IVI(信息娱乐系统)、AR(增强现实)、VR(虚拟现实)、HUD 等车内科技配置的融合,为用户提供人、车、环境需求和信息交互的空间,是一套包含硬件平台、软件 OS、产品功能形态和人机交互界面的完整的信息生态系统,如图 1-1-7 所示。

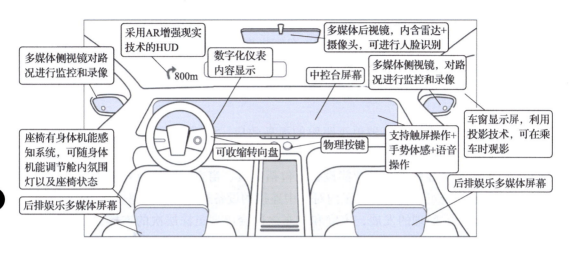

图 1-1-7　智能座舱舱内布局

引导问题 3

查阅相关资料,如何理解智能座舱实际应用中,将车辆作为"第三生活空间"?

智能座舱的应用场景

在智能座舱的实际应用中,主要包括人机共驾、内外联合与"应用为王"三大应用场景。

一、人机共驾场景

在人机共驾场景下,智能座舱能通过交互感知技术为用户提供一定程度的自主决策。车内感知系统(IVS)将对驾驶人状态进行主动提醒,信息显示系统的智能化程度也将提升,例如转向盘预警系统。这也能反映出不同车企的策略。广汽埃安 ADiGO 3.0 的 HOD(转向盘脱离预警),在转向盘安装了电容式传感器,非常灵敏,因此双手只要轻轻搭在转向盘上即可,如图 1-1-8 所示。系统也支持短暂的脱手功能,传感器会在双手离开转向盘几秒钟后再发出警报,从而为用户提供一定程度的自主决策。

图 1-1-8　广汽埃安 ADiGO 3.0 的转向盘脱离预警

二、内外联合场景

内外联合场景下,智能座舱的交互感知拓展到外部环境,智能座舱的服务场景与便利性得到延伸,涵盖娱乐、生活、附加信息等一系列活动的出行服务,智能网联实现驾乘人员线上、线下体验的无缝连接,车辆将真正作为"第三生活空间"。例如,宝马与三星旗下智慧家庭装置整合服务商 Smart Things 进行合作,配置 Connected Drive 服务功能的宝马车型可通过连接设备来打开和关闭家庭报警系统,以便在家庭紧急情况下能接收警报。

智能驾驶技术的发展打破单车座舱的孤岛效应,形成一个内外联合的智能场景,实现软硬件或设备之间的互联互通,如图 1-1-9 所示。例如,华为 HiCar 中,车主可通过汽车中控屏幕控制家里的智能设备,包括灯具、窗帘、门锁及各种家用电器。福特 SYNC 座舱系统可以让用户从车内对家中连接的设备进行语音控制。

随着虚拟个人助理的发展,家庭和汽车之间会出现更深层次的连接,用户可通过手机的语音助手远程操控车内设备,比如在冬天的时候可以远程提前打开车内空调。此外,还可以通过信息娱乐系统发出语音通知,提醒用户家中门口有访客,同时还能在路上看到他们并与他们交谈,实现真实流畅的车辆内外联合。

小鹏 P5 的第三空间拓展了睡眠场景,一键 / 语音操作,即可实现座椅放倒躺平、大幕遮阳帘关闭、大屏亮度调暗、助眠轻音乐与香氛开启,再安装单向隐私帘,进入舒适的睡眠空间。通过电量安全检测、空气安全监测、起夜安全光设计以及定时闹钟,完成安全睡眠环境布置,如图 1-1-10 所示。

图 1-1-9　车辆内外联合智能场景

图 1-1-10　小鹏 P5 智能睡眠场景

三、"应用为王"场景

在"应用为王"场景中,智能座舱将为用户提供高质量的游戏、影音等娱乐服务。智能座舱的人机交互是建立在 AI 技术的辅助驾驶功能,利用 AI 和传感器的配合,提高驾驶安全性,同时提升座舱互动便利性。

2021 华为开发者大会,在会议上华为展示了鸿蒙智能座舱。该系统以驾驶安全为基本原则,将智能化的服务和 HMS-A 丰富能力及 HarmonyOS 车域应用生态带入座舱,为广大开发者带来更便利的开发环境以及更大的价值机会,从而给最终用户带来多样化的智能座舱体验,打造"人-车-家"全场景的无缝互联体验。HarmonyOS 智能座舱系统已经搭载超 37 种车载服务场景,涵盖娱乐、游戏、亲子等超 180 款热门应用,如图 1-1-11 所示。

通过 HarmonyOS，车辆的主机可以与其他智能终端连接并共享信息（图 1-1-12），各种硬件设备可以与人、车辆和家庭连接。HarmonyOS 智能座舱生态应用 HMI 设计规范，强调了聚焦驾驶场景的核心任务；简洁高效交互，减少学习成本；减少注意力占用，保障驾驶安全等交互设计原则，以及内容易于阅读、目标易于操作、保持界面一致性等视觉设计原则。

图 1-1-11　智能座舱系统搭载丰富场景应用软件

图 1-1-12　HarmonyOS 智能座舱共享信息连接

引导问题 4

查阅相关资料，阐述在语音助手中，自然语音理解发挥了什么样的作用。

_____
_____
_____

智能座舱常见功能场景介绍

智能座舱的人机交互是建立在 AI 技术之上的辅助驾驶功能。利用 AI 和传感器的配合，智能座舱的人机交互功能可以提高驾驶安全和提升座舱互动便利。常见的功能场景有驾驶人监测系统（DMS）与 AI 语音助手这两种，接下来依次进行介绍。

一、驾驶人监测系统

DMS（驾驶人监测系统）是检测驾驶人出现疲劳及其他异常驾驶状态的辅助设备。DMS 系统基于摄像头和近红外技术，从闭眼、凝视方向、打哈欠和头部运动等，检测驾驶人状态，如图 1-1-13 所示。若出现情况能及时给出语音灯光提示，起到警示驾驶人、防范严重行驶事故的作用。目前，我国 DMS 在"两客一危"上已经普及，作为保障乘用车安全和交通违章辅助设备而存在。现有主流服务提

图 1-1-13　DMS 状态检测

供商包括法雷奥、博世、大陆、电装、伟世通、维宁尔等，在中国企业中有海康威视、百度、商汤科技、大华等。

二、AI 语音助手

早在中控屏还是"车载导航"的时期，人们就已经采用语音的方式查询目的地了。但彼时的座舱语音还只是简单的语音识别，识别率低尚且不说，智能就更谈不上了。早期的条目式语音，在使用时你必须像背诵课文一样对系统说出标准而又死板的指令，才能得到系统的正确回应，哪怕说错一个字都不行。但在座舱 SOC 算力能够支持 AI 的今天，座舱语音助手能够解决的可不止查地图这样的功能。目前语音助手在识别准确率提升之后，还能够完成声源定位、语义理解、单句多任务等功能。例如，声源定位可以让后排右边的乘客仅说出打开我的车窗，就能实现精准定位，打开车窗。

语义理解凭借粗略描述就能精准反馈结果。自然语义理解（NLU）是语音控制迄今为止最困难的一步，因为系统需要理解用户原始问题的意图。它的最大特点就是对中文语言进行了深入的优化，无须刻板的命令词汇，系统便可听懂"人话"，能够达到自然语音的效果。单句多功能可以打破原先的"一句一操"的呆板互动，变成一次性从关上车窗、打开空调到导航的连贯操作。可以说语音助手的终极目标是替代用户完成所有在车内需要动手的操作。

自然连续对话，是车载语音交互从"人工智障"迈向"人工智能"的重要一步。例如，当用户询问车机"明天出门需要带伞吗？"，车机就会播报明天的天气情况，如果需要再查询其他时间或其他城市的天气，那么用户不用重新唤醒，也不需要说出完整表达，只需要说"那大后天呢？""那杭州呢？"。在用户和车机自然连续对话的过程中，语义理解服务会记住会话的历史，并结合历史处理用户的请求，通过这种方式，用户的多次连续交互就可以形成一个会话流，与用户的交互也更加自然。

AI 语音助手的国内供应商主要有科大讯飞、云知声、思必驰、百度等。目前，市面上常见的车载 AI 语音助手有蔚来的 NOMI、小鹏的小 P、比亚迪的小迪等。

蔚来的 NOMI（图 1-1-14）首次亮相是搭载于蔚来发布的第一款旗舰 SUV ES8 上，研发团队为其设计了一整套能够让它与用户进行交流的情感引擎，达到情感互动以及精微动作同步的效果。比如，用户说"嗨，NOMI，我有点冷"，NOMI 会眨巴眼睛"已为您调高温度"，当对 NOMI 说饿了，它也会为你搜索附近餐饮。NOMI 可进行上下 30°、左右 50° 的摆动，在不同的情境下呈现不同的表情。比如，播放音乐时打拍子，雾霾天戴口罩，乘客上下车的时候它也会"欢迎"或"恭送"乘客。

图 1-1-14　蔚来语音助手 NOMI

小鹏的语音助手小 P（图 1-1-15）目前的语音交互响应速度达到了毫秒级，在线请求延时水平在 1.8~2.0s，对其进行连续对话实测，1min 内可完成 40 多个指令。此外，小P在语音交互方面可做到前后四座收声识别，如精准识别前排乘客下达的调节座椅指令，联动模式下可单独调节前排乘客座椅。

比亚迪利用科大讯飞云服务能力，打造DiLink的AI智能语音系统——"小迪"，小迪支持免唤醒和语音直达功能（one shot），避免重复的唤醒词，比如，调节音量、开关空调等操作，用户直接发出"增大/减小音量""打开/关闭空调"等指令即可，如图1-1-16所示。此外，打开声源定位功能，小迪可分辨出语音指令来自驾驶人还是前排乘客，并做出相应的反馈指令。比如，当前排乘客发出座椅加热指令后，相应的只有前排乘客侧会加热座椅；当驾驶人发出调节空调温度指令后，只有驾驶人一侧的空调温度会调节。

图1-1-15　小鹏的语音助手小P　　　　图1-1-16　比亚迪语音助手小迪工作状态

伴随网络化、物联化的快速发展，各大车企也将高端科技配置逐步下放到各个级别的车型中，并且将实现语音控制、手势操作、车辆智能管家、远程云服务等更智能化的车载控制体系，最终实现"人-车-云-路"的协同。

拓展阅读

智能座舱发展趋势

由于智能化趋势，智能座舱与汽车行业的融合也在不断加深，在自动驾驶车辆上更是如此。目前，市场上主流的汽车智能座舱有两种发展趋势，一种是纯智能化；另一种是智能化+网联化。随着汽车行业的智能化程度不断提高（从以前的单一功能升级到现在的多功能）、车联网普及以及5G技术应用，智能座舱和汽车电子之间的联系也越来越紧密。为了满足日益增长的市场需求，智能座舱的发展将会朝着以下几个方向进行。

1）全场景智慧化。以智能座舱为中心，构建一个多场景、多形态的智能驾驶系统生态圈。

2）多品牌兼容的生态体系。以用户为中心，整合不同品牌的车载信息娱乐产品、通信设备，甚至是手机和手表等终端设备。

3）以用户体验为导向的创新。通过人工智能等前沿技术，实现智能化+网联化的结合，打造全新的车联网生态系统。5G技术和物联网技术将为智能座舱带来更先进和安全、环保的信息交互体验。从目前来看，5G通信在汽车上将带来更快、更稳定且更低时延、更高带宽、覆盖范围广、低功耗等特点；物联网在汽车上将实现自动泊车、远程监控驾驶和车联网功能等，并通过大数据分析提高安全性。随着 5G 应用范围逐渐扩大，未来 5G 在智能座舱方面的应用范围也将不断扩大。在中国市场中，5G 技术应用还处于发展阶段，相关产品技术研发滞后，但随着国家政策支撑、市场对 5G 技术需求度越来越高，以及中国电信企业对 5G 标准的大力支持，5G 技术将会成为智能座舱的发展方向之一。未来几年中预计市场对信息娱乐系统需求会不断增加，智能座舱也将迎来快速发展阶段！智能座舱的功能和性能不断提升，为消费者带来了更好的使用体验，成为汽车工业新技术的主要趋势。智能座舱作为智能汽车系统重要组成部分和智能化核心部件之一，是智能交通与车联网系统中必不可少的组成部分。随着电子电气设备的发展，尤其是车载计算机、车载通信模块、车载娱乐和多媒体系统等功能日益完善和集成，智能座舱将成为汽车行业新一轮技术升级的焦点之一。中国作为全球最大的乘用车市场，前景广阔。

任务分组

学生任务分配表见表 1-1-1。

表 1-1-1　学生任务分配表

班级		组号		指导老师	
组长		学号			
组员	姓名：_____　学号：_____ 姓名：_____　学号：_____ 姓名：_____　学号：_____ 姓名：_____　学号：_____			姓名：_____　学号：_____ 姓名：_____　学号：_____ 姓名：_____　学号：_____ 姓名：_____　学号：_____	
任务分工					

工作计划

按照前面所了解的知识内容和小组内部讨论的结果，制定工作方案，落实各项工作负责人，如任务实施前的准备工作、实施中主要操作及协助支持工作、实施过程中相关要点及数据的记录工作等，见表 1-1-2。

表 1-1-2　工作方案表

步骤	作业内容	负责人
1		
2		
3		
4		
5		
6		
7		
8		

进行决策

1）各组派代表阐述资料查询结果。
2）各组就各自的查询结果进行交流，并分享技巧。
3）教师结合各组完成的情况进行点评，选出最佳方案。

任务实施

1）独立完成智能座舱系统的概念及结构的查询，并填写如表 1-1-3 所示工单。
2）从网络搜索智能座舱常见应用场景示例，制作 PPT 进行介绍。

表 1-1-3　智能座舱系统的概念及结构认知表

智能座舱系统的概念及结构认知表
1. 什么是智能座舱？智能座舱的"智能"体现在哪些方面？
2. 智能座舱的基本组成部件有哪些？
3. 联系生活，请举出在生活中常见的智能座舱的应用场景。
4. 什么叫自然语义理解？在智能座舱语音助手内是如何使用的？请查阅资料举例说明。

（续）

6S 现场管理			
序号	操作步骤	完成情况	备注
1	建立安全操作环境	已完成□ 未完成□	
2	清理及整理工具量具	已完成□ 未完成□	
3	清理及复原设备正常状况	已完成□ 未完成□	
4	清理场地	已完成□ 未完成□	
5	物品回收和环保	已完成□ 未完成□	
6	完善和检查工单	已完成□ 未完成□	

评价反馈

1）各组代表展示汇报 PPT，介绍任务的完成过程。

2）以小组为单位，请对各组的操作过程与操作结果进行自评和互评，并将结果填入表 1-1-4 中的小组评价部分。

3）教师对学生工作过程与工作结果进行评价，并将评价结果填入表 1-1-4 中的教师评价部分。

表 1-1-4　综合评价表

姓名		学号		班级		组别	
实训任务							
评价项目		评价标准				分值	得分
小组评价	计划决策	制定的工作方案合理可行，小组成员分工明确				10	
	任务实施	能正确描述智能座舱的定义内容，理解智能座舱"智能"在哪些方面				10	
		完成认知表单的填写				20	
		从网络搜索智能座舱常见应用场景示例，制作 PPT 进行介绍				20	
	任务达成	能按照工作方案操作，按计划完成工作任务				10	
	工作态度	认真严谨，积极主动，安全生产，文明施工				10	
	团队合作	与小组成员、同学之间能合作交流、协调工作				10	
	6S 管理	完成竣工检验、现场恢复				10	
		小计				100	
教师评价	实训纪律	不出现无故迟到、早退、旷课现象，不违反课堂纪律				10	
	方案实施	严格按照工作方案完成任务实施				20	
	团队协作	任务实施过程互相配合，协作度高				20	

（续）

评价项目		评价标准	分值	得分
教师评价	工作质量	能正确完成本任务认知表单的填写	20	
	工作规范	操作规范，三不落地，无意外事故发生	10	
	汇报展示	能准确表达，总结到位，改进措施可行	20	
		小计	100	
综合评分		小组评分 × 50% ＋教师评分 × 50%		
总结与反思				

（如：学习过程中遇到什么问题→如何解决的 / 解决不了的原因→心得体会）

任务二　了解智能座舱的发展历程、前景及政策

学习目标

- 了解智能座舱的发展历程。
- 了解智能座舱的发展前景。
- 了解智能座舱的发展现状及政策。
- 利用网络搜索资料整理一份关于国内智能座舱发展现状的PPT。
- 会运用相关工具进行文献检索资料的整理。
- 具有利用信息手段查阅相关资料的能力。
- 具有分析问题、解决问题和再学习的能力。
- 具有良好的团队精神和较强的表达沟通、协调组织能力。
- 具有认真负责的职业态度和良好的职业道德。

知识索引

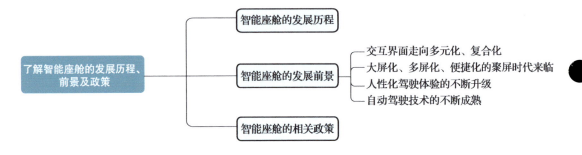

情境导入

在公司某次合作项目中,主管要求你以PPT的形式整理智能座舱发展现状资料用于项目介绍。你需要查阅智能座舱的发展历程,重点了解我国智能座舱的相关政策。

获取信息

引导问题 1

查阅相关资料,请简单总结一下智能座舱每阶段的发展特点。

_____

_____

_____

智能座舱的发展历程

回顾智能座舱的发展历史,智能座舱的发展呈现显著的"三段式"发展节奏。分别为2000年以前的机械时代、2000—2015年的电子时代、2015年至今的智能时代。

第一阶段:以驾驶和控制为中心,仅包含机械仪表盘以及收放机的驾驶环境。2000年以前的机械时代:这个时代的座舱主要有单一的机械仪表、简单的音频播放设备、物理操作按键。除此之外,没有中控显示屏,并且集成度较低,安全程度极低,智能化无从谈起,如图1-2-1所示。

第二阶段:汽车开始智能化、网联化,更多的传感器和芯片技术使用,使汽车的感知能力和信息化处理能力有了较大进步。在2000—2015年的电子时代,座舱多为机械仪表,极少数有液晶仪表;多为物理按键,极少数为触屏;拥有娱乐系统,小尺寸娱乐显示。除此之外,集成度较低、安全程度较低、智能化程度低。如图1-2-2所示。

图1-2-1 早期的汽车座舱内部

图1-2-2 第二代座舱

第三阶段:2015年至今的智能时代,这阶段的座舱也随着汽车技术发展正式进入了智能化发展进程当中。座舱大尺寸屏显示,多联屏出现,信息娱乐系统功能逐渐丰富,交互方式多样,且为高度集成化,安全程度较高,智能化程度高。如图1-2-3所示。

图1-2-3 第三代座舱

> **引导问题 2**
>
> 查阅相关资料，请问你如何理解智能座舱走向大屏化、多屏化、便捷化的聚屏时代。
>
> _____
> _____
> _____

智能座舱的发展前景

汽车智能座舱的发展代表着汽车未来的发展方向，社会大众对汽车驾驶的智能化需求与科技发展、人工智能技术发展、汽车人性化发展等密切相关，这些因素都会从各个面向重新定义汽车未来发展的智能交互模式。

智能座舱的发展大致可分为三个阶段：电子座舱阶段、实现智能助理阶段和实现智能移动空间阶段。目前，市面上大多数智能座舱产品正处于实现智能助理的阶段，以大尺寸中控液晶屏为代表率先替代传统中控，全液晶仪表开始逐步替代传统仪表，中控屏与仪表盘一体化设计的方案开始出现，少数车型新增 HUD 抬头显示、流媒体后视镜等，人机交互方式多样化、智能化程度明显提升。未来，随着高度自动化驾驶技术的应用，座舱将进一步智能化升级，融合集成自动驾驶能力。

我国的智能网联汽车操作系统市场潜力巨大，已吸引包括华为、普华、百度、阿里和腾讯在内的众多竞争者进入该领域，进而为我国智能网联汽车操作系统市场储存了研发能力。从国内市场规模来看，智能座舱市场增速领先全球，汽车市场规模足够大，个性化需求及大量创新涌现，使得很多整车企业拥有生存空间，传统自主车企及造车新势力均有机会。预计我国智能座舱市场规模将持续增长，到 2025 年将突破 1000 亿元。

当前，我国的汽车智能座舱发展还处于起步阶段，还有非常广阔的发展空间和前景，具体可总结为以下四个方面。

一、交互界面走向多元化、复合化

传统的汽车座舱往往是通过机械方式进行交互的，在当前的汽车驾驶中，驾驶人员和车辆之间的交互逐渐增多，交互方式包括一些按钮触碰，也包括一些语音指令等。在实际发展中，车辆的语音交互要远比其他交互方式更加便捷、高效，不需要浪费驾驶人员或者是操作人员太多的时间和注意力。随着汽车智能座舱的不断发展，多模态交互技术的使用也在一定程度上拓展了人机交互的空间。

例如，可以通过手势交互对汽车车载音响音量进行一定控制，但是其控制的精准度还有较大的提升空间；再如，可以通过对驾驶人面部表情和眼睛转动识别等，来对用户的情绪进行一定捕捉，当用户较疲劳时可以自动播放一些音乐等来激发用户积极情绪。此外，该交互模式还可以对用户身份进行一定确认，当确认完身份后可以自动地根据该用户的喜好调节车内亮暗程度、调节座位状态、播放喜爱音乐等，能够最大化地满足用户需求。图 1-2-4 所示为北京 2020 年车展上，部分智能概念车应用特点。

图 1-2-4　北京 2020 年车展部分智能概念车应用特点

二、大屏化、多屏化、便捷化的聚屏时代来临

在汽车智能设计中，智能座舱屏幕设计的尺寸逐渐变大，数量也渐渐变多，而且该屏幕承载的数据信息内容也越来越多样化，整体呈现出大屏化、多屏化、便捷化的发展趋势（图 1-2-5）。随着社会经济与科技的发展，汽车智能座舱的输出系统也会更加关注多元化使用，在这个过程中，大多数的汽车企业也将传统的汽车智能屏幕从一块发展到了多联屏，这种现象在新能源汽车的设计中尤为显著，屏幕的控制数量大多占到驾驶控制区面积的一半以上。所以，针对汽车未来发展中所承载的信息数量会越来越多，相关设计人员可以以信息界面层级设计为切入点，充分利用多屏化的模式将可能遇到的繁多的车载元素、信息进行融合集中，进而保证其信息能够较完整地展现。

图 1-2-5　国内各新款车型的大屏化趋势显著

三、人性化驾驶体验的不断升级

汽车智能座舱的快速发展，使得用户对驾驶场景的要求也越来越高。通过消费者需求调研可看到，除了传统的导航地图，消费者对车机上装有丰富App实现影视、音乐、生活服务功能的需求较高（图1-2-6、图1-2-7），这使得智能座舱越来越朝向多功能化的方向发展，从而确保在进行人机交互时能够更好地满足用户对汽车的智能化需求。

图1-2-6 某调研中消费者希望车机配置App类型

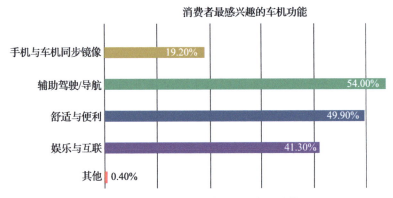

图1-2-7 消费者最感兴趣的车机功能

例如，在旅行游玩方面，能够满足用户对线路规划的需要，保障其出行路线更加科学，提高其出行效率和行车的安全程度。此外，还要使其能够对出行路上的相关设施进行良好提示，比如一些服务区、加油站、停车场等，从而有效地为用户出行提供优质服务体验。在乘客体验方面，还要能够为用户提供一些娱乐服务，如通过识别用户年龄、情绪等，利用多功能屏播放一些影片，让乘客也能在出行中感受到娱乐体验。图1-2-8所示为人性化驾驶体验常见场景。

四、自动驾驶技术的不断成熟

智能驾驶与智能座舱是汽车智能化变革的两大核心功能域。汽车智能座舱的自动驾驶功能是指通过利用一定信息技术来对行车路面信息进行识别，并根据实际行车需要对车辆进行一定的控制。对于用户体验而言，将智能座舱中的人机交互、沉浸式体

图 1-2-8　人性化驾驶体验常见场景

验等内容，与智能驾驶的各项功能深度结合、联动，能够直接提升用户的安全感与舒适感，进而增强智能汽车的用户使用体验。

融合智能驾驶和智能座舱，实现自动驾驶是汽车的未来设计和发展中十分重要的一环。汽车的智能驾驶功能可以说一定程度上"释放"了驾驶人的双手，减少了其行车中的精力付出，并一定程度上优化了用户的驾驶体验。要想最大化地满足用户对汽车自动驾驶的需要，汽车智能座舱需要在未来发展中大力满足用户在泊车、拥堵跟车、巡航以及车辆出库等方面的需要。此外，一个良好的汽车自动驾驶系统应具有完善的规划控制和相关感知系统，即能够保证控车信息监测和环境感知等。另外，这些信息还应当涵盖目标车辆检测的结果、行车规划轨迹、预测轨迹以及车速等方面。

智能座舱的终极形态，将是通过语音交互、机器视觉、触觉监控等多模态交互方案实现车内感知，进而与高级别自动驾驶相互协同融合，成为集家庭、娱乐、工作、社交于一体的"智能移动空间"。

引导问题 3

查阅相关资料，请问政策促进自动驾驶发展，对智能座舱行业起到什么样的作用？

_____
_____
_____

智能座舱的相关政策

智能网联汽车是指通过搭载先进传感器等装置，运用人工智能等新技术，具有自动驾驶功能，逐步成为智能移动空间和应用终端的新一代汽车。汽车智能座舱的发展，也代表着汽车未来的发展方向，社会大众对汽车驾驶的智能化需求与科技发展、人工智能技术发展的需求不断增加，我国近些年相继出台了一系列法律法规促进了自动驾驶及智能汽车发展。2017 年工信部出台的《促进新一代人工智能产业发展三年行动计划（2018—2020 年）》中提到，支持车辆智能计算平台体系架构、车载智能芯片、自动驾驶操作系统、车辆智能算法等关键技术、产品研发，构建软件、硬件、算法一体化的车辆智能化平台。2021年《"十四五"数字经济发展规划》明确提出"鼓励发展智能经济，稳步推进自动驾驶"。近年来的智能座舱行业相关的政策详细信息如表1-2-1所示。

表1-2-1 智能座舱行业相关政策

发布时间	发布单位	政策名称	主要内容
2022年11月	中华人民共和国中央人民政府	《进一步提高产品、工程和服务质量行动方案（2022—2025年）》	加强系统融合、时间同步、仿真计量测试技术研究，提升智能网联汽车的环境感知、决策和安全性能
2022年4月	中华人民共和国中央人民政府	《交通领域科技创新中长期发展规划纲要（2021—2035年）》	推动新能源汽车和智能网联汽车研发，突破高效安全纯电驱动、燃料电池与整车设计、车载智能感知与控制等关键技术及设备
2022年3月	中华人民共和国中央人民政府	《关于2021年国民经济和社会发展计划执行情况与2022年国民经济和社会发展计划草案的报告》	推进保链稳链强链，推进实施基础软件、工业母机、新能源汽车和智能汽车、能源绿色低碳转型发展等领域关键核心技术攻关。延续实施研发费用加计扣除政策，将制造业企业研发费用加计扣除比例提高到100%
2021年12月	国务院	《"十四五"数字经济发展规划》	实施产业链强链补链行动，加强面向多元化应用场景的技术融合和产品创新，提升产业链关键环节竞争力，完善5G、集成电路、新能源汽车、人工智能、工业互联网等重点产业供应链体系
2021年8月	中华人民共和国中央人民政府	《智能网联汽车道路测试与示范应用管理规范（试行）》	为深入贯彻落实党的十九大精神，加快制造强国、科技强国、网络强国、交通强国建设，推动汽车智能化
2021年2月	工业和信息化部交通运输部国家标准化管理委员会	《国家车联网产业标准体系建设指南（智能交通相关）》	到2022年年底，制修订智能交通基础设施、交通信息辅助等领域智能交通急需标准20项以上，初步构建起支撑车联网应用和产业发展的标准体系；到2025年，制修订智能管理和服务、车路协同等领域智能交通关键标准20项以上，系统形成能够支撑车联网应用满足交通运输管理和服务需求的标准体系
2020年4月	工业和信息化部公安部、国家标准化管理委员会	《国家车联网产业标准体系建设指南（车辆智能管理）》	到2025年，系统形成能够支撑车联网环境下车辆智能管理的标准体系，制修订道路交通运行管理、车路协同管控与服务等业务领域重点标准60项以上
2019年9月	国务院	《交通强国建设纲要》	加强智能网联汽车（智能汽车、自动驾驶车路协同）研发，形成自主可控完整的产业链
2019年8月	国务院	《中国（上海）自由贸易试验区临港新片区总体方案》	建设人工智能创新及应用示范区，加快应用场景开放力度，推动智能汽车、智能制造、智能机器人等新产业新业态发展

建立从"汽车大国"向"汽车强国"转变的战略目标，智能网联汽车和新能源汽车成为实现这一目标的重要抓手。在 2022 年 11 月中华人民共和国中央人民政府发布的《进一步提高产品、工程和服务质量行动方案（2022—2025 年）》中提到加强技术研究，以提升智能网联汽车的环境感知、决策和安全性能。

拓展阅读

座舱"芯"机遇：下一个战场

座舱功能体验升级，必然离不开硬件的支持，而芯片无疑是最底层、最重要的硬件之一。算力是智能化的基础，芯片则是汽车产业智能化的根基。在"软件定义汽车"的大背景下，智能座舱成为全球芯片厂商竞逐的下一个战场。高算力 SoC 芯片正成为新一代智能汽车的刚需。随着高通等消费电子芯片厂商的入局，以及国内汽车芯片厂商的崛起，座舱芯片市场竞争格局也在悄然发生变化。若论 2022 年最火的智能座舱芯片，绝对离不开高通 8155。2022 年 6 月亮相的理想 L9 搭载双高通 8155 平台。2022 年 7 月 11 日，在极氪进化日活动上，极氪汽车 CEO 安聪慧宣布，将对所有极氪 001 的用户免费升级搭载高通骁龙 8155 计算平台的全新智能座舱，引发用户热议。高通骁龙 8155 芯片于 2019 年 1 月发布，凭借强大的性能参数，成为理想 L9、长城 WEY 拿铁、广汽 Aion LX、吉利星越 L、智己 L7 等多款汽车座舱的标配。

2022 年，算力比拼仍在进行，芯片企业依然深耕核心技术，但区别于以往高通等国外巨头专美于前，中国芯片企业开始发挥潜能，车载芯片逐渐走向国产替代的道路，从而在高算力芯片的基础上，辐射底层操作系统及上层软件应用，构建软件生态，打造差异化竞争。2021 年 12 月 10 日，吉利旗下的芯擎科技正式对外发布命名为龙鹰一号，对标 8155，也是首款国产车规级的 7nm 智能座舱芯片。2022 年，龙鹰一号芯片在量产车型上，陆续完成了测试和验证的工作。

智能座舱芯片的竞争正在愈演愈烈，传统的座舱芯片市场格局即将被打破。随着竞争企业不断增多，除高通、英特尔等国外芯片厂商外，国内芯片企业如杰发科技、芯驰科技、瑞芯微、地平线、芯擎科技等均瞄准了智能座舱芯片市场。

国内芯片力量正在崛起，但由于芯片研发对时间、资金等方面的严苛要求，造芯企业想要打造底层芯片产业的差异性，也不是一件容易的事。总体来看，国产芯片企业与国外老牌芯片企业相比还有一定的差距，但在自主产业链的发展需求下，国产芯片企业存在广阔的发力空间。

资料来源：亿欧

任务分组

学生任务分配表见表 1-2-2。

表 1-2-2　学生任务分配表

班级			组号		指导老师	
组长			学号			
组员	姓名：_____　学号：_____ 姓名：_____　学号：_____ 姓名：_____　学号：_____ 姓名：_____　学号：_____			姓名：_____　学号：_____ 姓名：_____　学号：_____ 姓名：_____　学号：_____ 姓名：_____　学号：_____		
任务分工						

工作计划

按照前面所了解的知识内容和小组内部讨论的结果，制定工作方案，落实各项工作负责人，如任务实施前的准备工作、实施中主要操作及协助支持工作、实施过程中相关要点及数据的记录工作等，见表 1-2-3。

表 1-2-3　工作方案表

步骤	作业内容	负责人
1		
2		
3		
4		
5		
6		
7		
8		

进行决策

1）各组派代表阐述资料查询结果。

2）各组就各自的查询结果进行交流，并分享技巧。

3）教师结合各组完成的情况进行点评，选出最佳方案。

任务实施

1）查阅资料，完成智能座舱发展现状资料汇总，以小组为单位制作 PPT 进行展示汇报。

2）除政策出台促进智能座舱发展外，经济环境、社会需求这两个方面如何推动了智能座舱的发展？上网整理资料，填写如表 1-2-4 所示工单。

表 1-2-4　智能座舱发展现状分析表

智能座舱发展现状分析表
1. 汽车智能座舱经济环境分析：
2. 汽车智能座舱社会需求环境分析：

6S 现场管理			
序号	操作步骤	完成情况	备注
1	建立安全操作环境	已完成□　未完成□	
2	清理及整理工具量具	已完成□　未完成□	
3	清理及复原设备正常状况	已完成□　未完成□	
4	清理场地	已完成□　未完成□	
5	物品回收和环保	已完成□　未完成□	
6	完善和检查工单	已完成□　未完成□	

评价反馈

1）各组代表展示汇报 PPT，介绍任务的完成过程。

2）以小组为单位，对各组的操作过程与操作结果进行自评和互评，并将结果填入表 1-2-5 中的小组评价部分。

3）教师对学生工作过程与工作结果进行评价，并将评价结果填入表 1-2-5 中的教师评价部分。

表 1-2-5　综合评价表

姓名		学号		班级		组别	
实训任务							
评价项目		评价标准			分值		得分
小组评价	计划决策	制定的工作方案合理可行，小组成员分工明确			10		
	任务实施	智能座舱发展现状资料汇总，制作 PPT			10		
		自主查阅资料，完成汽车智能座舱经济环境分析			20		
		自主查阅资料，完成汽车智能座舱社会需求环境分析			20		
	任务达成	能按照工作方案操作，按计划完成工作任务			10		
	工作态度	认真严谨，积极主动，安全生产，文明施工			10		
	团队合作	与小组成员、同学之间能合作交流、协调工作			10		
	6S 管理	完成竣工检验、现场恢复			10		
		小计			100		
教师评价	实训纪律	不出现无故迟到、早退、旷课现象，不违反课堂纪律			10		
	方案实施	严格按照工作方案完成任务实施			20		
	团队协作	任务实施过程互相配合，协作度高			20		
	工作质量	能正确完成智能座舱发展现状分析表的填写			20		
	工作规范	操作规范，三不落地，无意外事故发生			10		
	汇报展示	能准确表达，总结到位，改进措施可行			20		
		小计			100		
综合评分		小组评分 ×50% ＋教师评分 ×50%					
总结与反思							

（如：学习过程中遇到什么问题→如何解决的 / 解决不了的原因→心得体会）

任务三　了解常见车型的智能座舱

学习目标

- 了解当前主流的智能座舱技术路线分类。
- 了解智能座舱典型车型应用。
- 会运用相关工具进行文献检索资料的整理。
- 具有利用信息手段查阅相关资料的能力。
- 具有分析问题、解决问题和再学习的能力。
- 具有良好的团队精神和较强的表达沟通、协调组织能力。
- 具有认真负责的职业态度和良好的职业道德。

知识索引

情境导入

作为智能座舱相关的技术助理,在某次市场分析报告会上,你的主管安排你协助市场部完成目前主流车型的智能座舱相关应用功能的整理,熟悉整车厂、互联网企业、传统及新锐车企的智能座舱技术路线,并能够针对某款车型进行智能座舱应用功能分析。

获取信息

引导问题 1

查阅相关资料,请问不同企业在智能座舱技术路线上有什么不同?

_____
_____
_____

当前主流智能座舱的技术路线分类认知

近几年，智能座舱成为汽车产业的发展新潮，部分车企甚至将其视为重要的核心卖点，智能座舱市场也逐渐迎来了爆发窗口。不仅有大众、通用、比亚迪等传统整车车企投入智能座舱行业，也有阿里、腾讯、华为、百度等互联网、软硬件供应巨头，以及蔚来、小鹏、理想等造车新势力入局推进这一领域发展。为避免产品配置趋同，各品牌的技术路线和产品主打核心功能也会有所差异。比如，特斯拉打造娱乐座舱，引入"欢乐斗地主""赛博朋克 2077"等多款流行游戏，国内小鹏汽车的智能座舱内可以满足用户观影、玩游戏、唱歌等多种娱乐需求。

在智能座舱技术开发上，不同企业的技术路线也有所不同。阿里、腾讯在智能座舱领域的发展主张"软件定义"，专注于车内场景的内容应用端，关联用户在车内的休闲、娱乐和工作需求。具体来说，腾讯以 to B 供应商的身份向车企提供数字化服务，重点把自身的社交、音乐、办公等移动端应用和内容移植到汽车端，更注重的是开拓车内多元场景，在智能座舱应用软件层面更具优势。阿里则是侧重于利用自己的云计算能力做起应用端的生态地基，提升车内应用的运行效率。阿里作为国内云计算领域的龙头，其掌握了云、端之间数据调度的最大主导权，在提高汽车端和移动端互通的运作效率、功能体验上有领先优势。

百度和华为在技术开发上更注重的是智能座舱软硬件的深度集成。例如，华为搭载的是自研的芯片和系统，华为智能座舱软硬件之间有较强的兼容性，第三方开发者可以快速将手机端上的应用生态迁移到汽车端，节省应用开发成本。华为智能座舱，是基于麒麟芯片和鸿蒙操作系统进行开发的，可以将手机和车机的计算能力、通信能力、定位导航能力等进行深度融合，同时也可以实现对电视、空调等智能家居设备的控制，打造了一个打通人、车、家全场景的生态，实现了手机、汽车及其他智能终端设备之间更深程度的互联。基于成熟的智能技术支持，百度在智能座舱领域的技术发展分为两大方面：一是为 B 端车企提供智能座舱数字化解决方案，核心在于新增的 TOP1 问答、归宗推荐引擎和情感引擎；二是打造自研智能网联汽车"集度"，在智能座舱研发方面也有新亮点——舱驾融合技术、全离线毫秒级语音、3D 动态人机共驾地图等。

整车制造企业在智能座舱的技术开发路线上也有所区别。接下来以两款经典的车型（蔚来 ET7 与特斯拉 Model Y）进行介绍。

1. 蔚来 ET7

蔚来汽车的智能座舱技术路线是将自主研发的 NIO OS 操作系统、NOMI 智能助手、ADAM 智能驾驶辅助系统、大屏幕显示和云端服务等技术有机结合，为驾驶人提供更加便捷、舒适和安全的驾驶体验，具体如下。

1）NIO OS 操作系统：蔚来汽车的智能座舱系统采用了自主研发的 NIO OS 操作系统，基于 Android 平台，可以支持多种应用程序和开发者生态，以提供更加个性化和丰富的服务。

2）NOMI 智能助手：蔚来汽车的智能座舱内配备了 NOMI 智能助手，该助手能够通过语音识别、手势识别和视觉识别等方式与驾驶人进行交互，并能够识别驾驶人的情绪和需求，提供相应的服务。例如，可以通过语音指令控制车辆的功能，以及为驾驶人提供的娱乐和信息服务。

3）ADAM 智能驾驶辅助系统：蔚来汽车的智能座舱系统配备了 ADAM 智能驾驶辅助系统，可以实现自动泊车、自动巡航、自动超车等功能，提高了驾驶的安全性和便捷性。

4）大屏幕显示：蔚来汽车的智能座舱采用了大屏幕显示，可以显示车速、导航、音乐、娱乐等内容，同时还支持多点触控，方便驾驶人进行交互。

5）云端服务：蔚来汽车的智能座舱系统与云端服务相连接，可以实时获取路况、气象、交通和娱乐信息等，提供更加个性化和优质的服务。

2. 特斯拉 Model Y

特斯拉 Model Y 的智能座舱技术路线是基于高性能嵌入式硬件、Tesla OS 操作系统、人工智能技术、云服务和丰富的应用程序等方面的技术组合，主要包括以下几个方面。

1）嵌入式硬件：Model Y 采用高性能的嵌入式处理器、传感器和通信模块等硬件设备，用于支持各种智能功能的实现。例如，采用了自主研发的 Full Self-Driving 计算机，能够进行实时的数据处理和决策。

2）软件系统：Model Y 运行着特斯拉自主研发的 Tesla OS 操作系统，系统采用了全新的界面设计，提供了丰富的功能和开发者生态，同时保证了系统的安全性、可靠性和稳定性。

3）人工智能技术：Model Y 集成了多种人工智能技术，包括计算机视觉、深度学习、自然语言处理等，用于支持语音助手、自动驾驶、智能导航等功能的实现。

4）云服务：Model Y 的智能座舱系统与特斯拉云服务相连接，通过云端技术和大数据分析，提供了更加精准、个性化的服务。例如，系统可以根据驾驶人的习惯和偏好，为其推荐路线、音乐、娱乐等内容。

5）应用程序：Model Y 的智能座舱系统在软件方面支持各种应用程序的开发和安装，如导航、音乐、新闻、天气、社交等。此外，系统还支持第三方应用程序的接入，以扩展其功能和服务。

> **引导问题 2**
>
> 查阅相关资料，请问智能座舱的典型应用有哪些？
> _____
> _____
> _____

智能座舱典型应用

在前文中，我们了解到了不同企业不同智能座舱的研发重点，并将蔚来 ET7 与特斯拉 Model Y 作为典型，分析了它们对应的智能座舱技术路线。接下来，我们继续以蔚来 ET7 与特斯拉 Model Y 为例，分析它们的智能座舱典型应用。

一、蔚来 ET7 智能座舱

相比蔚来其他车型，蔚来 ET7 在基础硬件上做了不少提升，从英伟达 Tegra X1 升级到了高通骁龙 8155，车机系统和 NOMI 的反应速度都有明显提升，数字钥匙还首次应用了超宽带（Ultra Wide Band，UWB）技术，车内人脸传感器改到了转向盘后方，增加了对宠物的识别能力，还有一些诸如 60W Type-C 快充、Air Cushion 压力舒缓系统等硬件，再配合酷炫的内饰设计，让 ET7 不仅在蔚来车系中在其他同级车型中也脱颖而出。图 1-3-1 所示为蔚来 ET7 舱内图。

图 1-3-1　蔚来 ET7 舱内图

它的主要功能应用如下。

1）车内氛围灯设计精巧，氛围光源全部为隐藏式，打开氛围灯后，它通过 LED 光源会反射到内饰各面板上，这种漫反射的柔光更容易让人产生沉浸感，拥有诸多主题，如"旷野""秘境""萤火""霞光"等预设的主题模板。图 1-3-2 所示为蔚来 ET7 氛围灯。

2）自动开启儿童锁：驾驶人除了可以通过中控屏对后排左右车门和左右车窗进行独立锁止控制外，还可以开启儿童锁自动上锁功能，通过车内摄像头可以自动识别后排乘客的儿童身份和乘坐的位置，以此来自动开启相应一侧的儿童锁（图 1-3-3）与儿童车窗锁。

图 1-3-2　蔚来 ET7 氛围灯展示

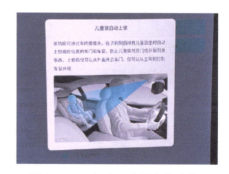

图 1-3-3　自动开启儿童锁功能

3）智能音场调节，实现更沉浸式体验：蔚来 ET7 标配 23 个扬声器，总功率达到了 1kW，并按照 7.1.4 声道方案进行布局，用户在车内即可享受到杜比全景声的沉浸体验。另外,值得一提的是它的"智能音场调节"功能,它可以根据当前车内的用户位置,自动切换最优的声场,让车内每位乘客都能享受到这场听觉盛宴,如图 1-3-4 所示。

4)后排乘客语音控制:蔚来 ET7 使用了 4 组传声器阵列和专用 NPU 核心,听音辨位更精准。后排乘客可以通过语音控制的包括车窗、阅读灯、空调及座椅加热/通风/按摩/压力舒缓。强大的语音交互能力使得后排乘客更便捷地打造专属的舒适空间,基本实现了免动手的交互体验。

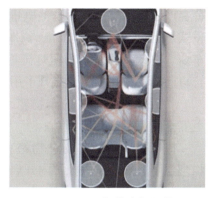

图 1-3-4　智能音场调节

5)"快捷场景":在中控屏内的一级菜单中,可以看到一个称为"快捷场景"的图标,简单来说这个功能可以让车辆满足某种条件后,自动运行某些功能,这些条件和功能可以由用户自己来定制,组合出适合自己的个性化场景,如图 1-3-5 所示。例如,它可以按左前/右前/左后/右后不同的乘坐位置进行量身制定,它甚至可以设定"副驾有人时""副驾系上安全带时"等这些细致动作来触发不同功能,可以实现真正有意义的场景互动。

图 1-3-5　快捷场景使用

二、特斯拉 Model Y 智能座舱

作为大屏设计的领路人,特斯拉对智能化一直有着自己的见解,比如极简到放弃了仪表屏,把所有功能与操作都放在中控屏里,如图 1-3-6 所示。作为汽车智能化应用领域中不可忽视的车型,我们需要对特斯拉的座舱智能化典型应用有一定了解,接下来将以 Model Y 为例进行介绍。

图 1-3-6　特斯拉 Model Y 舱内图

(1)账号支持更多的偏好设置,提升用户使用便利性

特斯拉 Model Y 不仅支持自动登录账号,方便用户上车后自动同步个人的偏好,比如上车后自动调整合适坐姿与后视镜位置、自动开启适合自己的空调,更可以对屏

幕亮度、氛围灯颜色、电池电量显示方式、前照灯、车窗锁/儿童锁、转向模式、停止模式、辅助驾驶相关功能、离车后自动上锁、驻车时解锁、锁车提示音、锁车时关闭车窗、自动远光灯、前照灯延迟照明等进行偏好设置，用户上车后就可以自动同步适合自己的驾车环境了，提升了用户使用的便利性。

（2）带密码开启的杂物箱，为用户带来更安全的感受

特斯拉 Model Y 的杂物箱表面上并没有物理拉手，必须从中控屏内开启（图1-3-7），并且可以设置4位开启密码，在代客模式下默认禁止开启杂物箱，这种设计强化了杂物箱的私密性，为用户带来更安全的感受。

图1-3-7　自动打开杂物箱

（3）语音可控更多硬件，弥补极简内饰便利性的不足

特斯拉 Model Y 可以通过转向盘右侧的按键去激活语音助手，它的语义理解能力有限，但语音可控制的硬件更多，比如可通过语音控制折叠/打开后视镜、开闭儿童锁、开闭车窗锁等，这为它极简内饰取消物理按键弥补了一些实用性。

（4）游戏生态多样性，支持手柄和转向盘玩游戏

特斯拉 Model Y 除了中控屏触控的游戏之外，用户还可以通过转向盘和手柄对游戏进行操控，如图1-3-8所示。更令人欣喜的是，现在已经有主流的游戏下放到了 Model Y 的车机中，如之前在 PC、Xbox 与 NS 发行的《茶杯头》就加入了 Model Y 的游戏中心。或许在不久的将来，特斯拉的车机真的会成为一个单独的游戏平台。

（5）哨兵模式

特斯拉 Model Y 到达目的地停好车后，它会自动监控车辆周围的可疑活动，如图1-3-9所示。当探测到可疑行为时，车辆将根据威胁的严重程度做出反应。如果检测到严重威胁，车外摄像头将开始录像，并启动警报系统，车主手机应用程序将收到风险提醒消息。

图1-3-8　特斯拉 Model Y 的游戏生态

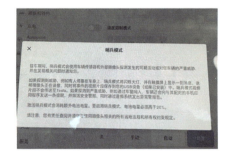

图1-3-9　特斯拉 Model Y 哨兵模式

任务分组

学生任务分配表见表1-3-1。

表 1-3-1　学生任务分配表

班级		组号		指导老师	
组长		学号			
组员	姓名：_____　学号：_____ 姓名：_____　学号：_____ 姓名：_____　学号：_____ 姓名：_____　学号：_____		姓名：_____　学号：_____ 姓名：_____　学号：_____ 姓名：_____　学号：_____ 姓名：_____　学号：_____		
任务分工					

工作计划

按照前面所了解的知识内容和小组内部讨论的结果，制定工作方案，落实各项工作负责人，如任务实施前的准备工作、实施中主要操作及协助支持工作、实施过程中相关要点及数据的记录工作等，见表 1-3-2。

表 1-3-2　工作方案表

步骤	作业内容	负责人
1		
2		
3		
4		
5		
6		
7		
8		

进行决策

1）各组派代表阐述资料查询结果。

2）各组就各自的查询结果进行交流，并分享技巧。

3）教师结合各组完成的情况进行点评，选出最佳方案。

任务实施

1）完成蔚来 ET7、特斯拉 Model Y 车型的智能座舱应用功能整理清单的相关工单填写，如表 1-3-3 所示。

2）查阅网络资料，自主选取一款车型进行智能座舱应用功能分析，填入表右侧。

表 1-3-3　智能座舱应用功能整理清单

智能座舱应用功能整理清单			
功能序号	蔚来 ET7	特斯拉 Model Y	
1			
2			
3			
4			
5			
6			

6S 现场管理			
序号	操作步骤	完成情况	备注
1	建立安全操作环境	已完成□　未完成□	
2	清理及整理工具量具	已完成□　未完成□	
3	清理及复原设备正常状况	已完成□　未完成□	
4	清理场地	已完成□　未完成□	
5	物品回收和环保	已完成□　未完成□	
6	完善和检查工单	已完成□　未完成□	

评价反馈

1）各组代表展示汇报 PPT，介绍任务的完成过程。

2）以小组为单位，请对各组的操作过程与操作结果进行自评和互评，并将结果填入表 1-3-4 中的小组评价部分。

3）教师对学生工作过程与工作结果进行评价，并将评价结果填入表 1-3-4 中的教师评价部分。

表 1-3-4 综合评价表

姓名		学号		班级		组别	
实训任务							
评价项目		评价标准				分值	得分
小组评价	计划决策	制定的工作方案合理可行，小组成员分工明确				10	
	任务实施	能正确描述不同企业的智能座舱的技术路线思路				10	
		完成蔚来 ET7、特斯拉 Model Y 车型的智能座舱应用功能整理清单				20	
		自主选取一款车型进行智能座舱应用功能分析				20	
	任务达成	能按照工作方案操作，按计划完成工作任务				10	
	工作态度	认真严谨，积极主动，安全生产，文明施工				10	
	团队合作	与小组成员、同学之间能合作交流、协调工作				10	
	6S 管理	完成竣工检验、现场恢复				10	
		小计				100	
教师评价	实训纪律	不出现无故迟到、早退、旷课现象，不违反课堂纪律				10	
	方案实施	严格按照工作方案完成任务实施				20	
	团队协作	任务实施过程互相配合，协作度高				20	
	工作质量	能正确完成智能座舱应用功能整理清单的填写				20	
	工作规范	操作规范，三不落地，无意外事故发生				10	
	汇报展示	能准确表达，总结到位，改进措施可行				20	
		小计				100	
综合评分		小组评分 ×50%＋教师评分 ×50%					
总结与反思							

（如：学习过程中遇到什么问题→如何解决的/解决不了的原因→心得体会）

能力模块二
对智能座舱硬件的基本认知

任务一　了解智能座舱的技术架构

学习目标

- 了解智能座舱的整体结构。
- 了解智能座舱基础平台架构及其核心部分。
- 会运用相关工具进行文献检索资料的整理。
- 具有利用信息手段查阅相关资料的能力。
- 具有分析问题、解决问题和再学习的能力。
- 具有良好的团队精神和较强的表达沟通、协调组织能力。
- 具有学生认真负责的职业态度和良好的职业道德。

知识索引

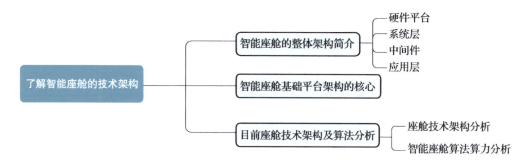

情境导入

作为一名智能座舱测试岗位实习生，在培训期间，上级要求你快速熟悉架构体系，对今后的开发测试工作整体模块有更清晰的认知，你需要整理一份智能座舱整体架构体系的思维导图，并整理目前常见的智能网联汽车车型的技术架构。

获取信息

引导问题 1

查阅相关资料,请问目前常见的智能座舱的整体框架包括哪些部分?

_____
_____
_____

智能座舱的整体架构简介

智能座舱是一个跨行业、多领域技术高度融合的产品。它的产业链长,体系结构复杂,涉及的技术也很广泛:从芯片到操作系统,从车端到云端,从通信到控制,从驾驶域、控制域到娱乐、导航、音乐等上层应用,从图像传感器到音频传感器,更包含机器学习、深度学习、信号处理等各类算法。因此,智能座舱的技术架构非常复杂,没有统一的标准,在技术规划时需要考虑场景、资源、多方协同,甚至法律等多方面因素。特别是在车端,座舱发展经历了从分布式到集中式多个阶段,其对应的技术架构也在不断变化。

在传统座舱中,仪表、娱乐、中控等系统相互独立,主要由单一芯片驱动单个功能/系统,通信开销大。例如,导航主机是一家,液晶仪表是一家,同时还有一个AVM系统(全景式监控影像系统)是一家,线束连接就非常复杂(图2-1-1),而且不同供应商直接的协调调试也非常复杂。

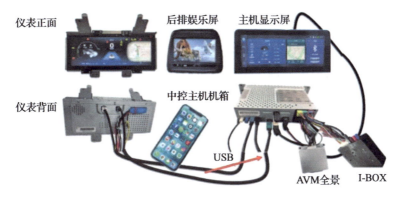

图 2-1-1 传统座舱产品连接图

随着技术发展,座舱相关的系统也在往集成式的路线进行发展。现在智能座舱的车内软硬件一体化聚合,实现车辆感知精细化,车辆可在上车—行驶—下车的整个用车周期中,为驾乘人员主动提供场景化的服务,实现机器自主/半自主决策。

图 2-1-2 为一个典型的座舱整体框架示意图,可以看到端侧主要包含硬件平台、系统层、中间件以及应用层 4 个部分。

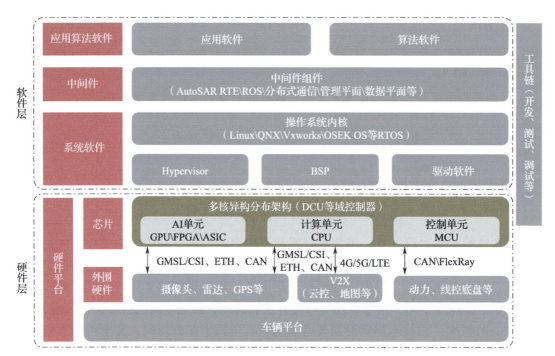

图 2-1-2 座舱域控制器架构

一、硬件平台

硬件平台包含了 AI 单元、通信计算以及网关 3 个单元。对于智能座舱开发者来说，接触最多的是 AI 单元，因为这个单元主要用于处理各类传感器的感知结果（音频、视频或其他信号），并且将处理后的结果传入处理器进行推理计算。为了确保 AI 算法模型的高效运行，将会使用多种不同类型的 AI 芯片，我们将在下一节中介绍这类 AI 芯片的相关知识。其中通信单元实现互通互联，包含 GSM（全球移动通信系统）/GPRS（通用分组无线服务技术）/C-V2X（基于蜂窝网的车载通信技术）、GPS、WiFi 以及蓝牙等的无线连接；网关单元用于保障座舱域内安全可靠的数据传输、内置存储和常用网关接口，包括车载以太网（ETH）、控制器局域网（CAN、CANFD）、本地联网（LIN）和车内联网（FlexRay）等接口。因为这两个模块属于比较标准的模块，这里不再赘述。这些模块组装成为异构分布硬件架构，具备可支撑芯片选型灵活、可配置扩展、算力可堆砌的特点，成为已购芯片版集成的基础。

二、系统层

系统层直接运行在硬件之上，用于提供底层的算法、通信、状态管理等服务。一般来说，系统层先是通过虚拟机监视器（Hypervisor）+ 板级支持包（Board Support Package，BSP）的方式实现硬件平台的虚拟化，使得系统软件可以更方便地与不同硬件平台对接。由于底层操作系统开发周期长，投入资金大，因此当前汽车座舱底层操作系统均在 QNX、Linux 和 Android 的基础上定制开发，当前座舱底层操作系统以 QNX 和 Linux 为主。

三、中间件

在智能基础平台里,多个分布的信息源与多个接收这些源的分布网络节点构成了异构分布式网络,其要求通信具备高效率、实时性、高安全性。目前,解决异构分布式系统之间的互联和操作问题通常采用中间件技术。数据分布服务 DDS(Data Distribution Service)可满足多种分布式实时通信要求,车载操作系统需要建立跨多单元、高速、高效的 DDS 机制,DDS 可采用发布/订阅架构。基于系统层提供的感知、通信及管理等基础服务,中间件技术主要是实现座舱不同功能的模块化,用于上层座舱场景的开发。

四、应用层

该层就是座舱用户直接体验到的各类场景及功能,包含感知模块,如情绪感知、行为动作感知、疲劳感知等。场景开发平台可以根据这些感知结果进行具体的场景开发,如检测到驾驶人打电话时会进行语音提醒;检测到疲劳时,会播放音乐等。

> **引导问题 2**
>
> 查阅相关资料,简单描述一下 SOA 架构的组成。
> _____
> _____
> _____

智能座舱基础平台架构的核心

智能座舱基础平台架构的核心部分也可以从软件、硬件两个角度来进行介绍。

在软件部分,智能座舱的核心架构为 SOA 架构,其中域控制器能够实现软硬件解耦(图 2-1-3)。应用层功能独立,基础软件平台创造新的机遇。架构需从"信号导向"转变为"服务导向"(SOA)。其核心为:用抽象层分离软件与硬件,用一套基础软件平台承载独立的功能,实现即插即用,高附加价值将从硬件转移到软件;用功能集的

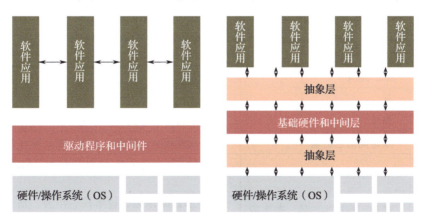

图 2-1-3 域控制器实现软硬件解耦

方式增加软件复用率，允许跨车辆和汽车线路增加软件模块的再使用。SOA 架构可以实现多功能、多终端的无缝连接。

在硬件部分，SoC（System on Chip）芯片成为目前智能座舱技术的核心硬件。SoC 又称系统级芯片，是一种集成电路的芯片，可以有效地降低电子/信息系统产品的开发成本，缩短开发周期，提高产品的竞争力。目前主流的智能座舱 SoC 芯片介绍如表 2-1-1 所示。

表 2-1-1 主流智能座舱 SoC 芯片分类

SoC 芯片	瑞萨	NXP	德州仪器	高通		联发科	英特尔
型号	R-CAR H3	I.mxBQM	Jacint o7	820A	SA8155P	MT2712	A3960
制造工艺	16nm	28nm	16nm	14nm	7nm	28nm	14nm
内核	8	6	6	4	8	6	4
CPU 算力	40k	26k	22k	45.2k	85k	22k	42k
GPU 频率	600MHz	850MHz	750MHz	624MHz	700MHz	900MHz	650MHz
GPU 算力	288	128	166.4	588	1142	133	216
车规级	AEC-Q100 ASIL-B	AEC-Q100 ASIL-B	AEC-Q100 ASIL-B	AEC-Q100		AEC-Q100	AEC-Q100
部分车型	大众等	广汽等	福特等	奥迪、本田等		丰田 低端车	红旗等

在早期的分布式架构时代，电子控制单元（Electronic Control Unit，ECU）是汽车的核心，其主控芯片为包含 CPU 组成的微控制单元（Microcontroller Unit，MCU）。传统中央计算 CPU 无法满足智能汽车的算力需求，将 CPU 与 GPU、FPGA、ASIC 等通用/专用芯片异构融合、集合 AI 加速器的片上系统（SoC）就应运而生了。SoC 的目的是满足那些对单个 MCU 来说过于复杂的应用需求。一个 SoC 中可能有许多微控制器。它更像是单个芯片上的一个完整的计算机系统，能够执行具有更高资源要求的复杂任务。MCU 与 SoC 之间的比较如表 2-1-2 所示。

表 2-1-2 MCU 与 SoC 的比较

比较	MCU	SoC
定义	芯片级，用于控制命令计算	系统级，用于智能运算
组成	CPU+ 存储（RAM\ROM）+ 接口	CPU+ 存储（RAM\ROM）+ 复杂外设 + 音频处理 DSP+ 图像处理 GPU+ 复杂人工智能算法处理 NPU 等
RAM	MB 级别	MB+GB
复杂度	低	高
运行系统	简单	支持运行多任务的复杂系统
特点	短距离信息运输	硬件规模较大，软件比重大，需要软硬件协同设计
单片成本	0.1~15 美元	价格较高（智能座舱 10 美元左右，ADAS 超过 100 美元）
供应商	瑞萨、意法半导体、英飞凌	英特尔、英伟达、特斯拉、华为、地平线、寒武纪等

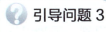

引导问题 3

查阅相关资料,请问当前主流车型座舱架构是由哪几部分组成?

_____

_____

_____

目前座舱技术架构及算法分析

一、座舱技术架构分析

目前,市面上主流车型座舱架构组成大多是这七个部分:硬件、底层芯片、系统平台、车机服务、决策中心、交互应用以及云端服务,具体框架如图 2-1-4 所示。整个智能座舱系统按照这个架构的形式进行信息交互。与智能驾驶领域不同,智能座舱域更偏向于交互层级,也即更加重视智能互联。因此对于网络通信、数据流等信息更加重视。

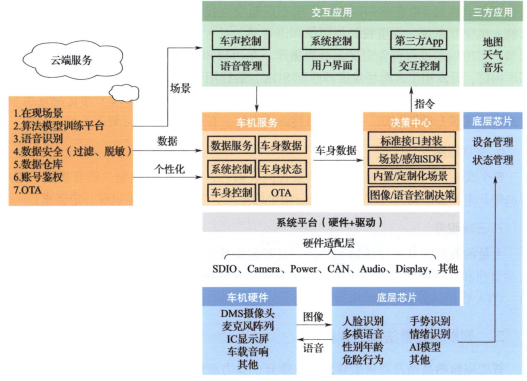

图 2-1-4　主流车型座舱架构

1. 硬件组成

硬件组成主要是原始感光或应声部件,用于接收 DMS 摄像头输入的驾驶人面部或手部信息及 OMS 输入的乘员信息,同时接收车内乘员输入的相关语音信息;还包括车载音响、显示等应用硬件单元。

2. 底层芯片

底层芯片主要是图像或语音处理芯片，包含对人脸识别、情绪识别、手势识别、危险行为识别及多模语音、功能算法等应用。

3. 系统平台

座舱的系统平台与智能驾驶类似，智能座舱在系统平台层面需要建立硬件适配及驱动控制，包含安全数字输入输出、电源能量分配、编解码、音频输出、显示、CAN 通信等单元。

4. 车机服务

车机服务作为智能座舱的核心服务，更加依赖于自身对汽车进行相应控制的能力。整个车机服务包括系统控制、车身控制、数据服务、汽车远程升级技术（OTA）、底盘状态监测及车身数据收集等内容。

5. 决策中心

决策中心主要是通过感知 SDK（软件开发工具包），建立场景 SDK，从而构建定制化场景及图像/语音感知能力。多模态座舱交互技术总体包含：语音+手势+视线智能人机交互系统。这里我们把图像和语音感知处理能力统称为多模态交互应用技术框架。它的处理过程包含定义车身数据库、车内感知数据库，并进行用户交互行为数据库构建，开发用于云端场景推荐匹配 SDK，后续用于解决全场景联调服务推荐功能。进一步的，采集用户典型场景行为数据，将实际用户行为数据输入个性化配置引擎，可推动实现端上场景 SDK。此模式最终解决车控、音乐、支付等常规服务推荐功能。

6. 交互应用

整个交互应用包括车身控制、系统控制、第三方 App 交互控制、语音播报、用户界面等几个方面。同时，对于第三方应用中的地图、天气、音乐等也有一定要求。

7. 云端服务

大量的数据涉及远程传输和监控，且智能座舱的大算力算法模块处理也更加依赖云端管理和计算能力。智能座舱云端服务包括算法模型训练、在线场景仿真、数据安全、OTA 管理、数据仓储、账号服务等。

二、智能座舱算法算力分析

智能座舱的高速发展催生算法数量攀升，算力需求增加。到 2021 年，摄像头能够覆盖轿车乘客，IMS 检测最多达 5 人，多模语音分离最多也达到 5 人。2022 年，大概有 150 个算法驱动 300 个以上的场景应用；到 2023 年，智能座舱的开发者生态建立后，第三方感知将大幅增加，全车的离线多模语音交互将需要更多的算力。车载智能化 AI 系统包括车载 AI 场景、算法、开发工具、计算架构、车载 AI 芯片。整个智能座舱 AI 系统视觉、语音、多模融合。2023 年，座舱 AI 算法将达到百万级。目前，智能座舱算法模块大致分为以下四大类：

- 驾驶人面部识别类：人头识别、人眼识别、眼睛识别等；
- 驾驶人动作识别类：手势动作识别、身体动作识别、嘴唇识别等；
- 座舱声音识别类：前排双音区检测、声纹识别、语音性别识别/年龄识别等；
- 座舱光线识别类：座舱氛围灯识别、座舱主体背景识别、座舱内饰识别等。

当前，较为全面的智能座舱相关算法库如图 2-1-5 所示。

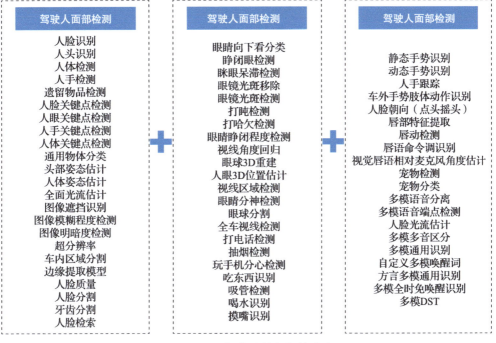

图 2-1-5　智能座舱相关算法库

任务分组

学生任务分配表见表 2-1-3。

表 2-1-3　学生任务分配表

班级			组号		指导老师	
组长			学号			
组员	姓名：_____ 学号：_____ 姓名：_____ 学号：_____ 姓名：_____ 学号：_____ 姓名：_____ 学号：_____				姓名：_____ 学号：_____ 姓名：_____ 学号：_____ 姓名：_____ 学号：_____ 姓名：_____ 学号：_____	
任务分工						

工作计划

按照前面所了解的知识内容和小组内部讨论的结果，制定工作方案，落实各项工作负责人，如任务实施前的准备工作、实施中主要操作及协助支持工作、实施过程中相关要点及数据的记录工作等，见表 2-1-4。

表 2-1-4　工作方案表

步骤	作业内容	负责人
1		
2		
3		
4		
5		
6		
7		
8		

进行决策

1）各组派代表阐述资料查询结果。
2）各组就各自的查询结果进行交流，并分享技巧。
3）教师结合各组完成的情况进行点评，选出最佳方案。

任务实施

1）理解智能座舱整体架构体系内容，结合教材信息并上网查找资料，整理一份智能座舱整体架构体系的思维导图。
2）完成智能座舱基础平台核心技术认知表填写，如表 2-1-5 所示。

表 2-1-5　智能座舱基础平台核心技术认知表

智能座舱基础平台核心技术认知表
1. 智能座舱基础平台架构的核心技术有哪些？
2. 什么是 SOA 架构？
3. SoC 芯片与传统芯片相比，有什么异同？

（续）

实训总结与体会

6S 现场管理			
序号	操作步骤	完成情况	备注
1	建立安全操作环境	已完成□ 未完成□	
2	清理及整理工具量具	已完成□ 未完成□	
3	清理及复原设备正常状况	已完成□ 未完成□	
4	清理场地	已完成□ 未完成□	
5	物品回收和环保	已完成□ 未完成□	
6	完善和检查工单	已完成□ 未完成□	

评价反馈

1）各组代表展示汇报 PPT，介绍任务的完成过程。

2）以小组为单位，请对各组的操作过程与操作结果进行自评和互评，并将结果填入表 2-1-6 中的小组评价部分。

3）教师对学生工作过程与工作结果进行评价，并将评价结果填入表 2-1-6 中的教师评价部分。

表 2-1-6 综合评价表

姓名		学号		班级		组别	
实训任务							
评价项目		评价标准				分值	得分
小组评价	计划决策	制定的工作方案合理可行，小组成员分工明确				10	
	任务实施	查找主流车型的智能座舱技术架构相关资料				10	
		整理一份智能座舱整体架构体系的思维导图				20	
		能够正确填写智能座舱基础平台核心技术认知表				20	
	任务达成	能按照工作方案操作，按计划完成工作任务				10	
	工作态度	认真严谨，积极主动，安全生产，文明施工				10	
	团队合作	与小组成员、同学之间能合作交流、协调工作				10	
	6S 管理	完成竣工检验、现场恢复				10	
		小计				100	

（续）

评价项目		评价标准	分值	得分
教师评价	实训纪律	不出现无故迟到、早退、旷课现象，不违反课堂纪律	10	
	方案实施	严格按照工作方案完成任务实施	20	
	团队协作	任务实施过程互相配合，协作度高	20	
	工作质量	能正确完成智能座舱基础平台核心技术认知表的填写	20	
	工作规范	操作规范，三不落地，无意外事故发生	10	
	汇报展示	能准确表达，总结到位，改进措施可行	20	
		小计	100	
综合评分		小组评分 ×50% ＋教师评分 ×50%		
总结与反思				

（如：学习过程中遇到什么问题→如何解决的／解决不了的原因→心得体会）

任务二　认知智能座舱的关键零部件及芯片

学习目标

- 了解车载摄像头、车载传声器。
- 了解芯片技术演化与发展。
- 掌握 CPU 与 GPU 的区别。
- 了解片上系统 SoC。
- 了解车载信息输出的组成部分。
- 具有分析问题、解决问题和再学习的能力。
- 具有良好的团队精神和较强的表达沟通、协调组织能力。
- 具有认真负责的职业态度和良好的职业道德。

知识索引

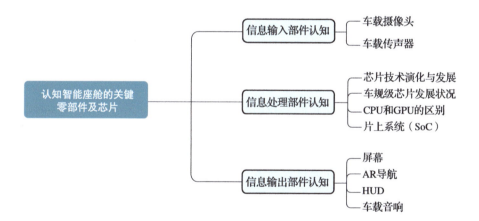

情境导入

智能座舱是多种硬件技术及模块的集成,如芯片、各类传感器、屏幕、车内娱乐系统(音响、氛围灯)等。作为智能座舱测试工程师,需要重点掌握计算模块(芯片)和传感器模块(视觉及语音)的相关基础知识,理解它们的工作原理,为后续的硬件设备检测、调试做准备。

获取信息

引导问题 1

查阅相关资料,请问车载摄像头按照安装位置不同,可分为哪几大类?它们的功能分别是什么?

_____
_____
_____

信息输入部件认知

一、车载摄像头

车载摄像头被称为"自动驾驶的眼睛",它通过镜头和图像传感器实现图像信息采集。超过 80% 的自动驾驶技术都会运用到摄像头,或将摄像头作为一种解决方案。座舱内的摄像头有多种类型,根据安装位置不同,车载摄像头可分为前视摄像头、侧视摄像头、环视摄像头、后视摄像头及舱内摄像头,如图 2-2-1 所示。

图 2-2-1 摄像头安装位置

2006 年丰田在其雷克萨斯 GS 450h 上第一次搭载了驾驶人状态监控系统(Driver Monitor System,DMS),该系统使用一个装在转向盘转向柱上的近红外摄像头(Near-infrared),红外光发射器(IR)补光可以满足摄像头全天候工作的需求。在这种条件下,DMS 能适应外界变化的环境光线可更准确地识别驾驶人在开车过程中的危险状态,包括疲劳、注意力分散、喝水、抽烟等,并通过报警声音甚至制动来避免事故的发生。

主驾交互系统(Driver Interaction System,DIS)的摄像头一般都会配备 IR 补光,以满足白天和夜晚的识别需求。乘员交互系统(Occupant Interaction System,OIS)的摄像头一般需要兼顾拍照功能,大多需要彩色传感器,同时会增加 IR 单元来满足夜晚工作的需求。同时,安装在顶灯位置的飞行时间(TOF)深度传感器,让驾驶人能够便捷地进行手势切歌等操作。后排的座舱监控系统(IMS)摄像头常常用来识别后排的儿童,进而避免家长将小孩遗忘在车内造成事故。车外交互摄像头可以通过人脸识别达到非触碰式车门解锁的功能。为了达到这些目的,我们在表 2-2-1 中列出这些摄像头的名称、用途及安装位置。

表 2-2-1 车载摄像头介绍

简称	全称	位置及用途
DICam	Driver Interaction Camera 主驾交互摄像头	一般放置在 A 柱或转向管柱,用于疲劳/视线等场景

（续）

简称	全称	位置及用途
FSCam	Front Seat Camera 前排交互摄像头	一般位于顶灯，用于前排交互，比如手势等场景
RSCam	Rear Seat Camera 后排交互摄像头	可以放在 B 柱，用于后排交互，比如儿童各类场景
DLCam	Downward-Looking Camera 俯视摄像头	可以放在车顶，用于遗留物品检测等场景
FLCam	Forward-Looking Camera 前视摄像头	一般在风窗玻璃靠顶部位置，用于手势挪车等场景
ULCam	Unlock Camera 解锁摄像头	一般在车外 B 柱，用于人脸开车门等场景
BLCam	Backward-Looking Camera 后视摄像头	一般在尾部，用于识别车主搬东西自动开启行李舱

二、车载传声器

传声器是将声音信号转换为电信号的信号转换器件或者模组，俗称为"麦克风"。汽车传声器是车载音频信号的接收模块，由外壳、电路板、传感组件、信号转换器和密封组件、黏附件等部分组成，壳体上设有装置槽，电路板上开设有声孔。汽车用传声器可以分为汽车 A2B（Automotive Audio Bus）传声器、普通有源模拟传声器、无源模拟传声器等。基于语音的车载人机交互系统在智能座舱领域占据重要地位，车载传声器阵列已成为智能汽车的标配。传声器阵列是指由 2 个及以上的传声器单元，以一定的空间结构组成的声学系统，配合高效的语音信号处理算法可以实现回声消除、声源定位、语音分离和噪声抑制等任务。

传声器的主要技术指标有指向性（Direction）、灵敏度（Sensitivity）、输出阻抗（Output Impedance）、动态范围（Dynamic Range）、瞬态响应（Transient Response）、频率响应（Frequency Response）等。

车载传声器阵列根据安装方式分为集中式阵列和分布式阵列两种，如图 2-2-2 所示。集中式阵列安装方式简单，布线成本相对较低，而分布式阵列在多音区实现上更有优势，是目前至今流传的传声器矩阵。合理的传声器选型及安装方式，可降低算法研发的难度，提升车载语音增强的性能。传声器安装需要远离空调出风口、音箱等声源位置，集中式阵列通常安装在车机或者顶灯位置。现阶段的车载传声器基本都是由传声器阵列（2 个及以上的传声器单元组成的阵列）组成，多个传声器利用语音信号的空时信息，通过语音信号处理算法，能够实现回声消除、声源定位、语音分离和噪声抑制等功能。

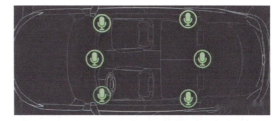

图 2-2-2 分布式传声器阵列示意图

> **引导问题 2**
> 查阅相关资料，请问 CPU 和 GPU 的共同点和不同点分别有哪些？
> _____
> _____
> _____

信息处理部件认知

关于智能座舱的信息处理部件，不得不提到芯片。1946 年 2 月，世界上第一台电子数字计算机 ENIAC 问世（图 2-2-3），发明人是美国人莫克利（Johnw Mauchly）和艾克特（J.Presper Eckert）。这台电子计算机是个庞然大物，重三十余吨，占地约 170m²，"肚子"里装有 18000 只电子管。经过 70 多年的发展，现在我们的计算机由三十余吨降到现在的几百克，经历的道路到底是什么呢？我们接下来简单回顾一下芯片技术的演化与发展，再学习了解 CPU 和 GPU 的区别以及片上系统 SoC，帮助大家对智能座舱的信息处理部件有更加清晰的认知。

图 2-2-3　世界第一台电子数字计算机

一、芯片技术演化与发展

1947 年 12 月，第一块晶体管在贝尔实验室诞生，从此人类步入了飞速发展的电子时代。

1957 年 10 月，罗伯特·诺伊斯（Robert Noyce）率领八叛逆离开肖克利实验室，借助 Fairchild Camera and Instrument 公司的投资，创立仙童半导体公司（Fairchild semiconductor），这又是硅谷历史上的一个里程碑。

1965 年，戈登·摩尔（Gordon Moore）提出摩尔定律，它预测了硅芯片每隔 18 个月集成度就会翻一番。CMOS 器件的发明有效地实践了摩尔定律。

1968 年，罗伯特·诺伊斯（Robert Noyce）和戈登·摩尔（Gordon Moore）创立了今天我们熟知的 Intel 公司（图 2-2-4）。

1978 年，Intel 发布了新款 16 位微处理器 8086，x86"世代王朝"创立。Intel 8086 上集成了约 4 万个晶体管，时钟频率为 4.77~10MHz，外部数据总线均为 16 位，地址总线为 4+16 位。在 8086 推出不久，Intel 还发布了其变化版本 8088。Intel 8086 开创了 x86 架构计算机时代。x86 架构是一种不断扩充和完善的 CPU 指令集，也是一种 CPU 芯片内部架构，同

图 2-2-4　Intel 公司图标

时也是一种个人计算机（PC）的行业标准。

1970—2020年的50年间，芯片产业链全球化分工协作良好，芯片技术发展快速。CPU、PC机、大规模存储器的发明，拉开了全球计算机化和信息化大幕，Intel计算机架构形成，桌面互联网成为拉动芯片技术进步和产业发展的主力。

Intel CPU成为芯片技术进步的旗帜，先后经历了x86 CPU的升级、奔腾CPU的迭代，目前是酷睿CPU技术的不断创新。与Intel CPU比肩发展的AMD CPU也是神一样的存在，对芯片技术发展也起到了促进作用。2021年，Intel推出了酷睿12代处理器，采用7nm工艺。摩尔定律预言的芯片发展规律在这期间很好地被验证。

二、车规级芯片发展状况

随着汽车往智能化的发展，特别是智能座舱和自动驾驶概念的兴起，对汽车的算力提出了更高的要求，传统的功能芯片已无法满足算力需求，主控芯片应运而生。当前座舱芯片的主要参与企业包括恩智浦、德州仪器、瑞萨电子等传统汽车芯片厂商，主要面向中低端市场，同时消费电子领域的高通、三星等也加入了市场竞争中，主要面向高端市场。

相较于消费电子类芯片，车规级芯片在使用寿命、工作环境及规格标准方面有着更高的要求。芯片产品开发周期长、难度大，需通过最严苛的行业资质认证，从产品研发到最终量产上车，是典型的硬科技、长赛道竞争。

车载计算芯片领域目前主要由Mobileye（2017年被英特尔收购）、英伟达、高通、恩智浦、瑞萨、德州仪器等少数国际科技巨头垄断，其中Mobileye在辅助驾驶市场有超过70%的市场占有率，英伟达则占据了绝大部分高等级自动驾驶的市场。高通占据了智能座舱一半以上的份额。

高通在座舱领域布局了多款芯片产品，第三代智能座舱芯片8155几乎占据了智能汽车市场的半壁江山。2022年9月，英伟达在2022 GTC秋季大会上发布最新一代车载芯片——Drive Thor，如图2-2-5所示。其单颗算力达到2000 TOPS，为上一代产品Orin的近8倍。

图2-2-5 英伟达车载芯片Drive Thor

国内整车企业早已布局自产芯片产品的研发，芯驰科技、地平线、黑芝麻等一批中国芯片新生力量开始崛起，也有越来越多的中国自主品牌选用国产高算力芯片方案。

比亚迪作为转型较为成功的传统车企，已经成为全球唯一一家掌握"三电"核心技术的新能源汽车厂家。比亚迪半导体车规级MCU量产装车也突破1000万颗，且已推出全新车规级8位通用MCU。

兆易创新首颗车规级MCU产品2022年实现量产；芯驰科技正式发布高端车规控制单元（MCU）E3系列，填补国内高端高安全级别车规MCU市场的空白；芯旺微电子KF8A / KF32A系列车规级MCU已量产，已和部分车企达成合作。

华为和地平线凭借着麒麟 990A 和征程 2 芯片也获得了部分国内主机厂的青睐，已分别在极狐阿尔法 S 和长安 UNI-T 车型上进行搭载。

其中，地平线作为国内大算力芯片的代表，它推出的征程 5 搭载于理想 L8，成为国内首颗实现量产的大算力智能驾驶芯片。征程 5 算力达到 128 TOPS。据地平线官方透露，其下一代产品征程 6 预计将于 2024 年推出，算力或将达到 1000 TOPS。国内大算力智能驾驶芯片具体信息如表 2-2-2 所示。

表 2-2-2 国内大算力智能驾驶芯片

品牌	产品	算力/TOPS	制程	功耗	预计量产时间
地平线	征程 6	1000	7nm	—	2024
地平线	征程 5	128	16nm	30W	已量产
寒武纪行歌	SD5223	16	—	—	在研
寒武纪行歌	SD5226	400	7nm	—	在研
黑芝麻智能	华山二号 A1000 Pro	106~196	16nm	25W	—
昆仑芯	昆仑芯 2 代芯片	256	7nm	—	已量产
华为	华为昇腾 610	200	—	—	已量产
安霸	FSD 芯片	E500	5nm	—	—
芯驰	CV3	60~200	16nm	—	—

三、CPU 和 GPU 的区别

无论用于深度学习应用程序、大规模并行处理、密集型 3D 游戏，或其他要求严苛的工作负载，人们都希望当今的系统可以执行比以往任何时候都要多的任务。中央处理单元（CPU）和图形处理单元（GPU）具有截然不同的作用。CPU 用于哪些方面？GPU 用于哪些方面？作为应用者了解两者的作用非常重要。

1. CPU

CPU 的名称是中央处理器（Central Processing Unit），作为计算机系统的运算和控制核心，是信息处理、程序运行的最终执行单元。CPU 由数十亿个晶体管组成，可以有多个处理内核，通常被称为计算机的大脑。它是所有现代计算系统必不可少的组成部分，因为它执行计算机和操作系统所需的命令和流程。在确定程序运行速度方面，如从网页浏览到构建电子表格，CPU 都很重要。由图 2-2-6，我们可以形象地理解为

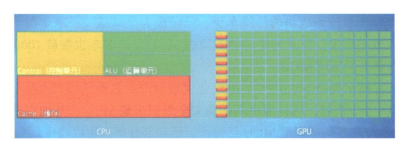

图 2-2-6 CPU 和 GPU 的内部构成区别

它由 25% 的 ALU（运算单元）、25% 的 Control（控制单元）、50% 的 Cache（缓存单元）组成。CPU 适用于一系列广泛的工作负载，特别是那些对于延迟和单位内核性能要求较高的工作负载。作为强大的执行引擎，CPU 将它数量相对较少的内核集中用于处理单个任务，并快速将其完成。这使它尤其适合用于处理从串行计算到数据库运行等类型的工作。

2. GPU

GPU 的名称是图形处理器（Graphics Processing Unit），又称显示核心、视觉处理器、显示芯片，是一种专门在个人电脑、工作站、游戏机和一些移动设备（如平板电脑、智能手机等）上做图像和图形相关运算工作的微处理器。GPU 是由许多更小、更专业的内核组成的处理器。在多个内核之间划分并执行一项处理任务时，通过协同工作，这些内核可以提供强大的性能。同样，由图 2-2-6 我们可以形象地理解为它由 90% 的 ALU（运算单元）、5% 的 Control（控制单元）、5% 的 Cache（缓存单元）组成。GPU 擅长做大量的简单运算。

总之，CPU 和 GPU 具有很多共同点，它们都是重要的计算引擎，都是基于芯片的微处理器。并且，两者都用于处理数据的。但是 CPU 和 GPU 具有不同的架构，构建的目的也不同。CPU 适用于一系列广泛的工作负载，特别是那些对于延迟和单位内核性能要求较高的工作负载。GPU 最初是作为专门用于加速特定 3D 渲染任务的 ASIC 开发而成的。随着时间的推移，这些功能固定的引擎变得更加可编程化、更加灵活。尽管图形处理和当下视觉效果越来越真实的顶级游戏仍是 GPU 的主要功能，但同时，它也已经演化为用途更普遍的并行处理器，能够处理越来越多的应用程序。

四、片上系统（SoC）

图 2-2-7 所示为半导体分类，我们可以看到半导体器件主要分为四大类，包括集

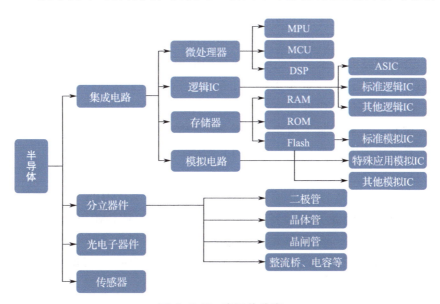

图 2-2-7　半导体分类

成电路、分立器件、光电子器件、传感器。其中的集成电路芯片又可分为模拟集成电路和数字集成电路两大类。模拟集成电路主要包含了电源管理芯片（如过电压保护芯片、快充芯片等）以及信号链芯片（又被称为线性芯片，如滤波器）。数字集成电路在日常生活中用的比较多，如处理器芯片（CPU 和 GPU）、存储芯片以及执行特定任务的 ASIC 芯片（如视频编解码、音乐播放器等使用的芯片）等。

我们可以看到，每颗芯片都有一定的功能，将它们组合在一起才是一个电路。随着半导体技术的发展，大家发现即使每个功能的芯片集成度会变高变复杂，但每个独立功能的芯片所构成的电路依然会很占面积且经济性较差，所以就出现了片上系统（System-on-a-Chips，SoC），将上述特定功能的器件在一颗芯片上实现。在 SoC 出现之前，可编程核、IP、定制逻辑、存储器等都在一个 PCB（图 2-2-8）上。这些分离的芯片需要通过 PCB 进行互联，其可靠性、功耗以及效率等方面均不是最优。

图 2-2-8　使用 PCB 板互联

随着半导体工艺技术的发展，SoC 技术将上面这些芯片的功能完全集成在一颗芯片上，而集成度变高会让整个芯片的性价比和可靠性也变高。这是因为在 SoC 中是完全基于芯片内部总线的互联，会让可靠性和功耗等各方面变得最优。SoC 按用途可分为两种类型：一种是专用 SoC 芯片，是专用集成电路（ASIC）向系统级集成的自然发展；另一种是通用 SoC 芯片，将绝大部分部件，如 CPU、DSP、RAM、I/O 等集成在芯片上，同时提供用户设计所需要的逻辑资源和软件编程所需的软件资源。SoC 的优势，可以实现更为复杂的系统，设计成本低，具有高可靠性，缩短了产品设计时间，可以满足更小尺寸和低功耗的设计要求。

SoC 应用在智能座舱相关领域，成为智能座舱的算力提供单元，主要负责座舱内海量数据的运算处理工作，包括多个摄像头的视频接入、神经网络加速器 NPU、车内音频处理、语音以及多个显示屏的图像渲染和输出（GPU，DPU）、车内蓝牙 WiFi 互联以及车内其他主要 ECU（如中央网关）的以太网数据交互等。随着智能座舱快速发展，座舱主控 SoC 不仅需要处理来自仪表、座舱屏、AR-HUD 等多屏场景需求，还需要执行语音识别、车辆控制等操作。座舱系统的响应速度、启动时间、连接速度等用户体验指标直接决定着汽车品牌的竞争力，智能汽车对座舱 SoC 的性能、算力需求持续攀升。

座舱 SoC 的 CPU 算力提升明显，从过去的几十 KDMIPS 增长到现在一百多 KDMIPS。目前高通骁龙 SA8155P 的 CPU 算力约为 105KDMIPS，SA8195P 的 CPU 算力约为 150KDMIPS，高通第四代座舱 SoC 芯片 SA8295 的 CPU 算力甚至达到 200KDMIPS 以上；国内厂商，华为麒麟 990 的 CPU 算力超过 75KDMIPS，芯驰科技最新推出的座舱芯片 X9U 的 CPU 算力达到 100KDMIPS，瑞芯微最新推出的智能座舱芯片 RK3588M CPU 算力也达到 100KDMIPS。

同时，座舱 SoC 集成的 AI 算力也大幅跃升，其中三星已量产的 Exynos Auto V910 具备约 1.9TOPS 的 AI 算力，三星规划 2025 年前后投放量产的 Exynos Auto V920 座舱芯片的 NPU 算力将达到约 30TOPS；高通已量产的 SA8155P 芯片 AI 算力约为 8TOPS，其第四代座舱 SoC 集成的 NPU 算力高达 30TOPS，是目前已发布的 AI 算力最高的座舱 SoC 产品，计划 2023 年投产。

国产座舱 SoC 方面，芯驰科技的座舱产品从中级产品到至尊级产品均嵌入 AI 算力，其 X9U 产品 AI 算力达 1.2TOPS；瑞芯微最新发布的座舱 SoC RK3588M 其 AI 算力达到 6TOPS；吉利旗下芯擎科技的龙鹰一号 AI 算力达到约 8TOPS。（数据来源：《2022 年汽车座舱 SoC 技术与应用研究报告》）

> **引导问题 3**
>
> 查阅相关资料，请问在智能座舱的信息输出部件中，HUD 发挥什么样的作用呢？
>
> _____
> _____
> _____

信息输出部件认知

一、屏幕

电动车时代，由于其加速性能远胜燃油车，比拼动力性能已经没有意义，因此电动车从比拼动力性能转变为比拼科技感，特别是座舱领域，大屏或多屏几乎是电动车的标配，这又带动中高端燃油车也不得不采用多屏或大屏与电动车竞争。目前中高端车，基本标配全液晶仪表和中控大屏。全液晶仪表尺寸主要有 7in、10.3in、12.3in 三种。通常 10.3in 有 1280×480 和 1920×720 两种分辨率，12.3in 则有 1280×480、1440×540、1920×720、2400×900 四种分辨率。中控大屏尺寸有 8in、10in、11.3in、12.3in、12.8in、14in、15in、17in、17.7in 多种。

例如，长安福特 EVOS 的座舱，有一块长达 1.1m 的大屏，仪表屏是 12.3in，中控屏 13.5in，前排乘客屏也是 13.5in，如图 2-2-9 所示。分辨率都是 1920×1080。

图 2-2-9　长安福特 EVOS 中控与前排乘客两块屏可以合为一块屏

二、AR 导航

AR 导航是顶级豪华车的功能，目前奔驰 S 级和电动车都配备 AR 导航，奔驰的 A 级也可以选配。凯迪拉克在 2022 年发售的凯雷德、宝马在 2022 年发售的 ix 旗舰电动车、现代 Genesis 的第一辆电动车 GV80 上也都配备了 AR 导航。AR 导航有 HUD 显示和车内屏幕显示两种，AR-HUD 目前只有奔驰 S 级做到。简单地说，车内屏幕显示的 AR 导航是用一个非鱼眼的常规镜头摄像头把车前图像传输到屏幕上，再与 GPU 渲染的导航图标叠加。奔驰的 AR 导航默认显示在中控屏上，不仅可以显示图标，还可以显示文本，如图 2-2-10 所示。

图 2-2-10　奔驰 AR 导航

AR 导航难度极高，对软硬件皆是如此。硬件方面，需要高精度定位，最好是车道级定位，车辆姿态要准确，需要高精度的 IMU。同时，还需要强大的 GPU 和至少 10in 的显示屏。软件方面，如何设计图标既简洁直接又不影响视线，需要准确估算深度或者距离，需要考虑延迟、车辆姿态预测等多方面。

三、HUD

HUD 中文一般称之为抬头显示（Head Up Display），又被称为平视显示系统，是指以车辆驾驶人为中心、盲操作、多功能仪表盘（图 2-2-11）。它的作用，就是把时速、导航等重要的行车信息，投影到驾驶人前面的风窗玻璃上，让驾驶人尽量做到不低头、不转头就能看到。抬头通常分为风窗玻璃型（Windshield，W 型）和集成显示型（Combined，C 型）。HUD 最早出

图 2-2-11　HUD 显示示意图

现在通用的 Corvette 上，时间是 2001 年，2004 年宝马推出第一个彩色显示 HUD。

W 型 HUD 门槛极高，从光学的角度来看，风窗玻璃是自由曲面，而为了形成不失真的图像，就要求 HUD 中的凹透镜发出非常精确的图像。因此，在制造大镜片的过程中对容差的要求更加严格。大陆集团采用塑料注塑成形方法生产此类大型非球面镜，整个表面的容差在 5μm（0.005 mm）以下。由于环境亮度的变化范围大，HUD 需具有极高的亮度和精确的亮度控制（取决于虚拟影像的背景亮度），以形成可轻松读取的图像。HUD 有三个术语比较重要，首先是 VID（Virtual Image Distance），虚拟图像距离；其次是 HFOV 和 VFOV，水平视角和垂直视角；最后是 Eyebox，如图 2-2-12 所示。

在汽车市场上，W 型 HUD 大多应用于豪华轿车，称为 WHUD。豪华轿车还配备了先进辅助驾驶系统（ADAS），包括自适应巡航控制、车道辅助等。WHUD 用于显示来自 ADAS 的信息，可以直接引导驾驶人。WHUD 还集成了车辆导航系统，为驾驶人提供更好的视觉路线引导。页面显示信息包括导航信息（数字道路图像、方向箭头、步距、限速）、速度、夜视辅助系统预警信息、自适应巡航控制、主动车道辅助、油耗等，如图 2-2-13 所示。

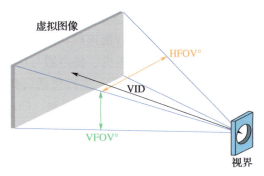

图 2-2-12　HUD 关键参数

图 2-2-13　W 型 HUD 页面显示内容

目前，C 型 HUD（CHUD）通常是使用一块透明树脂材料作为辅助装置进行组合投影，方便装卸。不同的 CHUD 因附加投影设备的位置而异。大部分显示在仪表板上（图 2-2-14a），少数显示在遮光板上（图 2-2-14b）。C 型 HUD 通常连接到车载面板（OBD）的接口上，获取车辆状态信息。与 W 型相比较，虽然 C 型 HUD 的视觉效果整体来看不如 W 型，但是 C 型 HUD 更简单、更经济，具有较高的灵活性。

a）在仪表板上显示　　　　　　　　　b）在遮光板上显示

图 2-2-14　C 型 HUD

四、车载音响

车载音响是指安装在车内的声音播放系统。之所以可以称为音响，最基本的条件就是有回放声音的功能。它采用的防干扰技术是对电源线的干扰采用扼流圈串在电源与音响之间进行滤波，用以降低外界的噪声干扰。虽然音响设备对于整体汽车来讲，只是一种辅助性设备，对车辆的运行性能没有影响，但随着人们对享受的要求越来越高，汽车制造商也日益重视起轿车的音响设备，并将它作为评价轿车舒适性的依据之一。它在智能驾驶和智能座舱功能中发挥的交互媒介作用也越来越大。

车载音响主要由主机、扬声器与功放三部分组成。

1）主机：汽车音源。主机包括只有广播接收功能的 RADIO 主机、RADIO 加 MP3 主机、CD 主机、MP3 加 CD 碟盒、CD 加导航主机和 CD/DVD/ 车载 MP5 主机、DVD 机等。

2）扬声器：车载音响发声单元，将电能变成声波，包括高音、中音、低音和超低音扬声器。

3）功放：功放即功率放大器，俗称"扩音机"，是音响系统中最基本的设备。它的任务是把来自信号源（专业音响系统中则是来自调音台）的微弱电信号进行放大，以驱动扬声器发出声音。

随着智能座舱的发展，作为出行路上最重要的伴侣，传统音响已经不能满足人们多元化的听音需求，智能化、个性化、隐私化的需求促使汽车音响向智能化方向快速变革。在音响效果方面，汽车音响可通过环绕声音响获得更好的临场感。例如，Bose 公司的 Seat Centric 座椅，其声场体验便是在原有扬声器布局的基础上，在座椅头枕上额外增加了两个 Ultra Nearfield 超近场头枕扬声器，加上 Personal Space 虚拟音频技术，就能够实现更具空间感的环绕音效（图 2-2-15）。当驾驶人接通电话后，通话声音从头枕扬声器上响起，这样既不会影响车内其他乘客，也能保护驾驶人个人的隐私。

随着智能汽车的快速发展，系统技术升级也为音响智能化打下了重要基础，同时促进音响供应商利用智能化技术，开拓更多的功能需求，适配出行途中的各种场景。例如，音响结合前后排多屏操作，能够实现个性化、可定制的前排左右的分区音量，如图 2-2-16 所示。

图 2-2-15　座椅声场示意图

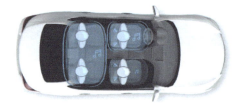

图 2-2-16　分区音量控制示意图

职业认证

车联网集成应用职业技能等级证书（初级）中就要求能够根据系统参数要求，对车载信息交互控制单元进行识别、选型。

1）能按照设备操作手册，使用安装工具，对车载信息交互控制单元进行安装。

2）能按照设备操作手册，安装车载信息交互控制单元的系统软件。

3）能按照设备操作手册，对车载信息交互控制单元进行配置。

4）能按照设备操作手册，对车载信息交互控制单元进行系统软件修复、升级。通过车联网集成应用职业技能等级证书（初级）考核，可获得教育部 1+X 证书中的《车联网集成应用职业技能等级证书（初级）》。

竞赛指南

2019 年中国技能大赛全国新能源汽车关键技术技能大赛决赛机动车检测工（新能源汽车智能化技术）赛项，有一道题目就是选手根据大赛全国组委会提供的智能化装备、智能网联车辆平台、工量具和仪器仪表等，在规定时间内完成以下工作：

1）根据给定场景和任务要求，进行智能化装备的选择，包括激光雷达、毫米波雷达、摄像头、组合导航（GPS 和惯导）、AGX（自动驾驶处理器）、网联化通信设备等。

2）根据给定场景和任务要求，对所选定的智能化装备进行故障排查和安装调试，包括关键智能化装备故障排除、线束连接故障检修、参数设置故障排除等内容。

3）根据给定场景和任务要求，进行智能化装备的参数设置和标定，包括激光雷达、毫米波雷达、摄像头、组合导航、线控系统等参数设置和标定。

4）完成《智能网联汽车智能化装备装调工单》填写。

任务分组

学生任务分配表见表 2-2-3。

表 2-2-3 学生任务分配表

班级		组号		指导老师	
组长		学号			
组员	姓名：_____ 学号：_____ 姓名：_____ 学号：_____ 姓名：_____ 学号：_____ 姓名：_____ 学号：_____			姓名：_____ 学号：_____ 姓名：_____ 学号：_____ 姓名：_____ 学号：_____ 姓名：_____ 学号：_____	
任务分工					

工作计划

按照前面所了解的知识内容和小组内部讨论的结果，制定工作方案，落实各项工作负责人，如任务实施前的准备工作、实施中主要操作及协助支持工作、实施过程中相关要点及数据的记录工作等，见表2-2-4。

表 2-2-4　工作方案表

步骤	作业内容	负责人
1		
2		
3		
4		
5		
6		

进行决策

1）各组派代表阐述资料查询结果。

2）各组就各自的查询结果进行交流，并分享技巧。

3）教师结合各组完成的情况进行点评，选出最佳方案。

任务实施

1）制作一份结构流程图，分类介绍智能座舱挂件零部件。

2）从网络搜索资料，结合教材信息，完成智能座舱相关关键部件认知表填写，如表2-2-5所示。

表 2-2-5　智能座舱相关关键部件认知表

智能座舱相关关键部件认知表
1. 在智能座舱领域，目前主流的芯片有哪些？分别介绍其性能特点和优势。
2. 车载摄像头在智能座舱上有哪些应用场景？
3. 简单描述 CPU 和 GPU 的定义，以及它们的区别。

（续）

智能座舱相关关键部件认知表

4. 整理 SoC 的发展历程及技术特点。
_____
_____
_____

6S 现场管理			
序号	操作步骤	完成情况	备注
1	建立安全操作环境	已完成□ 未完成□	
2	清理及整理工具量具	已完成□ 未完成□	
3	清理及复原设备正常状况	已完成□ 未完成□	
4	清理场地	已完成□ 未完成□	
5	物品回收和环保	已完成□ 未完成□	
6	完善和检查工单	已完成□ 未完成□	

评价反馈

1）各组代表展示汇报 PPT，介绍任务的完成过程。

2）以小组为单位，请对各组的操作过程与操作结果进行自评和互评，并将结果填入表 2-2-6 中的小组评价部分。

3）教师对学生工作过程与工作结果进行评价，并将评价结果填入表 2-2-6 中的教师评价部分。

表 2-2-6 综合评价表

姓名		学号		班级		组别	
实训任务							
评价项目		评价标准			分值	得分	
小组评价	计划决策	制定的工作方案合理可行，小组成员分工明确			10		
	任务实施	能对 CPU、GPU、SoC 的概念进行简单介绍			10		
		制作一份结构流程图，分类介绍智能座舱挂件零部件			20		
		能够正确填写智能座舱相关关键部件认知表			20		
	任务达成	能按照工作方案操作，按计划完成工作任务			10		
	工作态度	认真严谨，积极主动，安全生产，文明施工			10		
	团队合作	与小组成员、同学之间能合作交流、协调工作			10		
	6S 管理	完成竣工检验、现场恢复			10		
		小计			100		

（续）

评价项目		评价标准	分值	得分
教师评价	实训纪律	不出现无故迟到、早退、旷课现象，不违反课堂纪律	10	
	方案实施	严格按照工作方案完成任务实施	20	
	团队协作	任务实施过程互相配合，协作度高	20	
	工作质量	能正确完成智能座舱相关关键部件认知表的填写	20	
	工作规范	操作规范，三不落地，无意外事故发生	10	
	汇报展示	能准确表达，总结到位，改进措施可行	20	
		小计	100	
综合评分		小组评分 ×50% ＋教师评分 ×50%		
总结与反思				

（如：学习过程中遇到什么问题→如何解决的/解决不了的原因→心得体会）

任务三　完成智能座舱台架的认知与传感器安装

学习目标

- 了解座舱传感器台架基本组成。
- 熟悉智能座舱常见传感器的安装。
- 了解常见智能座舱传感器拆装注意事项。
- 掌握常见智能座舱传感器的故障类型。
- 会运用相关工具进行文献检索资料的整理。
- 具有利用信息手段查阅相关资料的能力。
- 具有分析问题、解决问题和再学习的能力。
- 具有良好的团队精神和较强的表达沟通、协调组织能力。
- 具有认真负责的职业态度和良好的职业道德。

知识索引

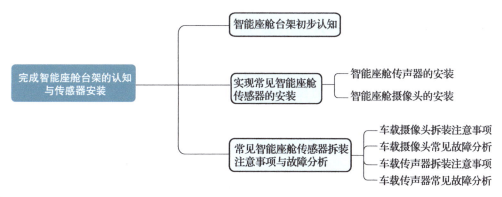

情境导入

车载摄像头和车载传声器随着使用年限的增加，会出现接触不良等故障。作为初级技术人员，上级要求你对智能座舱台架系统进行认知，完成定期检测工作，需要完成台架配套传声器与摄像头的安装，并熟悉故障分析。

获取信息

引导问题 1

查阅相关资料,请问汽车智能座舱台架由哪些模块组成?

_____

_____

_____

智能座舱台架初步认知

传统座舱域是由几个分散子系统或单独模块组成,这种架构无法支持多屏联动、多屏驾驶等复杂电子座舱功能,因此催生出座舱域控制器这种域集中式的计算平台。目前,主流的智能座舱的构成主要包括全液晶仪表、大屏中控系统、车载信息娱乐系统、抬头显示系统、流媒体后视镜等,核心控制部件是域控制器。

座舱域控制器(DCU)通过以太网/MOST/CAN,实现抬头显示、仪表盘、导航等部件的融合,不仅具有传统座舱电子部件,还进一步整合智能驾驶 ADAS 和车联网 V2X 系统,从而进一步优化智能驾驶、车载互联、信息娱乐等功能。

本章节以行云新能研发的汽车智能座舱实训台架为例,按照各类硬件及功能模块对目前市面上的智能座舱台架进行认知介绍。如图 2-3-1 所示,汽车智能座舱系统实训台架是一个集车载智能驾驶系统、车载舒适系统和车载娱乐系统为一体的操作系统。具体由教学系统、主娱乐显示屏、副娱乐显示屏、仪表盘、座舱域控制主机、天线、CAN 等组成。

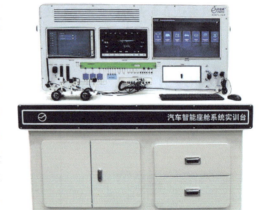

图 2-3-1 汽车智能座舱系统实训台外观图

1. 智能座舱控制主机

智能座舱控制主机作为智能座舱的核心控制部件,如图 2-3-2 所示。

作为智能座舱台架的"大脑",它完成绝大部分控制功能的实现,因此其后端会设计很多接口完成与各模块的连接(图 2-3-3),具体包括:

1)WiFi 天线接口。
2)蓝牙天线接口。
3)收音机天线接口。
4)GPS 天线接口。
5)功能接口(传声器、电源、CAN 口等)。
6)3.0USB 接口。
7)记录仪摄像头接口。

8）DMS 摄像头接口。

9）AVM 摄像头接口。

10）仪表接口。

11）视频备用接口。

12）副娱乐显示屏接口。

13）主娱乐显示屏接口。

14）千兆网口。

图 2-3-2　座舱域控制主机

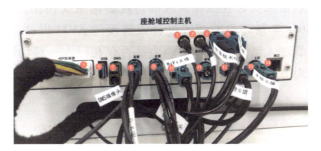

图 2-3-3　座舱域控制主机连线

2. 教学系统

教学系统载体为台架右侧的一块大幅显示屏（图 2-3-4），内搭载汽车智能座舱实训软件系统，共有 10 个功能，分别是电子助力转向系统（EPS）、车身控制模块（BCM）、电池管理系统（BMS）、车辆控制单元（VCU）、空调控制器（AC）、智能座舱控制单元（SCCU）、集成测试、驾驶人状态监控单元（DMS）、手势识别控制单元（AGR），以及语音识别控制单元（ASR），如图 2-3-5 所示。

图 2-3-4　教学系统

图 2-3-5　汽车智能座舱实训软件系统页面

3. 智能座舱小车

智能座舱小车除了基础框架，还在前后左右分别安装了 AVM 摄像头（图 2-3-6）。四个 AVM 摄像头拍摄图像，可以收集车外环境数据，更好地全方位无死角了解车的周边环境，实现 360°全景式监控影像系统（Around View Monitor，AVM）。在系统应用上，与只在车尾安装摄像头存在摄像盲区的传统影像系统相比，360°全景环视能够通过合成拼接的 AVM 屏幕让驾驶人清楚查看车辆周边是否存在行人、移动物体、非机动车、障碍物，并了解其相对方位（转向、停车）与距离。

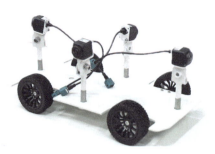

图 2-3-6　智能座舱小车

4. 屏幕

在智能座舱台架上，除了教学系统的大屏，还有三块屏幕发挥作用。如图 2-3-7 所示，①号与②号分别是主、副娱乐屏，在教学系统下方的③号屏幕为仪表屏，用于观察模拟车辆现象与车辆系统各类指标变化。

5. 操作平台硬件

在中控屏、娱乐屏下方为智能座舱的操作与接线平台（图 2-3-8），在操作平台左下侧主要为天线区域，从左到右依次为收音机天线、GPS 天线、WiFi 天线与蓝牙天线，在 GPS 天线下方还安装了一个左声道传声器（图 2-3-9），用于收发声音信息。右侧区域安装了 MDS 摄像头、媒体 USB 接口与 USB 接口，在 MDS 摄像头下方也配备了右声道传声器（图 2-3-10）。

图 2-3-7　智能座舱屏幕分布

图 2-3-8　智能座舱硬件分布

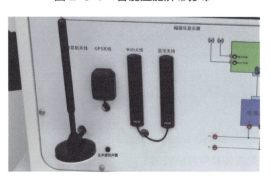

图 2-3-9　智能座舱天线区域

图 2-3-10　MDS 摄像头区域

6. 台架电路连接模块

如图 2-3-11 所示，最左侧紫色模块为屏幕连接模块，可以用万用表测量仪进行三块屏幕（仪表屏、主娱乐屏、副娱乐屏）的电流、电压数据测量。蓝色区域包含了教学系统的四个端口（CAN0、CAN0、CAN1、CAN1），可以外接一个红色 CAN 卡进行单独测试 CAN 数据。在右下方的接口模块为座舱域控制单元，从左到右依次是 40P 连接器（含扬声器、电源、CAN 口等）、3.0USB 接口、MDS 摄像头连接线、行车记录仪接口、AVM 摄像头接口、WiFi 天线接口、仪表连接线接口、蓝牙连接线接口、备用接口、收音机接口、副娱乐显示屏接口、GPS 天线接口、主娱乐显示屏接口、网口。

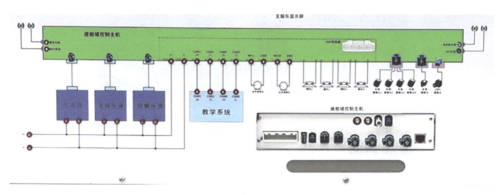

图 2-3-11　台架电路连接模块

引导问题 2

查阅相关资料，请问四个 AVM 摄像头的工作原理是什么？

_____

_____

_____

实现常见智能座舱传感器的安装

一、智能座舱传声器的安装

在汽车智能座舱实训台架中，相关的车载传声器主要是左右声道传声器与音响。

1. 安装扬声器

汽车智能座舱实训台架中配套的扬声器如图 2-3-12 所示。

图 2-3-12　智能座舱台架配套扬声器（2 个）

安装过程：将扬声器安装到支架的上方位置，如图 2-3-13 所示。

2. 安装左右声道传声器

如图 2-3-14 所示，将右声道传声器拿出来后，首先找准右声道传声器的安装孔，再将传声器从控制台架板面的后面往前插进来，进行安装。

图 2-3-13　扬声器安装位置

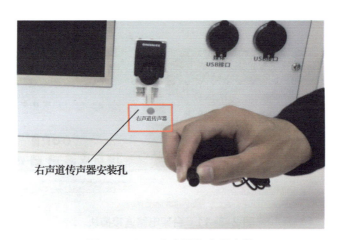

图 2-3-14　右声道传声器安装

左声道传声器以同样的方式从面板的后方往前插入孔中进行安装，安装位置如图 2-3-15 所示。

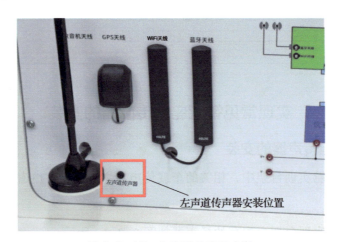

图 2-3-15　左声道传声器安装

二、智能座舱摄像头的安装

1. MDS 摄像头的安装

将台架配置好的 MDS 摄像头安装在仪表屏右侧，安装位置如图 2-3-16 所示，在安装过程中需要使用六角扳手进行固定（图 2-3-17）。

图 2-3-16　MDS 摄像头安装位置　　　　图 2-3-17　MDS 摄像头安装固定及效果

2. AVM 摄像头的安装

在上文中讲到，智能座舱台架配套的小车有 4 个 AVM 摄像头，4 个摄像头画面拼接能够实现 360°全景式监控影像系统。如图 2-3-18 所示，四个摄像头的安装位置分别在小车的前后左右，除此之外，还有记录仪摄像头安装在小车的中前位置。注意，在摄像头的安装过程中，需要将摄像头安装到对应的朝向。

图 2-3-18　AVM 摄像头安装

1—AVM 前摄像头　2—AVM 后摄像头　3—AVM 左摄像头　4—AVM 右摄像头　5—记录仪摄像头

引导问题 3

查阅相关资料，请问在车载摄像头的安装过程中，需要注意什么？

_____

_____

_____

常见智能座舱传感器拆装注意事项与故障分析

一、车载摄像头拆装注意事项

在日常检修和测试过程中，时常需要对各类与智能驾驶相关的车载摄像头进行拆装，下面将列举绝大多数车载摄像头通用的拆装注意事项，不只针对某种特定类型。

1）关闭电源：在拆卸摄像头之前，一定要先关闭车辆的电源，以防止电流引起的危险。

2）工具选择：使用正确的工具进行拆卸，以避免造成不必要的损坏。

3）确定安装位置：摄像头安装在车辆上的位置不同，拆卸的方式也会不同。在拆卸摄像头之前，一定要先确认摄像头的安装位置和固定方式。

4）拆卸摄像头：在拆卸摄像头时，要先拆卸固定摄像头的螺钉和卡扣，注意不要用力过猛，避免损坏摄像头和其他零部件。

5）拆卸电缆：在拆卸电缆时，要注意不要拉扯过度，以免损坏电缆接口。

6）保护摄像头：拆卸摄像头后，应当用绝缘带或者绝缘套进行包裹，以避免短路和损坏。

7）安装注意事项：在安装新的摄像头时，要按照说明书的要求进行正确安装，并且注意不要擅自更改摄像头的安装位置和方向。

二、车载摄像头常见故障分析

车载摄像头是汽车上重要的安全装置，如果出现故障，会影响行车安全。以下是一些常见的车载摄像头故障及其分析。

1）模糊的图像：如果车载摄像头拍摄的图像模糊或者有像素失真，这可能是因为摄像头镜头受到污垢或者灰尘的影响，或者镜头表面受到损伤。解决方法是清洁镜头或者更换摄像头。

2）没有图像：如果车载摄像头没有显示任何图像，这可能是摄像头的电源线路故障，或者与摄像头相关的控制电路故障。解决方法是检查电源线路或者更换摄像头。

3）视角偏差：如果车载摄像头的视角偏差较大，或者显示图像的角度不正确，这可能是摄像头安装位置或者方向不正确，或者与摄像头相关的控制电路故障。解决方法是调整摄像头的安装位置或者方向，或者更换摄像头。

4）颜色失真：如果车载摄像头显示的图像颜色失真，可能是摄像头的白平衡调整不正确，或者是摄像头的控制电路故障。解决方法是重新设置摄像头的白平衡，或者更换摄像头。

5）闪烁的图像：如果车载摄像头显示的图像闪烁或者出现条纹，可能是摄像头电源电压不稳定，或者与摄像头相关的控制电路故障。解决方法是检查车辆电源电压是否稳定，或者更换摄像头。

三、车载传声器拆装注意事项

车载传声器是汽车音响系统中的一个重要组成部分，通常用于语音交流或者语音控制。下面是一些车载传声器拆装注意事项。

1）断开电源：在拆卸或安装车载传声器之前，一定要断开电源，以防止电击事故的发生。

2）清洁工作：在拆下车载传声器之前，应先将传声器外壳上的灰尘和污垢清除干净。清洁时要避免使用有腐蚀性或者磨蚀性的化学品或器具。

3）拆卸传声器：通常车载传声器固定在汽车天花板或者仪表板上。在拆卸时，需要根据不同车型选择正确的拆卸方法，避免损坏传声器、车身内饰和其他部件。

4）线路连接：在拆卸或安装传声器时，需要小心线路的连接，确保线路连接正确并紧固。

5）安装传声器：在安装车载传声器时，应注意选择正确的位置并固定好，以确保传声器与语音源之间的距离合适，且不会被其他汽车零部件挡住。

6）测试传声器：安装好车载传声器后，需要进行测试以确认传声器的工作状态。测试时需要使用专用测试设备或者语音控制系统，以确保传声器能够准确地捕捉语音信号并传递给控制系统。

四、车载传声器常见故障分析

车载传声器可能会因为多种原因出现故障，需要仔细排查故障点，并根据具体情况进行相应的维修或更换。在操作车载传声器时，注意保持良好的车辆环境，避免对传声器信号造成干扰和损坏。以下是一些常见的车载传声器故障和排除方法。

1）没有声音输入：如果车载传声器没有声音输入，可能是线路故障、传声器损坏或者车载媒体设备故障造成的。可以检查传声器是否连接正常、线路是否损坏、媒体设备是否设置正确等问题。

2）噪声干扰：如果车载传声器存在噪声干扰，可能是由于线路不良、车辆环境噪声干扰等原因造成的。可以检查线路是否连接稳定、车辆环境是否影响传声器的使用等问题。

3）声音失真：如果车载传声器的声音失真，可能是由于传声器信号过载、线路不良、麦克风故障等原因造成的。可以尝试降低传声器输入信号、更换线路或更换传声器等解决方法。

📖 拓展阅读

从概念上来讲，智能座舱是一个以汽车的座舱域控制器为核心，由显示屏、HMI（人机交互）、视觉追踪等部件共同组成的系统。由于汽车座舱暂不涉及底盘控制等方面功能，技术实现上难度相对较低，加之座舱是与驾乘人员接触最密切的空间，功能落地更易被用户感知，因此智能座舱也成为当前汽车智能化步伐最快的部分。

作为一个代表，驾驶座舱系统的发展又反映了整个汽车智能化的进程。在此过程中，传感器都将发挥关键作用。郭源生指出：可以把汽车当作一个安装传感器的平台，各种物理量、化学量、生物量的传感器随着汽车智能化的发展，将会越来越多地应用于汽车当中。汽车智能化的程度将会成为决定汽车性能和功能的关键因素。智能化的基础之一就是感知技术。

在这样一个大背景下，车用传感器市场规模不断增长。IHS 数据显示 2021 年全球智能座舱市场规模约为 420 亿美元，预计 2030 年增长至 681 亿美元。以此为基点可以看出,汽车智能化的进程将不断发展,并为上游半导体产品提供更多新的增长点。IHS Markit 统计显示 2020 年平均单车传感器(仅包括摄像头、毫米波雷达和体征监测传感器)搭载量为 3.3 个,预计至 2030 年增长至 11.3 个。

朱佳骐强调,从趋势来看,未来车用传感器市场将呈快速上升势头。车用传感器大致可以划分为存量与增量两个市场。一方面,以车身、底盘等应用为主的存量市场规模不会减少,以进行一定的更新换代为主;另一方面,以智能座舱、自动驾驶为主的增量市场上升势头也非常快。目前,大多数车型还没有安装激光雷达,毫米波雷达也只有少量车型装有,疲劳驾驶监控传感器也只在少数车型上安装。这些都是可以预见的增量市场。朱佳骐预测说:如果以新型传感器的增长来判断,预计每年会有 10% 以上的增长。

思特威科技副总经理欧阳坚认为,随着汽车领域智能化的发展,有效的驾驶人监测是实现自动驾驶的重要一环,也为国内 CMOS 图像传感器厂商带来了"芯"机遇。郭源生也指出,汽车领域智能化的发展将为我国传感器产业提供更多发展机会。中国图像传感器厂商将大有可为。

任务分组

学生任务分配表见表 2-3-1。

表 2-3-1 学生任务分配表

班级		组号		指导老师	
组长		学号			
组员	姓名:_____ 学号:_____ 姓名:_____ 学号:_____ 姓名:_____ 学号:_____ 姓名:_____ 学号:_____			姓名:_____ 学号:_____ 姓名:_____ 学号:_____ 姓名:_____ 学号:_____ 姓名:_____ 学号:_____	
任务分工					

工作计划

扫描二维码可观看汽车智能座舱实训台架认知视频,对台架构成有初步了解。并结合获取到的相关信息、前面所学习到的知识及小组讨论的结果,制定工作方案,见表 2-3-2。

座舱域控制器数据总线技术认知

表 2-3-2　工作方案表

步骤	作业内容	负责人
1		
2		
3		
4		
5		
6		

进行决策

1）各组派代表阐述资料查询结果。
2）各组就各自的查询结果进行交流，并分享技巧。
3）教师结合各组完成的情况进行点评，选出最佳方案。

任务实施

1）查阅资料，熟悉智能座舱台架组成，完成如表 2-3-3 所示的工单。
2）熟悉座舱传声器和摄像头的安装流程。
3）结合教材，上网查阅资料，总结常见的车载摄像头常见故障。

表 2-3-3　完成常见座舱台架组成认知

完成常见座舱台架组成认知

观察图片中的各部件，根据序号填写对应的部件名称：

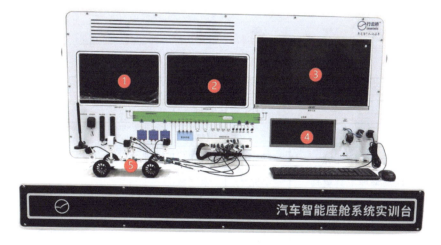

①_____　②_____
③_____　④_____
⑤_____

(续)

完成常见座舱台架组成认知

观察智能座舱台架左侧的局部图片，根据序号填写对应的部件名称：

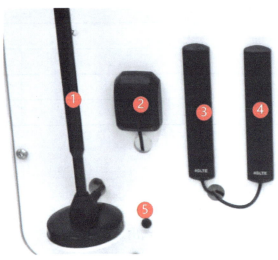

① _____ ② _____
③ _____ ④ _____
⑤ _____

观察智能座舱台架右侧的局部图片，根据序号填写对应的部件名称：

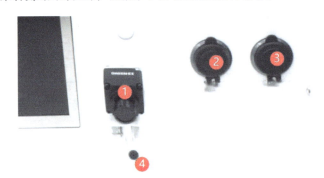

① _____ ② _____
③ _____ ④ _____

6S 现场管理			
序号	操作步骤	完成情况	备注
1	建立安全操作环境	已完成□ 未完成□	
2	清理及整理工具量具	已完成□ 未完成□	
3	清理及复原设备正常状况	已完成□ 未完成□	
4	清理场地	已完成□ 未完成□	
5	物品回收和环保	已完成□ 未完成□	
6	完善和检查工单	已完成□ 未完成□	

评价反馈

1）各组代表展示汇报 PPT，介绍任务的完成过程。

2）以小组为单位，请对各组的操作过程与操作结果进行自评和互评，并将结果填入表 2-3-4 中的小组评价部分。

3）教师对学生工作过程与工作结果进行评价，并将评价结果填入表 2-3-4 中的教师评价部分。

表 2-3-4　综合评价表

姓名		学号		班级		组别	
实训任务							
评价项目		评价标准			分值	得分	
小组评价	计划决策	制定的工作方案合理可行，小组成员分工明确			10		
	任务实施	描述出智能座舱的各个硬件组成，完成填空			20		
		熟悉座舱传声器和摄像头的安装			10		
		总结常见的车载摄像头常见故障			20		
	任务达成	能按照工作方案操作，按计划完成工作任务			10		
	工作态度	认真严谨，积极主动，安全生产，文明施工			10		
	团队合作	与小组成员、同学之间能合作交流、协调工作			10		
	6S 管理	完成竣工检验、现场恢复			10		
		小计			100		
教师评价	实训纪律	不出现无故迟到、早退、旷课现象，不违反课堂纪律			10		
	方案实施	严格按照工作方案完成任务实施			20		
	团队协作	任务实施过程互相配合，协作度高			20		
	工作质量	能正确完成座舱台架组成认知工单的填写			20		
	工作规范	操作规范，三不落地，无意外事故发生			10		
	汇报展示	能准确表达，总结到位，改进措施可行			20		
		小计			100		
综合评分		小组评分 ×50%＋教师评分 ×50%					
总结与反思							
（如：学习过程中遇到什么问题→如何解决的/解决不了的原因→心得体会）							

能力模块三
掌握智能座舱中机器视觉技术的应用

任务一　了解机器视觉数字图像处理技术

学习目标

- 了解图像处理技术的发展过程。
- 对视觉预处理技术方法有初步认知。
- 熟悉特征检测与匹配技术应用。
- 了解特征检测与匹配技术测试方法。
- 了解深度学习在自动驾驶中的应用。
- 具有利用信息手段查阅相关资料的能力。
- 具有分析问题、解决问题和再学习的能力。
- 具有良好的团队精神和较强的表达沟通、协调组织能力。
- 具有认真负责的职业态度和良好的职业道德。

知识索引

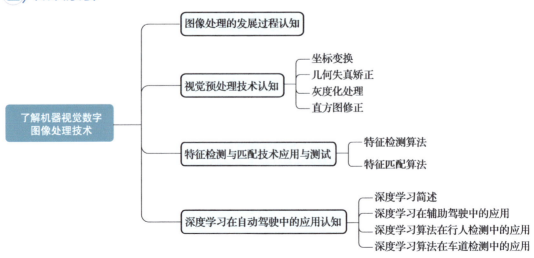

情境导入

智联驾驶平台提供的人脸识别、融合多类摄像头与传感器实现的 ADAS 功能与图像处理技术密不可分。在开发任务中，主管要求你在熟悉座舱视觉传感器拆装之后，了解跟图像相关的理论知识，熟悉图像化预处理以及深度学习在图像的应用，整理资料完成传统浅层学习和深度学习的对比分析表与图像处理技术文档。

获取信息

引导问题 1

查阅相关资料，请问数字图像处理技术目前可以应用在哪些领域？

_____

_____

_____

图像处理的发展过程认知

20 世纪 20 年代，数字图像处理最早应用于报纸行业。由于报纸行业信息传输的需要，一根海底电缆从英国伦敦连接到美国纽约，实现了第一幅数字照片的传送（图 3-1-1）。在当时那个年代如果不采用数字图像处理技术，一张图像传输的时间需要 7 天，而借助数字图像处理技术仅耗时 3h。

随着计算机技术的发展，计算机技术与数字图像处理技术两者之间结合得越来越紧密，从而促进了数字图像处理技术的发展。20 世纪 60 年代，第一台能够实现图像处理任务的计算机诞生

图 3-1-1　1929 年通过海底电缆从伦敦到纽约传输的一幅数字照片

了，作为第一台可执行图像处理的计算机，它的出现标志着数字图像处理技术开始进入快速发展阶段。在 20 世纪 60 年代末至 70 年代初，数字图像处理技术仅作用于空间开发等项目，之后慢慢进入医学图像、天文学等领域，开始利用计算机实现更加高级的图像处理。其中最值得一提的就是 1972 年 10 月芝加哥北美放射医学年会上展出了让整个医学界震惊的脑部图像（图 3-1-2），以及完成该图像的计算机辐射 X 线脑部成像设备，引起了医学界的轰动，这是当时图像处理技术在医学诊断应用中最重要的事件之一。

20 世纪 70 年代，借助计算机、人工智能等方面的快速发展，数字图像处理技术实

现了更高层次的发展。相关工作人员已经着手研究如何使用计算机进行图像解释。到70年代中期，麻省理工学院（MIT）人工智能（AI）实验室CSAIL，正式开设了计算机视觉课程（图3-1-3）。

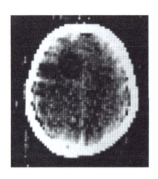

图3-1-2　第一张脑部医学成像　　　图3-1-3　CSAIL正式开设的计算机视觉课程

20世纪80年代，研究人员将数字图像处理应用于地理信息系统。从这个阶段开始数字图像处理技术的应用领域不断扩大，在工业检测、遥感等方面也得到了广泛应用，在遥感方面实现了对卫星传送回来的图像的处理（图3-1-4）。

图3-1-4　数字图像处理应用于卫星遥感

到20世纪90年代，数字图像处理技术得到了一个快速发展，特别是小波理论和变换方法的诞生，更好地实现了数字图像的分解与重构，如图3-1-5所示。

进入21世纪，借助计算机技术的飞速发展与各类理论的不断完善，数字图像处理技术的应用范围被拓宽，甚至已经在某些领域取得突破。从目前数字图像处理技术的特点进行分析，可以发现图像信息量巨大，在图像处理综合性方面显示出十分明显的优势，其中就借助了图像信息理论与通信理论的紧密联系。再加上数字图像处理技术具有处理精度高、灵活性强、再现性好、适用面广、信息压缩的潜力大等特点，它已经成功地应用在了多个领域。

农林部门通过遥感图像了解植物生长情况，进行估产，监视病虫害发展及治理。例如，2019年河北衡水枣强县盛太合作社的玉米田遥感监测应用。图3-1-6所示为玉米各生育时期的NDVI信息图（NDVI：归一化植被指数，反映农作物长势和营养信息的重要参数之一），绿色反映作物的生长活力高，红色则代表作物生长活力低，与玉米的生长规律相符。局部红色的区域则说明该区域长势较差，用户参考地图位置可到农田现场查看，查明导致作物长势差的原因，针对这一区域采取特定的应对手段。

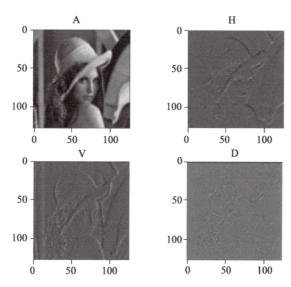

图 3-1-5　灰度图的小波分解与重构

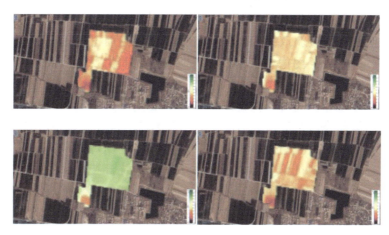

图 3-1-6　河北枣强县盛太合作社 2019 年玉米各时期 NDVI 图

水利部门通过遥感图像分析，可获取水害灾情的变化。气象部门用以分析气象云图，提高预报的准确程度。国防及测绘部门，使用航测或卫星获得地域地貌及地面设施等资料。机械部门可以使用图像处理技术，自动进行金相图分析识别。

医疗部门采用各种数字图像技术对各种疾病进行自动诊断，采用 CT（计算机 X 线断层扫描）、PET（正电子发射断层成像）、MRI（核磁共振影像）以及 UI（超声波影像）等医学影像，能够将相关的病症呈现出来，并通过图像处理技术对画面上相关数据进行处理，使医生更加细致观察病变处，可大幅提升相关病症的诊断率，实现更加精准的治疗。

2020 年，中国数字图像处理应用端市场规模已达 217.3 亿元，年复合增长率为 252.4%，预计 2025 年市场规模将增长至 6001.5 亿元，年复合增长率将达到 94.2%（数据来源：头豹研究院 2021 年中国数字图像处理行业概览）。随应用端需求爆发，数字图像处理行业持续保持较高的增长趋势，数字图像处理技术已在各行业投入使用，广泛应用于手机、汽车、金融服务、互联网打车和线上租赁公寓等，是人工智能技术中落地最广的技术之一。

截至 2021 年，安防影像分析、金融身份认证及互联网娱乐已成为数字图像处理行业最重要的技术发展方向，而包括智慧安防、电商消费、智慧金融、手机娱乐、交通运输、智能家居、智能制造、医疗卫生和物流快运等在内的应用端数量激增，推动数字图像处理行业上游硬件及算法进步，驱动数字图像处理行业中游技术方向持续创新，未来行业规模将继续增长。

> **引导问题 2**
>
> 查阅相关资料，请问在实际应用中，为什么需要进行图像预处理？
> _____
> _____
> _____

视觉预处理技术认知

为了更方便、有效地获取图像中的信息，提高后续加工的效率，常需对图像进行一定的预处理。一方面，图像在采集中有可能发生几何失真，为恢复场景和图像的空间对应关系，需要进行坐标变换。另一方面，对图像的幅度也需要进行一定的调整，以改善图像的视觉质量。另外，图像采集中还会受到噪声等干扰，需要消除它们的影响。所以，对图像预处理通常是必不可少的。对图像的预处理可采用多种方法。首先，可借助坐标变换对几何失真进行校正。其次，可直接利用对图像灰度值的映射来增强图像。另外，还可借助对图像直方图（描述了图像的统计特性）的修正来改善视觉效果，这是因为图像的视觉效果和其直方图有对应关系。最后，还可考虑利用像素及其邻域像素的性质来对图像进行加工，通过利用多个像素的综合信息来获得更好的处理效果。接下来，我们分别介绍上述预处理方法。

一、坐标变换

对图像进行坐标变换实际上是对像素坐标的空间位置进行变换，变换的结果是改变了像素在图像中的分布和关系，不改变图像的像素值。对图像的几何失真校正就是坐标变换的一种具体应用。在坐标变换中，主要包括三类：图像平移、尺度变换和图像旋转。

1. 图像平移

图像平移是指图像中的所有像素点按照给定的平移量进行水平或垂直方向上的移动。如图 3-1-7 所示，假设原始像素的位置坐标为 (x_0, y_0)，经过平移量 $(\Delta x, \Delta y)$ 后，坐标变为 (x_1, y_1)。一张图像中的所有像素点均按照平移量进行整体移动，图像就能够实现平移效果，如图 3-1-8 所示。

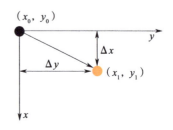

图 3-1-7 像素坐标移动示例

2. 尺度变换

尺度变换也称放缩变换，它改变像素间的距离，对物体来说则是改变了物体的尺度。尺度变换一般是沿坐标轴方向进行的，或可分解为沿坐标轴方向进行的变换；简单来说，尺度变换是对数字图像的大小进行调整的过程（图 3-1-9）。

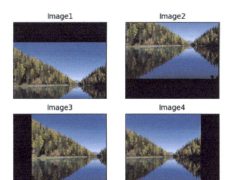

图 3-1-8　图像平移效果

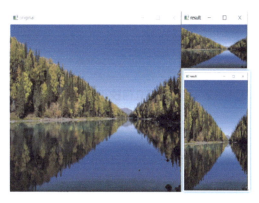

图 3-1-9　图像进行尺度变换的效果

3. 图像旋转

图像旋转是指图像以某一点为中心旋转一定的角度，形成一幅新的图像的过程。图像旋转变换会有一个旋转中心，这个旋转中心一般为图像的中心，旋转之后图像的大小一般会发生改变。图 3-1-10 显示原始图像的坐标 (x_0, y_0) 旋转至 (x_1, y_1) 的过程。图像旋转变换的效果如图 3-1-11 所示。

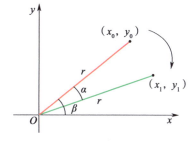

图 3-1-10　图像像素点旋转示意图

图 3-1-11　图像旋转变换的效果

二、几何失真矫正

在许多实际的图像采集处理过程中，图像中像素之间的空间关系会发生变化，这时可以说是图像产生了几何失真或几何畸变。换句话说，原始场景中各部分之间的空间关系与图像中各对应像素间的空间关系不一致了。这时需要通过几何变换来校正失真图像中的各像素位置，以重新得到像素间原来应有的空间关系，如图 3-1-12 所示。实现畸变矫正之前我们需要知道两个重要参数，一个是相机内参，另一个是畸变参数。只有拿到这两个参数之后才可以完成矫正，获取方式是通过相机标定来实现。相机参数的标定在图像测量或者机器视觉应用中都是非常关键的环节，其标定结果的精度及算法的稳定性直接影响相机工作产生结果的准确性,图 3-1-13 表示相机进行校正前后拍摄的画面对比。

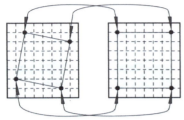

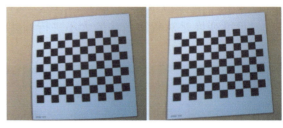

图 3-1-12　图像进行几何校正示意图　　　图 3-1-13　相机在校正前后拍摄的画面对比

三、灰度化处理

灰度化处理是一种基于图像像素的操作,通过对原始图像中的每个像素赋予一个新的灰度值来增强图像。具体方法是根据增强的目的设计某种映射规则,并用相应的映射函数来表示。对原始图像中的每个像素都用这个映射函数将其原来的灰度值 s 转化成另一灰度值 t 再进行输出。简单来说就是输入一幅图像,再产生一幅输出图像,输出图像的每个像素点的灰度值由输入像素点决定(图 3-1-14)。

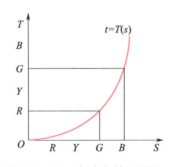

图 3-1-14　灰度化处理过程

图像灰度化是将一幅彩色图像转换为灰度化图像的过程(图 3-1-15)。彩色图像通常包括 R、G、B 三个分量,分别显示出红绿蓝等各种颜色,灰度化就是使彩色图

图 3-1-15　图像灰度化

像的 R、G、B 三个分量相等的过程。灰度图像中每个像素仅具有一种样本颜色，其灰度是位于黑色与白色之间的多级色彩深度，灰度值大的像素点比较亮，反之则比较暗，像素值最大为 255（表示白色），像素值最小为 0（表示黑色）。比较常用的处理方法主要有最大值灰度处理、平均灰度处理和加权平均灰度处理方法。

四、直方图修正

直方图是对图像的一种抽象表示方式。假设存在一幅 6×6 像素的图像，接着统计其 1 至 6 灰度级的出现频率，并绘制如图 3-1-16 所示的柱状图，其中横坐标表示灰度级，纵坐标表示灰度级出现的频率。借助对图像直方图的修改或变换，可以改变图像像素的灰度分布，从而达到对图像进行增强的目的。直方图修正以概率论为基础，常用的方法主要有直方图均衡化和直方图规定化。

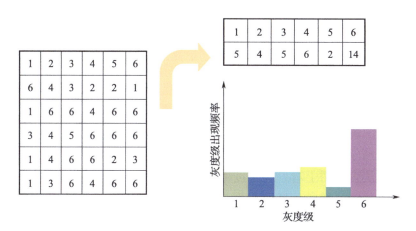

图 3-1-16　图像直方图修正过程

1. 直方图均衡化

直方图均衡化是一种典型的通过对图像的直方图进行修正，来获得图像增强效果的自动方法，主要用于增强动态范围偏小的图像的反差。这个方法的基本思想是把原始图像的直方图变换为在整个灰度范围内均匀分布的形式，这样就增加了像素灰度值的动态范围，从而达到增强图像整体对比度的效果（图 3-1-17）。

图 3-1-17　直方图均衡化

直方图均衡化的优点是能自动地增强整个图像的对比度，计算过程中没有用户可以调整的参数。但正因为如此，它的具体的增强效果无法由用户控制，因为处理的结果总是得到全局均衡化的直方图。实际应用中有时需要修正直方图使之成为某个特别需要的形状，从而可以有选择地增强图像中某个灰度值范围内的对比度，或使图像灰度值的分布满足特定的要求，这时可以采用比较灵活的直方图规定化方法。

2. 直方图规定化

采用直方图规定化方法，用户可以指定需要的规定化函数来得到特殊的增强功能。一般来说正确地选择规定化的函数常有可能获得比进行直方图均衡化更好的效果。简单来说就是按照给定的直方图形状调整原先图像的直方图信息。直方图匹配使用到了直方图变换以及均衡化的思想，通过建立映射关系，使期望图像的直方图达到一种特定的形态。

直方图规定化步骤：

➢ 对原始图进行灰度均衡化。
➢ 规定需要的直方图，并计算能使规定的直方图均衡化的变换。
➢ 将第 1 步得到的变换反转过来，即将原始直方图对应映射到规定的直方图。

原始图如图 3-1-18a 所示，采用直方图均衡化得到的结果主要是整幅图像对比度的增加，但在一些较暗的区域有些细节仍不太清楚。这里可利用图 3-1-18b 所示的规定化函数对原始图进行直方图规定化的修正，得到的结果如图 3-1-18c 所示（其直方图如图 3-1-18d 所示）。由于规定化函数在高灰度区的值较大，所以变换的结果图像比均衡化更亮。从直方图上看，高灰度值像素所在区域内的分布更为密集。另外，对应于均衡化图中较暗区域的一些细节更为清晰。从直方图上看，低灰度值像素所在区域内的各列分得较开。

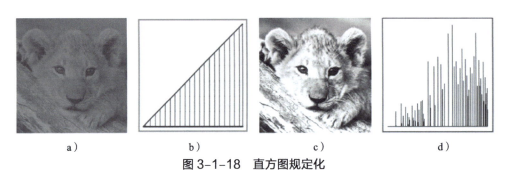

图 3-1-18 直方图规定化

> **引导问题 3**
>
> 查阅相关资料，简单描述一下尺度不变特征变换（SIFT）算法实现思路。
> _____
> _____
> _____

特征检测与匹配技术应用与测试

在本节中，我们将讨论特征检测与匹配技术的应用，以及使用 OpenCV 进行图像特征检测与特征匹配的测试。特征检测和匹配技术是许多计算机视觉应用中的一个重要任务，广泛运用在运动结构、图像检索、目标检测等领域。每个计算机视觉初学者最先了解的特征检测器几乎都是 1988 年发布的 Harris 算法。在之后的几十年时间内各种各样的特征检测器/描述符如雨后春笋般出现，特征检测的精度与速度都得到了提高。特征检测和匹配技术通常由关键点检测、关键点特征描述和关键点匹配三个步骤组成。不同的检测器，描述符以及匹配器之间的组合往往是令初学者疑惑的内容。

一、特征检测算法

1. Harris 角点检测

角点检测是最早提出的特征点检测之一；角点没有严格的定义，通常认为角点是二维图像亮度变化剧烈的点，或图像边缘曲线的曲率局部极大值点，或多条边缘曲线交汇点。在 1977 年，Moravec 发现了角点的特征并提出了 Moravec 角点检测算子，Moravec 算子作为第一个被广泛使用的角点检测算法，开创了角点检测的新时代。这种方法的缺点是响应值非各向同性，对噪声和边缘敏感，对旋转不具备不变性，因此 Harris 和 Stephens 在 Moravec 的基础上于 1988 年提出了著名的 Harris 角点检测算子。测试代码如下：

```
1.  import cv2
2.  import numpy as np
3.  imput_img='2.jpg'
4.  ori=cv2.imread(imput_img)
5.  image=cv2.imread(imput_img)
6.  gray=cv2.cvtColor(image,cv2.COLOR_BGR2GRAY)
7.  gray=np.float32(gray)
8.  dst=cv2.cornerHarris(gray,2,3,0.04)
9.  dst=cv2.dilate(dst,None)
10. image[dst>0.01*dst.max()]=[0,0,255]
11. cv2.imshow('Original',ori)
12. cv2.imshow('Harris',image)
13. if cv2.waitKey(0)& 0xff == 27:
14.     cv2.destroyAllWindows()
```

算法评价：Harris 角点检测方法不仅对噪声不敏感、具有平移和旋转不变性、具有高重复性和高信息量，而且在不同光照条件下具有良好的稳定性，但是该方法不适用于对尺度变化要求高的场合。Harris 角点检测算法效果如图 3-1-19 所示。

2. 尺度不变特征变换（SIFT）

SIFT 算法是由 British Columbia 大学的 David G. Lowe 教授在 1999 年提出，并在 2004 年加以整理和发表的一种算法，其流程如图 3-1-20 所示。它是一个完整意义上的解决方案，很大程度上解决了目标的旋转、缩放、平移及图像仿射/投影变换、光照影响、杂乱场景、噪声等重大难题。

图 3-1-19　角点检测算法效果

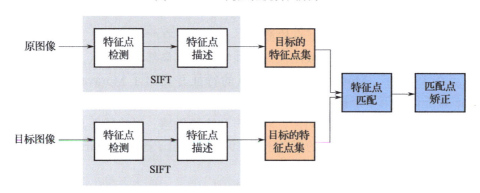

图 3-1-20　尺度不变特征变换（SIFT）算法流程

测试代码：

```
1.   import numpy as np
2.   import cv2 as cv
3.   ori=cv.imread('2.jpg')
4.   img=cv.imread('2.jpg')
5.   gray=cv.cvtColor(img,cv.COLOR_BGR2GRAY)
6.   sift=cv.xfeatures2d.SIFT_create()
7.   kp,des=sift.detectAndCompute(gray,None)
8.   img=cv.drawKeypoints(gray,kp,img,flags=cv.DRAW_MATCHES_FLAGS_DRAW_RICH_KEYPOINTS)
9.   cv.imshow('Original',ori)
10.  cv.imshow('SIFT',img)
11.  if cv.waitKey(0)& 0xff==27:
12.      cv.destroyAllWindows()
```

从测试结果（图 3-1-21），我们可以看到图像中有一些线条和圆圈，特征的大小和方向分别用圆圈和圆圈内的线表示。SIFT 算法的不变特征提取原则具有无与伦比的优势，但它仍然存在实时性不高、有时特征点少、对边缘模糊的目标无法准确提取特征点等缺陷。事实上，SIFT 算法最大的问题在于计算量大、效率不高，不利于后面的特征点匹配。

图 3-1-21　SIFT 算法效果

3. 加速鲁棒特征（SURF）

SURF（Speeded Up Robust Feature）号称是 SIFT 算法的增强版，SURF 计算量小，运算速度快，提取的特征点几乎与 SIFT 相同，它是 Bay 于 2006 年提出。表 3-1-1 是这两种算法的对比。

表 3-1-1　SIFT 算法与 SURF 算法的比较

算法	SIFT	SURF
特征点检测	用不同尺度的图片和高速函数做卷积	用不同大小的 box filter 与原始图像（integral image）做卷积，易于并行
方向	特征点邻接矩形区域内，利用梯度直方图计算	特征点邻接圆域内，计算 x、y 方向上的 Haar 小波响应
描述符生成	20×20（单位为 pixel）区域划分为 4×4（或 2×2）的子区域，每个子区域计算 8bin 直方图	20×20（单位为 sigma）区域划分为 4×4 的子区域，每个子区域计算 5×5 个采样点的 Haar 小波响应，记录 Σdx，Σdy，$\Sigma |dx|$，$\Sigma |dy|$

测试代码：

```
1.  import numpy as np
2.  import cv2 as cv
3.  ori=cv.imread('2.jpg')
4.  img=cv.imread('2.jpg')
5.  surf=cv.xfeatures2d.SURF_create(400)
6.  kp, des=surf.detectAndCompute(img,None)
7.  img=cv.drawKeypoints(img,kp,None,(255,0,0),4)
8.  cv.imshow('Original',ori)
9.  cv.imshow('SURF',img)
10. if cv.waitKey(0) & 0xff==27:
11.     cv.destroyAllWindows()
```

SURF 算法效果如图 3-1-22 所示。

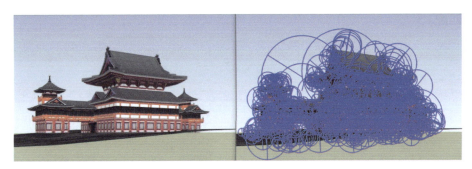

图 3-1-22　SURF 算法效果

二、特征匹配算法

特征匹配就像比较两个图像的特征，这两个图像可能在方向、视角、亮度上不同，甚至大小和颜色也不同。让我们看看它的实现。

测试代码：

```
1.  import cv2
2.  img1=cv2.imread('2.jpg',0)
3.  img2=cv2.imread('2.jpg',0)
4.  orb=cv2.ORB_create(nfeatures=500)
5.  kp1,des1=orb.detectAndCompute(img1,None)
6.  kp2,des2=orb.detectAndCompute(img2,None)
7.  bf=cv2.BFMatcher(cv2.NORM_HAMMING,crossCheck=True)
8.  matches=bf.match(des1,des2)
9.  matches=sorted(matches,key=lambda x: x.distance)
10. match_img=cv2.drawMatches(img1,kp1,img2,kp2,matches[:50],None)
11. cv2.imshow('original image',img1)
12. cv2.imshow('test image',img2)
13. cv2.imshow('Matches',match_img)
14. cv2.waitKey()
```

特征匹配算法效果如图 3-1-23 所示。

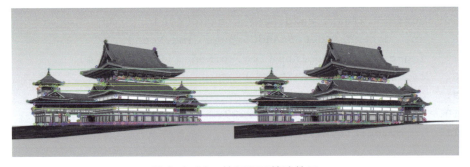

图 3-1-23　特征匹配算法效果

引导问题 4

查阅相关资料,请问目前车道检测算法分为哪几类,各自有什么特点?

_____

_____

_____

深度学习在自动驾驶中的应用认知

一、深度学习简述

深度学习(Deep Learning)是源于人工神经网络的一种机器学习方法,是对人类神经系统识别过程的模拟。通过搭建用于学习分析的神经元网络,对底层选取特征形成抽象的数字化属性,以大规模数据为输入基础,将复杂的信息提取并精简表示。深度学习算法采用了由输入层、隐含层、输出层组成的多层网络结构。相邻网络层的节点间采用某种连接方式。这种大量彼此相连的节点被称为"神经元"。每个神经元通过某种特定的激励函数,计算来自上一层神经元的加权输入值。所谓加权值,就是用来定义神经元之间信息传递的强度,深度学习算法会不断训练以调整每个节点的权重来改变网络中的信息传递和输出结果。图3-1-24所示为一个简单的深度学习模型结构图。

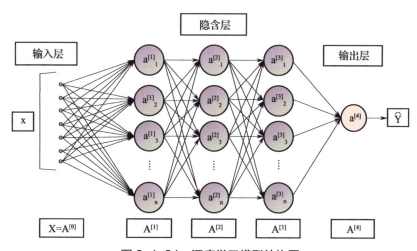

图3-1-24 深度学习模型结构图

二、深度学习在辅助驾驶中的应用

辅助驾驶技术最大的作用就是提高汽车在驾驶过程中的安全性,是一种减少交通事故的有效手段。目前主要的研究前沿都是就保证辅助驾驶技术的持久稳定、高性能、最安全展开的。针对传感器技术、大数据分析、深度学习等方面进行改进优化,使得硬件设备可以更快地感知到目标信息,核心处理器算法能够更快地计算控制。尽可能地提高整个辅助驾驶系统的性能和稳定，以满足实际驾驶中复杂多变的场景和驾驶人的需求，让驾驶人尽快察觉可能发生的危险。在这个过程中，对于大量动态数据的积累和自主处理就显得十分重要，这刚好是深度学习所擅长的地方。

现有的目标检测技术大致分为三类：传统图像处理方法、经典机器学习算法、深度学习算法。

1）以车道检测为例，在传统方法中，选取的车道线先验特征一般设置颜色、灰色、边缘宽度、边缘梯度等。但它存在的问题有：颜色特征易受阴影影响、噪声较多计算耗时、对摄像头角度焦距等参数要求严苛等。

2）经典机器学习算法中，增加了算法的鲁棒性，但人工构造的特征有着局限性和经验性，不具备普适性。

3）深度学习算法，特别是使用卷积神经网络的深度学习算法在计算机视觉领域表现出了强大的能力，可以自动提取强大的特征用于分类检测的任务。

三、深度学习算法在行人检测中的应用

行人检测是车辆辅助驾驶系统中不可或缺的一部分。行人检测需要及时检测出车辆前方的行人并由系统或者驾驶人针对实际状况采取相应的措施。目前行人检测方法主要分为以下两类。

一种是传统行人识别方法，主要通过人工设计特征并结合分类器来实现。比较经典的方法有 HOG+SVM、HOG+LBP 等。这种方法可以避免行人遮挡的影响，但泛化能力和精度较低，难以满足实际需求。

另一种是基于深度学习方法。通过多层卷积神经网络（CNN）对行人进行分类定位。与传统的特征算子相比，CNN 可以基于输入图像独立学习特征，提取的特征更加丰富。基于深度学习的目标检测框架有很多，如 R- CNN 系列和 YOLO 系列。R-CNN 系列算法也称为两阶段算法。这类算法通过网络找出待检测目标的可能位置，即可疑区域，然后利用特征图中的特征信息对目标进行分类。其优点是检测精度更高，但实时性能较差。YOLO 系列算法也被称为单阶段算法。该算法的所有工作过程都在网络中实现，将目标检测问题转化为端到端回归问题，从而更好地提高了网络的实时性，但准确率不如 Faster R-CNN。

四、深度学习算法在车道检测中的应用

车道线是汽车行驶过程中道路上一种重要的交通标志，用于约束车辆的基本行驶行为。对车道线的检测和识别是影响辅助驾驶系统的基础和关键。目前的车道检测算法大致可以分为三类：基于特征的车道检测方法、基于模型的方法以及深度学习算法。

基于特征的车道检测方法利用车道线与周围路面的灰度值、颜色梯度、边缘轮廓等特征的差异，通过边缘检测、阈值分割等方式将车道线区域从图片中提取出来。这种类型的算法对噪声比较敏感，需要人工手动去调滤波算子，根据实际场景特点手动调节参数。工作量大且易受到车道线遮挡及破损的影响，鲁棒性较差。

基于模型的方法将检测问题简化为根据路面特征将车道线转化为几何模型，再通过霍夫变换、随机抽样一致、最小二乘法等拟合对应的车道模型。这种方法建立在固定的几何模型上，通过分析实时道路视频图像来检测目标信息，实时性好并且对于车道线被遮挡等干扰信息具有鲁棒性。同时存在单一固定的车道模型参数无法适用于实际中复杂的地形和路况的问题。

基于深度学习算法的基本思路是通过已有或改进的深度学习框架来实现检测。通过使用大规模标记数据训练神经网络，使其对于提取车道线特征具有良好特性，实现对车道线的检测。

主流深度学习方式主要分为以下四类：基于语义分割的方法、行分类方法、基于 anchor 的方法、其他方法。以这些算法为代表的深度学习方法，使车道线检测中保持检测效率的同时实现高性能。

职业认证

车辆自动驾驶系统应用职业技能等级证书（初级）中就要求考生能够使用手册对视觉传感器识别度进行维护与故障报修。车辆自动驾驶系统应用职业技能等级证书（初级）考核可获得教育部 1+X 证书中的《车辆自动驾驶系统应用职业技能等级证书（初级）》。

任务分组

学生任务分配表见表 3-1-2。

表 3-1-2　学生任务分配表

班级		组号		指导老师	
组长		学号			
组员	姓名：_____　学号：_____ 姓名：_____　学号：_____ 姓名：_____　学号：_____ 姓名：_____　学号：_____			姓名：_____　学号：_____ 姓名：_____　学号：_____ 姓名：_____　学号：_____ 姓名：_____　学号：_____	
任务分工					

工作计划

按照前面所了解的知识内容和小组内部讨论的结果,制定工作方案,落实各项工作负责人,如任务实施前的准备工作、实施中主要操作及协助支持工作、实施过程中相关要点及数据的记录工作等,见表3-1-3。

表3-1-3 工作方案表

步骤	作业内容	负责人
1		
2		
3		
4		
5		
6		
7		
8		

进行决策

1)各组派代表阐述资料查询结果。
2)各组就各自的查询结果进行交流,并分享技巧。
3)教师结合各组完成的情况进行点评,选出最佳方案。

任务实施

查阅资料,了解机器视觉数字图像处理技术完成如表3-1-4所示的工单。

表3-1-4 了解机器视觉数字图像处理技术

了解机器视觉数字图像处理技术	
记录	完成情况
1.从互联网搜索信息资料,填写传统浅层学习和深度学习的对比分析表	已完成□ 未完成□
2.从网络搜索资料,结合教材资料,完成图像处理技术初步认知表的填写	已完成□ 未完成□
对比分析表	
	传统浅层学习	深度学习
---	---	---
常见模型结构		
特点		

（续）

	传统浅层学习	深度学习
应用		

图像处理技术初步认知表

1. 图像预处理过程：
_____
_____
_____

2. 图像处理常见算法有哪些，并介绍它们的特点：
_____
_____
_____

3. 图像处理技术在智能网联汽车上有哪些应用？
_____
_____
_____

6S 现场管理

序号	操作步骤	完成情况	备注
1	建立安全操作环境	已完成□　未完成□	
2	清理及整理工具量具	已完成□　未完成□	
3	清理及复原设备正常状况	已完成□　未完成□	
4	清理场地	已完成□　未完成□	
5	物品回收和环保	已完成□　未完成□	
6	完善和检查工单	已完成□　未完成□	

评价反馈

1）各组代表展示汇报 PPT，介绍任务的完成过程。

2）以小组为单位，请对各组的操作过程与操作结果进行自评和互评，并将结果填入表 3-1-5 中的小组评价部分。

3）教师对学生工作过程与工作结果进行评价，并将评价结果填入表 3-1-5 中的教师评价部分。

表 3-1-5 综合评价表

姓名		学号		班级		组别	
实训任务							
评价项目		评价标准				分值	得分
小组评价	计划决策	制定的工作方案合理可行，小组成员分工明确				10	
	任务实施	能正确描述出实际应用中，需要进行图像预处理的原因				10	
		进行网络资料搜索，完成传统浅层学习和深度学习的对比分析表的填写				20	
		能够正确填写完成图像处理技术初步认知表				20	
	任务达成	能按照工作方案操作，按计划完成工作任务				10	
	工作态度	认真严谨，积极主动，安全生产，文明施工				10	
	团队合作	与小组成员、同学之间能合作交流、协调工作				10	
	6S 管理	完成竣工检验、现场恢复				10	
		小计				100	
教师评价	实训纪律	不出现无故迟到、早退、旷课现象，不违反课堂纪律				10	
	方案实施	严格按照工作方案完成任务实施				20	
	团队协作	任务实施过程互相配合，协作度高				20	
	工作质量	能正确完成机器视觉数字图像处理技术工单的填写				20	
	工作规范	操作规范，三不落地，无意外事故发生				10	
	汇报展示	能准确表达，总结到位，改进措施可行				20	
		小计				100	
综合评分		小组评分 ×50% ＋教师评分 ×50%					
总结与反思							

（如：学习过程中遇到什么问题→如何解决的 / 解决不了的原因→心得体会）

任务二　实现手势交互技术的应用

学习目标

- 了解手势交互的应用场景。
- 了解如何调用云端 API。
- 了解本地 model 部署。
- 掌握手势交互开发流程。
- 会运用相关工具进行文献检索资料的整理。
- 具有利用信息手段查阅相关资料的能力。
- 具有分析问题、解决问题和再学习的能力。
- 具有良好的团队精神和较强的表达沟通、协调组织能力。
- 具有认真负责的职业态度和良好的职业道德。

知识索引

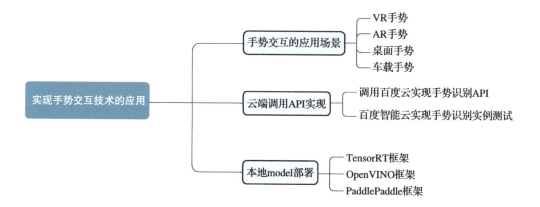

情境导入

　　作为一名智能座舱方向的开发助理，在智能控制板块的开发过程中，主管需要你完成手势识别功能，因此你的工作是制作一份 PPT 进行手势交互应用实例展示，同时完成云端调用 API 实现手势识别。

获取信息

引导问题 1

查阅相关资料，请问手势交互的常见应用场景有哪些？

_____
_____
_____

手势交互的应用场景

近年来，随着经济水平的提高，汽车成为越来越多人的代步工具，与此同时人工智能发展的步伐也越来越快，万物互联，人机交互技术越来越贴近于我们的生活。人机交互是计算机领域中的一项重要技术，人机交互种类多样化，常见的人机交互技术有基于键盘和鼠标的输入、基于声音和面部表情以及手势识别的技术，其中手势是一种具有特定意义的肢体语言，具有自然、直观以及灵活等优点，手势识别在模式识别和人机交互领域逐渐成为研究热点。

一、VR 手势

在了解 VR 手势之前，我们先来了解什么是 VR。在日常生活中，我们接触到的"VR"通常是指虚拟现实（Virtual Reality）。VR 是利用计算机技术来创建模拟环境。与传统的用户界面不同，VR 通过模拟尽可能多的感官（如视觉、听觉、触觉甚至气味），将用户带入一种看似真实的体验，让用户沉浸在其中并能够与 3D 世界互动。在汽车行业内，VR 应用于汽车驾驶、选款定制汽车内饰、模拟驾驶（图 3-2-1）、汽车设计制造等方面。

得益于计算机视觉和深度学习技术的发展，现在能够在普通摄像头上实现精度较高的手势识别。以 Leap Motion 为代表的很多公司都在做 VR+ 手势（图 3-2-2）。VR 强调沉浸感，而手势交互可以极大地提升 VR 使用中的沉浸感。所以 VR+ 手势这个落地方向很有前景，等 VR 得到普及后，定会改变人类的娱乐方式。此类代表产品有 LeapMotion、uSens、极鱼科技等。

图 3-2-1　VR 应用于模拟驾驶

图 3-2-2　VR 手势识别

二、AR 手势

AR，即增强现实（Augmented Reality，AR），可以简单理解为，将一些很难体验到的实体信息（视觉、声音、味道、触觉等）模拟仿真叠加放在真实世界空间内，被人类感官所感知。在汽车行业，可以利用 AR 技术制作三维立体的汽车说明书，可为用户提供更加直观的指导与建议。除此之外，AR 应用于车辆检修，维修工利用相关的 AR 设备或者 App，可直观查看需要维修的部位及使用的工具等信息（图 3-2-3）。这些应用也都将为汽车相关的设计、销售、售后等环节带来极大便利。

图 3-2-3　AR 应用于车辆检修

AR 手势技术，原理是输入双目灰度图像，输出双手 23 个关键点的 3D 位置和旋转信息、手势类别，如图 3-2-4 所示。以 HoloLens 为代表的很多公司都在做 AR 眼镜。AR 眼镜可能会脱离实体的触屏和鼠标键盘这些输入工具，取而代之的是图像和语音等。此时手势交互便必不可少，不过 AR 还处在比 VR 市场更早期的阶段，需继续积累技术，等待市场成熟。

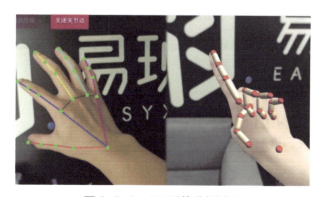

图 3-2-4　AR 手势分析过程

三、桌面手势

这里用到的手势识别比较简单，基本只需识别单点、多点。但在使用过程中手很容易挡住投影仪显示的屏幕，而且还有显示清晰度的问题。此场景可能更多的是一种探索，落地的可能性较小。以 Sony Xperia Touch 为代表的投影仪＋手势识别，将屏幕投影到任何平面上，再通过手势识别模拟触屏操作。空中手势识别已经能做到了，但目前还没有真正的全息投影的技术，只有一些伪全息投影，如反射式和风扇式的伪全息投影。如图 3-2-5 所示。

四、车载手势

车载手势识别是指计算机能够识别人的不同手势,并判断不同手势的相应含义,从而实现对应的功能。手势识别对人的限制非常小,并且自然、直观,这令其在人机交互方式中脱颖而出。人和计算机之间的通信逐渐不再依赖中间媒介,

图 3-2-5　桌面手势应用示意图

人手成了终端设备的中间输入工具,计算机被用户预先定义的各类手势加以操纵。在真实生活中的车载场景,其作用包括控制车内硬件(如空调、窗户、座椅等)、操作车载软件系统(如影音娱乐系统、导航系统、语音通话控制等)以及作为交流媒介(驾驶人与前排、后排乘客之间)三个方面。在车载系统中,实现对车辆设备、影音系统的控制,可以借助车内的摄像头,捕获并识别用户的手势。在典型代表产品如 HTC 的 vive 等虚拟现实、增强现实及混合现实中,我们可以放置各种虚拟物体在周围实际环境中。用户的双手在虚拟环境中可以完成很多操作,如图 3-2-6 所示。

图 3-2-6　车载手势实现

引导问题 2

查阅相关资料,请问相较于设备部署,云端部署的优势是什么?

_____

_____

_____

云端调用 API 实现

云 API 是各大云厂商开发能力的基础,借助 API 可以极大地节省人力成本,提高效率,用更高效的方式完成对云上资源的管控。对于开发者来说,使用云 API 完成一些重复性强的工作可以极大节约时间和精力;除此之外,API 还有便于组合能力、便于自动化、扩展性强、对系统要求低等优点。在人工智能算法模型的部署主要可以分成

两个方面。一是在移动端/设备端的部署，主要是在嵌入式设备上；另一是在云端/服务端的部署，和其他云端服务的部署比较相似，在这节我们将学习云端部署模型的流程以及调用。云端部署的优点是在模型部署成功后，不同用户都可以通过客户端，以发送网络请求的方式获得推理服务。

一、调用百度云实现手势识别 API

1. 接口描述

云 API 的主要功能有：识别图片中的手势类型，返回手势名称、手势矩形框、概率分数，它可以识别 24 类常见手势（表 3-2-1），适用于手势特效、智能家居手势交互等场景。它支持的 24 类手势包括：拳头、OK、祈祷、作揖、作别、单手比心、点赞、无礼、我爱你、掌心向上、双手比心（3 种）、数字（9 种）、害怕、竖中指。

手势识别的场景要求：主要适用于 3m 以内的自拍、他人拍摄，1m 内识别效果最佳，拍摄距离太远时，手部目标太小，无法准确定位和识别。

需要注意的是上述 24 类以外的其他手势会划分到 other 类。除识别手势外，若图像中检测到人脸，会同时返回人脸框位置。

表 3-2-1　24 类可识别手势

序号	手势名称	类名（Class name）	示例图
1	数字 1（原食指）	One	
2	数字 5（原掌心向前）	Five	
3	拳头	Fist	
4	OK	OK	

（续）

序号	手势名称	类名（Class name）	示例图
5	祈祷	Prayer	
6	作揖	Congratulation	
7	作别	Honour	
8	单手比心	Heart_single	
9	点赞	Thumb_up	
10	无礼	Thumb_down	
11	我爱你	ILY	

（续）

序号	手势名称	类名（Class name）	示例图
12	掌心向上	Palm_up	
13	双手比心 1	Heart_1	
14	双手比心 2	Heart_2	
15	双手比心 3	Heart_3	
16	数字 2	Two	
17	数字 3	Three	
18	数字 4	Four	

（续）

序号	手势名称	类名（Class name）	示例图
19	数字 6	Six	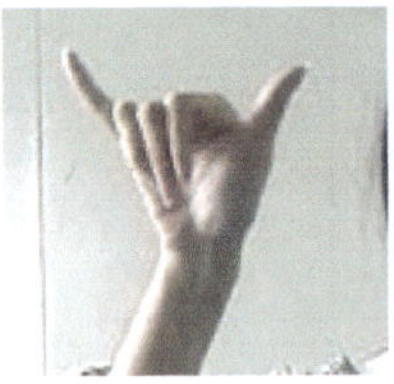
20	数字 7	Seven	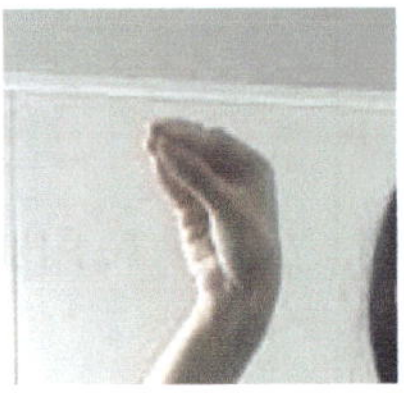
21	数字 8	Eight	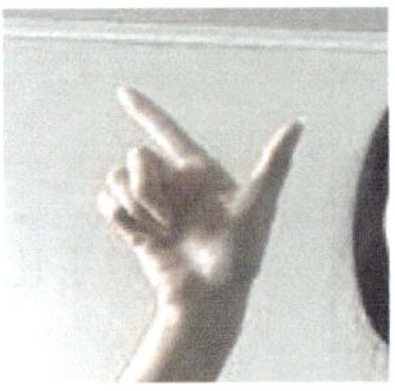
22	数字 9	Nine	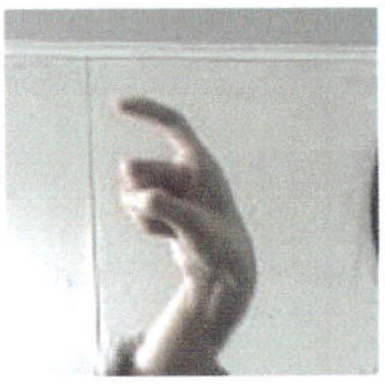
23	害怕	Rock	
24	竖中指	Insult	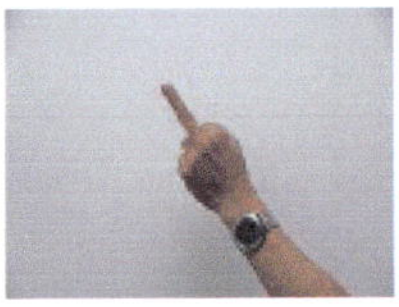

2. 注册 API 密钥操作步骤

（1）登录百度智能云

百度智能云的页面网址为：https://login.bce.baidu.com/，创建账号登录，进行实名认证。百度智能云的登录页面如图 3-2-7 所示。

（2）选择图像识别

在"产品服务"内的"人工智能"模块，选择"图像识别"功能，如图 3-2-8 所示。

图 3-2-7　百度智能云登录页面

图 3-2-8　选择"图像识别"

（3）创建应用

在应用列表内，单击"创建应用"，填写应用名称为"手势识别"，端口选择勾选"人体分析"内的"手势识别"，应用归属选择"个人"，应用描述为"手势识别"，单击立即创建。创建过程如图 3-2-9~ 图 3-2-11 所示。

图 3-2-9　单击"创建应用"

图 3-2-10　填写应用名称

图 3-2-11　创建手势识别应用

（4）查看 API 密钥和 Secret 密钥

创建完毕后返回到应用列表，可查看到已经创建好的应用，在右侧可查看该应用对应的 API 密钥和 Secret 密钥，如图 3-2-12 所示。

图 3-2-12　查看 API 密钥和 Secret 密钥

（5）调用代码

```
1.  rt base64
2.  import requests
3.
4.  API_KEY=""      #填入 API Key 序号
5.  SECRET_KEY=""   #填入 Secret Key 序号
6.
7.  def main():
```

```
8.     url="https://aip.baidubce.com/rest/2.0/image-classify/v1/gesture? access_token=" + get_access_token()
9.
10.         # image 可以通过 get_file_content_as_base64("C:\fakepath\1111.jpg") 方法获取
11.         image=get_file_content_as_base64("zuoyi.jpg")
12.         payload=image
13.         headers={
14.             'Content-Type': 'application/x-www-form-urlencoded',
15.             'Accept': 'application/json'
16.         }
17.
18.         response=requests.request("POST",url,headers=headers,data=payload)
19.         print(response.text)
20. def get_file_content_as_base64(path):
21.     """
22.     获取文件base64编码
23.     :param path: 文件路径
24.     :return: base64编码信息
25.     """
26.     with open(path,"rb") as f:
27.         return base64.b64encode(f.read()).decode("utf8")
28.
29. def get_access_token():
30.     """
31.     使用 AK,SK 生成鉴权签名（Access Token）
32.     :return: access_token, 或是None（如果错误）
33.     """
34.     url="https://aip.baidubce.com/oauth/2.0/token"
35.     params={"grant_type":"client_credentials","client_id":API_KEY,"client_secret":SECRET_KEY}
36.     return str(requests.post(url, params=params).json().get("access_token"))
37.
38. if __name__ == '__main__':
39.     main()
```

代码调用注意事项：

➢ 将 API Key 和 Secret Key 分别复制填入第 4、5 行代码中 API_KEY =""、SECRET_KEY ="" 的引号内。

➢ 上传图片素材可通过代码第 11 行 image=get_file_content_as_base64("zuoyi.jpg") 的方法实现。如要更换其他素材进行识别，直接替换双引号中的图片素材路径。

（6）返回结果

```
1.  {
2.      "log_id": 4466502370458351471,
3.      "result_num": 2,
4.      "result": [{
5.      "probability": 0.9844077229499817,
6.      "top": 20,
7.      "height": 156,
8.      "classname": "Face",
9.      "width": 116,
10.     "left": 173
11.     },
12.     {
13.     "probability": 0.4679304957389832,
14.     "top": 157,
15.     "height": 106,
16.     "classname": "Heart_1",
17.     "width": 177,
18.     "left": 183
19.     }]
20. }
```

返回识别结果信息如上所示，第 4 行的"result"内表示识别结果，在返回的结果信息中可以分析出图片类型为"Face"的可能性有 0.98，图片类型为"Heart_1"的可能性有 0.46。至此，我们已经完成了云端调用手势交互 API 功能。

二、百度智能云实现手势识别实例测试

在熟悉创建手势识别应用的步骤之后，我们可以利用汽车智能座舱实训软件系统来进行实例测试。在汽车智能座舱系统实训台上，打开教学系统屏幕，在软件系统页面单击"手势识别控制单元（AGR）"，如图 3-2-13 所示。

图 3-2-13　开启手势识别控制单元

在"手势识别控制单元"页面中,单击"百度智能云实现方法",单击"实例测试",可观察到中间开启了摄像头,将对拍摄到的画面进行手势识别,右上侧为信息输入(上下框内分别输入创建应用环节中获取到的 API Key 和 Secret Key 信息),信息输入后单击运行按钮,对摄像头捕捉到的画面进行手势识别,识别结果将返回到"识别结果"这一空白框内,如图 3-2-14 所示。

图 3-2-14　手势识别实例测试

实例测试中可识别 24 类常见手势,适用于手势特效、智能家居手势交互等场景。支持的 24 类手势有拳头、祈祷、作揖、作别、单手比心、点赞、无礼、我爱你、掌心向上、双手比心(3 种)、数字(9 种)、害怕、竖中指。

主要适用于 3m 以内的自拍、他人拍摄,1m 内识别效果最佳,拍摄距离太远时,手部目标太小,无法准确定位和识别。图片中有多个手势时,也能识别,但该情况下,单个手势的目标可能较小,且角度可能不好(如存在倾斜、遮挡等),识别效果可能受影响。建议针对单个手势进行识别,效果最佳。

引导问题 3

查阅相关资料,请问对于深度学习模型,为什么要进行本地 model 部署这一环节?

_____
_____
_____

本地 model 部署

在软件工程中,部署指把开发完毕的软件投入使用的过程,包括环境配置、软件安装等步骤。与之类似,对于深度学习模型来说,model 部署,即模型部署,是指让训练好的模型在特定环境中运行的过程。举个例子,假设造好了一辆小车,现在要给它提供特定的测试场地、测试条件与要求,去检测这辆新造车的功能是否能够实现。相对应,在智能座舱开发过程中,所接触到的深度学习模型也需先进行 model 部署(模型部署）这一环节。

本地 model 部署具体实现流程可见能力模块五任务四中的深度学习智能座舱开发流程，在这里我们仅解释常见的模型部署方法。

一、TensorRT 框架

TensorRT 是可以在英伟达（NVIDIA）各种 GPU 硬件平台下运行的一个 C++ 推理框架。我们利用 Pytorch、TF 或者其他框架训练好的模型，可以转化为 TensorRT 的格式，然后利用 TensorRT 推理引擎去运行这个模型，从而提升这个模型在英伟达 GPU 上运行的速度。速度提升的比例是比较可观的。在 GPU 硬件上部署的话，TensorRT 是首选，其支持的模型和硬件平台如图 3-2-15 所示。

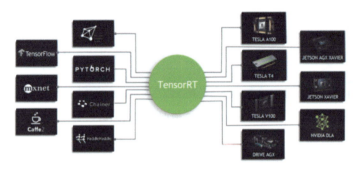

图 3-2-15　TensorRT 支持的模型和硬件平台

二、OpenVINO 框架

OpenVINO 是在英特尔 CPU 端（也就是我们常用的 x86 处理器）部署，同时借助 TensorFlow、PyTorch 和 Caffe* 等热门框架转换和优化训练后的模型，在多种英特尔硬件和环境、本地、设备、浏览器或云中部署。它是开源的且速度很快，文档也很丰富，更新很频繁，代码风格也不错，很值得学习。图 3-2-16 所示为 OpenVINO 支持的模型和硬件平台。

图 3-2-16　OpenVINO 支持的模型和硬件平台

三、PaddlePaddle 框架

飞桨（PaddlePaddle）以百度多年的深度学习技术研究和业务应用为基础，是中国首个自主研发、功能完备、开源开放的产业级深度学习平台，集深度学习核心训练和推理框架、基础模型库、端到端开发套件和丰富的工具组件于一体。PaddlePaddle 作为国内用户最多的深度学习框架，对推理部署提供全方位支持（图 3-2-17），可以将模型便捷地部署到云端服务器、移动端以及边缘端等不同平台设备上，并拥有全面领先的推理速度，同时兼容其他开源框架训练的模型。飞桨推理引擎支持广泛的 AI 芯片，

特别是对国产硬件做到了全面的优化适配。

Paddle Inference　原生推理库
Paddle Serving　服务化部署框架
Paddle Lite　轻量化推理引擎
Paddle.js　前端推理引擎
FastDeploy　推理部署

图 3-2-17　飞桨推理部署工具

任务分组

学生任务分配表见表 3-2-2。

表 3-2-2　学生任务分配表

班级			组号		指导老师	
组长			学号			
组员	姓名：_____　学号：_____ 姓名：_____　学号：_____ 姓名：_____　学号：_____ 姓名：_____　学号：_____			姓名：_____　学号：_____ 姓名：_____　学号：_____ 姓名：_____　学号：_____ 姓名：_____　学号：_____		
任务分工						

工作计划

扫描二维码可观看教学视频，了解创建百度智能云账号的步骤以及如何实现云端部署的手势识别，并结合获取到的相关信息、前面所学习到的知识及小组讨论的结果，制定工作方案，见表 3-2-3。

云端部署实现手势识别

表 3-2-3　工作方案表

步骤	作业内容	负责人
1		
2		
3		
4		
5		
6		

进行决策

1）各组派代表阐述资料查询结果。
2）各组就各自的查询结果进行交流，并分享技巧。
3）教师结合各组完成的情况进行点评，选出最佳方案。

任务实施

1）利用互联网搜索，手势交互在 VR、AR、桌面手势、车载手势应用里，分别有哪些应用实例？以小组为单位，查询资料，制作一份 PPT 进行应用实例展示。

2）根据工作计划中的教学视频，完成云端调用 API 的实现，填写如表 3-2-4 所示的工单，进行步骤确认。

表 3-2-4　百度智能云实现手势识别

百度智能云实现手势识别	
1. 认知 24 种可实现的手势类型	已完成□　未完成□
2. 账号登录百度云（首次需创建）	已完成□　未完成□
3. 创建手势识别应用	已完成□　未完成□
4. 获取 API Key、Secret Key 关键信息	已完成□　未完成□
5. 理解接口代码	已完成□　未完成□
6. 进行实例测试，分析返回结果	已完成□　未完成□
知识点记录	

6S 现场管理			
序号	操作步骤	完成情况	备注
1	建立安全操作环境	已完成□　未完成□	
2	清理及整理工具量具	已完成□　未完成□	
3	清理及复原设备正常状况	已完成□　未完成□	
4	清理场地	已完成□　未完成□	
5	物品回收和环保	已完成□　未完成□	
6	完善和检查工单	已完成□　未完成□	

评价反馈

1）各组代表展示汇报 PPT，介绍任务的完成过程。

2）以小组为单位，请对各组的操作过程与操作结果进行自评和互评，并将结果填入表 3-2-5 中的小组评价部分。

3）教师对学生工作过程与工作结果进行评价，并将评价结果填入表 3-2-5 的教师评价部分。

表 3-2-5 综合评价表

姓名		学号		班级		组别	
实训任务							
评价项目		评价标准				分值	得分
小组评价	计划决策	制定的工作方案合理可行，小组成员分工明确				10	
	任务实施	能正确理解 24 种可实现的手势交互类型				10	
		成功制作一份手势交互应用实例介绍的 PPT				20	
		能够利用百度智能云实现手势识别				20	
	任务达成	能按照工作方案操作，按计划完成工作任务				10	
	工作态度	认真严谨，积极主动，安全生产，文明施工				10	
	团队合作	与小组成员、同学之间能合作交流、协调工作				10	
	6S 管理	完成竣工检验、现场恢复				10	
		小计				100	
教师评价	实训纪律	不出现无故迟到、早退、旷课现象，不违反课堂纪律				10	
	方案实施	严格按照工作方案完成任务实施				20	
	团队协作	任务实施过程互相配合，协作度高				20	
	工作质量	能正确完成云端手势识别工单的填写				20	
	工作规范	操作规范，三不落地，无意外事故发生				10	
	汇报展示	能准确表达，总结到位，改进措施可行				20	
		小计				100	
综合评分		小组评分 ×50% + 教师评分 ×50%					
总结与反思							
（如：学习过程中遇到什么问题→如何解决的/解决不了的原因→心得体会）							

任务三　完成 DMS 状态监测系统的测试

学习目标

- 了解驾驶人检测应用场景。
- 了解 DMS 状态检测。
- 掌握常见的智能座舱算法原理。
- 了解基于机器视觉的疲劳驾驶检测算法开发。
- 会运用相关工具进行文献检索资料的整理。
- 具有利用信息手段查阅相关资料的能力。
- 具有分析问题、解决问题和再学习的能力。
- 具有良好的团队精神和较强的表达沟通、协调组织能力。
- 具有认真负责的职业态度和良好的职业道德。

知识索引

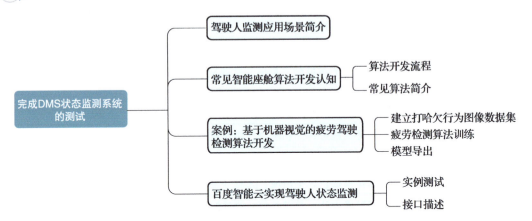

情境导入

图像处理技术在智能座舱领域的另一个应用是驾驶人监测，通过在危险情境下向驾驶人发出警示，帮助驾驶人改善驾驶行为，并根据驾驶人状态进行相应干预，从而提高行车安全。主管需要你熟悉驾驶人监测系统主要预警功能，根据实际开发案例整理一份算法流程图进行展示汇报，并基于前期理论基础，完成 DMS 状态监测系统的应用测试。

获取信息

引导问题 1

查阅相关资料,请问驾驶人监测系统有哪些应用场景?

_____
_____
_____

驾驶人监测应用场景简介

人为因素是目前交通事故发生的常见原因。它通常又分两类情况:一是违章、超速及酒驾或在药物影响下驾驶;二是人为失误,如疲劳或分心驾驶、缺乏驾驶经验等。在老龄化日益严峻的当下,因突发性的医疗事故而丧失驾驶能力也是交通事故的重要诱因。目前,针对上述人为因素,驾驶人监测系统可通过在危险情境下向驾驶人发出警示,帮助驾驶人改善驾驶行为,并根据驾驶人状态进行相应干预,从而提高行车安全。

驾驶人监测系统(Driver Monitoring System,DMS),通过一个面向驾驶人的摄像头来实时监测驾驶人头部、眼部、面部、手部等细节,可以从眼睛闭合、眨眼、凝视方向、打哈欠和头部运动等检测驾驶人状态。通常检测眼睛和其他脸部特征以及行为,同时跟踪变化,实现驾驶人疲劳、分神等不规范驾驶检测,从而保障交通参与者的生命财产安全。

DMS 主要预警功能有以下几大类。

1)疲劳驾驶:主要包括闭眼、打哈欠,检测到驾驶人有此行为时触发警报,如图 3-3-1 所示。

图 3-3-1 疲劳驾驶场景

2)分神驾驶:主要包括低头、左顾右盼,检测到驾驶人视线偏移超过 1.0s,可触发警报,场景如图 3-3-2 所示。

图 3-3-2 分神驾驶场景

3)接打电话:检测到驾驶人有打电话行为时,触发警报,场景如图 3-3-3 所示。

4）吸烟：检测到驾驶人有吸烟行为时，触发警报，场景如图 3-3-4 所示。

图 3-3-3　接打电话场景　　　　　　　图 3-3-4　吸烟场景

除了上述所列的行为状态外，在 DMS 研究中还有情绪激动、醉酒驾驶等状态检测。除此之外，智能汽车舱内摄像头不仅仅是识别到驾驶人的行为，还能够根据不同的驾乘人员，学习并记忆他们的操作习惯，并在不同的驾乘人员乘车时，做出个性化的推荐，打造个性化驾驶模式（图 3-3-5）。比如在年轻人驾车时推送流行时尚的音乐，中老年人驾车时自动推送复古风的音乐，驾驶人情绪低落时推送符合个人喜好的安抚音乐等。用户个性化的分析将会基于车企的云端，成为车企增加用户黏性的财富。这会导致整车企业对云和云端算力的需求大大增加，传统的云企业将会受益。

图 3-3-5　AITO 问界 M5 个性化驾驶模式

> **引导问题 2**
>
> 查阅相关资料，请简述座舱相关的算法开发流程，并对基于深度学习的驾驶人分心行为识别方法步骤进行说明。
>
> _____
> _____
> _____

常见智能座舱算法开发认知

一、算法开发流程

在 AI 算法开发之前，我们必须要分析算法的应用场景是什么？要解决什么问题？基于场景需要进行理解，整理 AI 开发框架和思路。不同的项目对数据的要求、开发手段也是不一样的。常见的算法开发流程步骤如图 3-3-6 所示。

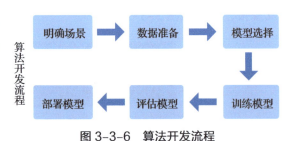

图 3-3-6　算法开发流程

1. 明确场景

在这个步骤中，我们需要对正常场景设计的流程进行梳理，明确要求。例如，我们需要开发一个疲劳驾驶检测的算法模型，那我们需要明确驾驶人疲劳驾驶的动作有哪些、行为是什么。

2. 数据准备

数据准备主要是指收集和预处理数据的过程。按照确定的场景和目的，有目的性地收集、整合相关数据。数据准备是 AI 开发的一个基础，此时最重要的是保证获取数据的真实性、可靠性。而事实上，不可能一次性将所有数据都采集全，因此，在数据标注阶段你可能会发现还缺少某一部分数据源，必须反复调整优化。

3. 模型选择

模型选择时我们不仅要考虑精度与效率，还要考虑座舱内的芯片能力。与通用芯片不同，智能座舱属于端侧处理，端侧支持的算子有限。我们要对场景选择合适的预训练模型或者网络进行训练。

4. 训练模型

训练模型的结果通常是一个或多个机器学习或深度学习模型，模型可以应用到新的数据中，得到预测、评价等结果。模型训练将要最考验算法工程师的实战经验，比如进行怎样的参数配置，以及选择什么样的损失函数和优化方法，是否进行多阶段训练，或者对图像数据进行多尺度训练等。此外，还包括进行多大批量的采样、如何提高训练的速度，而这些都和具体的设备类型相关。

5. 评估模型

训练得到模型之后，整个开发过程还不算结束，需要对模型进行评估和考察。往往不能一次性获得一个满意的模型，需要反复地调整算法参数、数据，不断评估训练生成的模型。在此步骤我们需要注意一些常用的指标，如准确率、召回率、AUC 等，它们能帮助我们进行有效评估，最终获得一个满意的模型。

6. 部署模型

模型部署是模型在实际项目中的落地应用，模型部署包括了各种不同的编程语言的部署，比如常见的 C/C++、Java、Python，以及其他语言，各种语言由于其自身的特性，在部署的时候部署方法也不大一样，比如按照某些定义而言，C/C++ 属于编译型语言，Python 属于解释型语言，总之两者的程序执行过程的差异导致它们在部署的时候要考虑跨平台性的问题。

二、常见算法简介

1. 三维视线估计

广义的视线估计泛指与眼球、眼动、视线等相关的研究。在此处我们主要以眼睛图像或人脸图像为处理对象，估算人的视线方向或注视点位置，如图 3-3-7 所示。

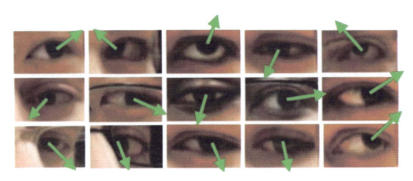

图 3-3-7 人的视线方向或注视点

与人脸检测和其他相关的领域比较,视线估计其实一直算一个小众的方向。随着近几年自动驾驶技术的快速发展,对视线估计的需求渐渐浮出水面,这方面的研究也开始进入主流的视野。视线估计在辅助驾驶上有两方面应用,一是检测驾驶人是否疲劳驾驶以及注意力是否集中,二是提供一些交互功能从而解放驾驶人双手,保证安全驾驶。

(1)算法目标

三维视线估计的目标是从眼睛图片或人脸图片中推导出人的视线方向。通常,这个视线方向是由两个角度 pitch(垂直方向)和 yaw(水平方向)来表示的,如图 3-3-8a 所示。需要注意的是,在相机坐标系下,视线的方向(gaze)不仅取决于眼睛的状态(眼珠位置,眼睛开合程度等),还取决于头部姿态(图 3-3-8b):虽然眼睛相对头部是斜视,但在相机坐标系下,她看的是正前方。

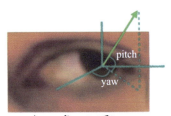

a)gaze 角:pitch 和 yaw

b)gaze 由眼睛状态与头部姿态共同决定

图 3-3-8 三维视线估计

(2)评价指标

在模型估计出 pitch 角(垂直角)和 yaw 角(水平角)之后,可以计算出代表视线方向的三维向量,该向量与真实的方向向量(ground truth)之间的夹角即是视线方向领域最常用的评价指标。

(3)实现方法介绍

一般来说,视线估计方法可以分为基于几何的方法(Geometry Based Methods)和基于外观的方法(Appearance Based Methods)两大类。基于几何的方法的基本思想是检测眼睛的一些特征(如眼角、瞳孔位置等关键点),然后根据这些特征来计算视线方向(gaze)。而基于外观的方法则是直接学习一个将外观映射到 gaze 的模型。两类方法各有长短:几何方法相对更准确,且对不同域表现稳定,然而这类方法对图片的质量和分辨率有很高的要求。基于外观的方法对低分辨和高噪声的图像表现更好,但模型的训练需要大量数据,并且容易过拟合。随着深度学习的崛起以及大量数据集的公开,基于外观的方法越来越受到关注。

在本节中，我们将主要了解通用的视线估计方法，也就是说模型的训练数据与测试数据采集自不同的人（与之相对的是个性化视线估计，即训练数据与测试数据采集自同一个的人）。

（4）单眼 / 双眼视线估计

德国马普所 Xucong Zhang 博士等最早尝试使用神经网络来做视线估计，其成果发表在 CVPR 2015 上。这个工作以单眼图像为输入，所使用的网络架构，如图 3-3-9 所示。

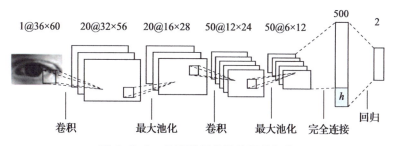

图 3-3-9　单眼视线估计的网络架构

我们可以看到，Xucong Zhang 博士当时使用的是一个类似于 LeNet 的浅层架构，还称不上"深度"学习。而其中一个有启发性的贡献是，他们将头部姿态（head pose）信息与提取出的眼睛特征拼接，用以学习相机坐标系下的视线方向（gaze）。该工作的另一个重要贡献是提出并公开了视线方向（gaze）领域目前最常用的数据集之一：MPIIGaze。在 MPIIGaze 数据集上，该工作的误差为 6.3°。接下来，Xucong Zhang 在他 2017 年的研究中，用 VGG16 代替了这个浅层网络，大幅提升了模型精度，将误差缩小到了 5.4°。

上面两个算法都是以单眼图像为输入，没有充分利用双眼的互补信息。北航博士 Yihua Cheng 在 ECCV 2018 上提出了一个基于双眼的非对称回归方法。此方法的框图如图 3-3-10 所示。

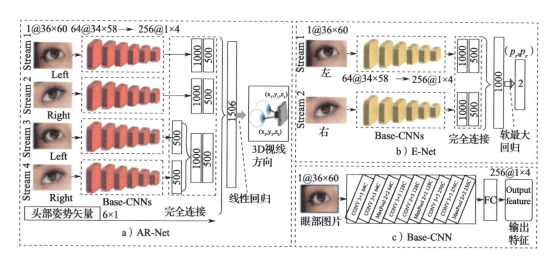

图 3-3-10　基于双眼的非对称回归方法框架图

该模型由两个模块构成：AR-Net（非对称回归网络），以双眼为输入，经四个支路处理后得到两只眼睛的不同视线方向；E-Net（评价网络），同样以双眼为输入，输出是两个权重，用于加权 AR-Net 训练过程中两只眼睛视线计算量的损失。该工作在 MPIIGaze 数据集上取得了 5.0° 的误差。

2. 手势检测算法

在人机交互领域，手势有很多种应用场景，如游戏控制、智能家居、智能座舱等。因此，对于手势的快速、准确检测和识别十分重要。自 20 世纪末，国外就开始了基于手势识别交互的研究，主要分为基于外部设备的手势识别和基于计算机视觉的手势识别。相较于基于外部设备的手势识别方式，基于计算机视觉的手势识别方式更为方便灵活，降低了设备成本。传统的基于计算机视觉的手势识别方法分为手势的检测和分割、手势特征提取与手势识别 3 个阶段。常常使用肤色分割模型分割出手势区域，再提取尺度不变特征变换（Scale-Invariant Feature Transform，SIFT）、加速稳健特征（Speeded Up Robust Features，SURF）、方向梯度直方图（Histogram of Oriented Gradient，HOG）、Hu 矩等特征，采用支持向量机（Support Vector Machine，SVM）、Adaboost 等机器学习方法进行分类。该类方法对数据集的依赖性大，算法的鲁棒性不强，且人工提取特征的方式过程烦琐复杂，高度依赖工程人员的自身经验，算法的应用局限性较大。

随着深度学习的研究与发展，基于深度学习的识别方法已实现识别速度快、准确率高，成为主流的手势识别算法。但大多数的深度学习算法精度和速度不能兼得，造成很多模型在嵌入式端难以实现。在经典算法 YOLO 系列算法中，2020 年 6 月发布的 YOLOv4-tiny 算法，具有更快的目标检测速度，适合在移动端和嵌入式等运算能力不强的设备上进行开发，能够很好地解决上述难题。

YOLO 是 You Only Look Once 的缩写，意思是神经网络只需要看一次图片，就能输出结果。YOLOv4-tiny 算法是在 YOLOv4（YOLO 第四代算法）的基础上设计的，预测过程与 YOLOv4 相同，检测速度得到大幅提升。该算法首先调整输入图像的大小，使所有输入图像具有相同的固定大小 A×A（本文为 416×416）。YOLOv4-tiny 方法使用 CSPDarknet53-tiny 网络作为主干网络，来代替 YOLOv4 方法中使用的 CSPDarknet53 网络。在特征融合部分，YOLOv4-tiny 方法使用特征金字塔网络提取不同尺度的特征并进行融合，提高了目标检测精度。YOLOv4-tiny 使用 13×13 和 26×26 两种不同比例的特征图来预测检测结果，YOLOv4-tiny 算法网络结构如图 3-3-11 所示。

我们采用的是公开手势数据集 NUS-II 对 YOLOv4-tiny 进行再次训练，NUS-II 是一个 10 类手势数据集（图 3-3-12），手势背景比较复杂，是各种自然场景。这些形状不同、尺寸各异的手势由 40 名不同种族人士分别在不同背景下拍摄，分别展示字母"a"到"j"总共 10 种手势，每个字母手势拍摄 5 次。数据集合计 2750 张。数据集贴合实际生活，可以研究不同复杂背景、不同光照、不同手势下的识别，有很大的学习价值。

手势识别算法的发展趋势要求识别准确率高，识别速度快，同时识别算法要小，可以部署在移动端。使用 YOLOv4-tiny 算法，可以满足手势定位的准确度和网络的处理速度。

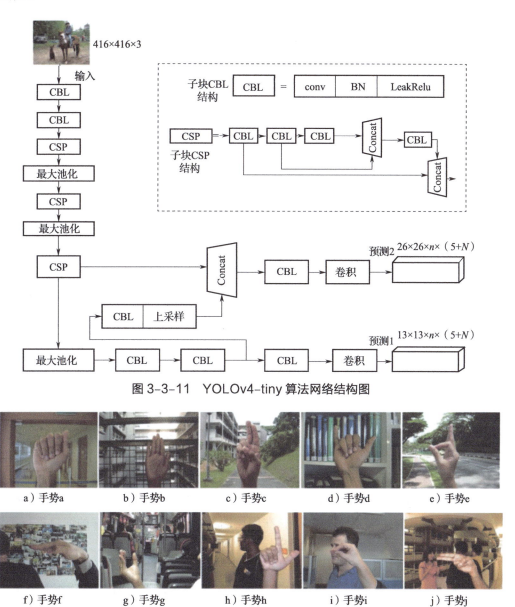

图 3-3-11　YOLOv4-tiny 算法网络结构图

图 3-3-12　手势数据集 NUS-II

3. 分心行为检测算法

传统的用于驾驶人行为识别的机器学习方法通常需要捕获驾驶人的状态信息，如头部姿势、眼睛注视方向、手部运动，甚至生理信号（如脑电图、眼电图、肌电图等）。上述方法需要预先提取特定特征，对系统硬件有特定的要求，在实时场景中，泛化能力不足、计算效率偏低、财务成本较高，难以应用到实际的智能交通系统中。

随着深度学习理论与技术的日渐成熟，利用卷积神经网络进行驾驶人行为识别的优势逐渐凸显。它与传统机器学习方法的主要区别在于特征提取阶段，深度学习方法通过自适应地对输入数据的低维特征进行多层次过滤、提取与组合，得到用于表示输入数据的高维抽象特征。而卷积神经网络作为实现深度学习的一项重要技术，成功地应用到图像处理领域。因此，将深度卷积神经网络这种端到端的从输入数据中直接获得高维特征的方式，应用到驾驶人分心行为识别任务当中，更易于实现。

基于深度学习的驾驶人分心行为识别方法的整体过程如图 3-3-13 所示。模型以彩色图像作为输入，直接输出驾驶人行为信息，是一种端到端的、非侵入式的驾驶人行为检测算法。设计搭建一个级联卷积神经网络结构，由两个部分组成。

1）利用目标检测算法预测驾驶人位置信息，确定候选区域。
2）采用卷积神经网络模型对候选区域内的驾驶人分心行为进行精确识别。

图 3-3-13　分心行为识别算法流程

首先，我们来了解第一部分，确定驾驶人位置的实现过程。对于确定候选区域，目前基于深度学习的目标检测算法主要分为两阶段检测法与单阶段检测法两大类。两阶段检测法将检测分为两个步骤，首先生成候选框区域，然后对候选框进行分类和调整。两阶段检测法的代表算法有 R-CNN、Fast R-CNN、Faster R-CNN 等。这类算法精度较高，但存在检测速度慢、算法实时性低等问题。而单阶段检测法，无须生成候选框区域，提高了目标检测的速度，它的代表算法是 YOLO、SSD。

单阶段检测法中，SSD 算法（Single Shot MultiBox Detector）有较高的准确度和性能，兼顾了速度和精度。因此，我们采用目标检测算法中的 SSD 算法作为第一级网络模型，将驾驶人原始图像作为 SSD 网络输入，确定候选区域。SSD 是一种直接预测对象类别和边界框的目标检测算法口，在原始图像上直接通过分割好的窗口进行预测，故其速度快，可以达到实时检测的要求。

第二部分，我们是要对驾驶人分心行为进行识别。因此，第二级网络的设置需要对确定的候选区域内的疑似分心行为图像进行精确识别，进而有效判断正常驾驶与 9 种常见驾驶分心行为，具体行为如表 3-3-1 所示。

表 3-3-1　驾驶行为分类

种类	驾驶行为	种类	驾驶行为
C0	正常驾驶	C5	调收音机
C1	右手发短信	C6	喝水
C2	右手打电话	C7	伸手到后排
C3	左手发短信	C8	梳头/化妆
C4	左手打电话	C9	与乘客交谈

准确判断驾驶行为的关键在于深度学习算法模型具有高识别率。在计算机视觉领域，常常会使用预训练模型，在较短时间内训练出精度较高的模型。预训练模型的常用方法是以训练好的通用模型为基础，将其视为一个固定的特征提取器而不调整模型参数，或者使用小规模数据集对预训练的模型参数进行微调。

我们选用 VGG19、ResNet50、MobileNetV2 这三种经典卷积神经网络模型作为驾驶人行为识别的预训练模型，对预训练模型的分类器和部分卷积层进行重新训练，使用驾驶人行为数据集对模型的部分卷积层参数在原基础上进行微调，可在较短时间内训练出精度较高的模型，这三类模型均在 ImageNet 上训练得到（图 3-3-14）。

图 3-3-14 卷积神经网络模型在 ImageNet 上训练

通过反复训练，单模型 VGG19、ResNet50、MobileNetV2 在驾驶人行为数据集上测试的平均准确率分别为 85.68%、86.91%、89.38%。而采用级联网络模型 SSD+VGG19、SSD+ResNet50、SSD+MobileNetV2 在同一数据集上的平均准确率分别为 92.93%、92.97%、93.63%。显然，平均识别准确率总体提升了 4~7 个百分点。实验结果表明，基于级联卷积神经网络的驾驶人分心行为识别检测框架效果更好，并且可以实现驾驶人 9 种分心行为的精确检测。

4. 疲劳检测算法

在全世界，交通事故每年都造成大量的人员伤亡和财产损失，究其原因往往分为两个方面。一方面很多驾驶人在驾驶过程中出现接听电话、发送消息、吸烟等分心行为，这极大地分散了驾驶人的注意力，一旦前方出现紧急情况甚至来不及反应就发生了车毁人亡的悲剧。另一方面，随着我国高速道路系统的不断完善，各地方连接越发紧密，来自全国各地的车辆昼夜不停地行驶，长途跋涉让驾驶人员变得疲惫，出现打瞌睡、注意力不集中、反应迟钝等现象。这种情况是造成交通事故的主要原因之一，因此对驾驶人疲劳、出现危险行为时的预警系统是极其必要的。

（1）疲劳检测算法分类

当前可用于检测驾驶人的驾驶状态的方法主要有如下几种。

1）基于驾驶人的生理信号的检测：通过检测驾驶人的生理信号，包括脑电图信号

EEG、眼电图信号 EOG、呼吸频率等来判断驾驶人此时的驾驶状态。此方法的缺点是驾驶人要穿戴厚重的检测仪器（图 3-3-15），不仅阻碍了驾驶人的行车视线，还容易发生交通事故。

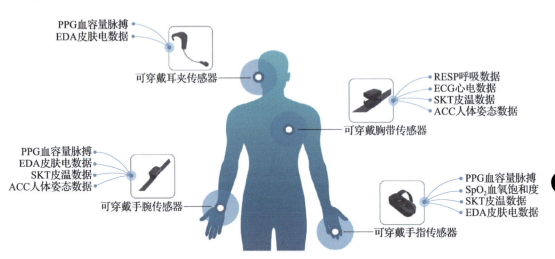

图 3-3-15　可穿戴生理仪器

2）基于车道线及转向盘偏移角度的检测：此方法是通过测量转向盘偏移角度或者车道偏离，来判断驾驶人此时的驾驶状态，如图 3-3-16 所示，但是它的缺点是得到结果的时间长且精度低。

3）基于机器视觉和图像处理的疲劳检测：这类方法通过摄像头实时采集驾驶人的行为表情状态，如驾驶人的头部姿态、眼睛闭合频率和单位时间打哈欠的次数来判断驾驶人的疲劳程度，如图 3-3-17 所示。我们接下来将介绍用这种方法来判断驾驶人的行驶状态。

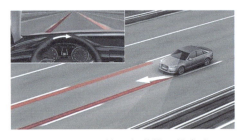

图 3-3-16　基于车道线及转向盘偏移角度检测

图 3-3-17　基于机器视觉和图像处理的疲劳检测

（2）基于机器视觉和图像处理的疲劳检测算法

1）算法整体流程。通过面部特征检测驾驶人疲劳状态一般分为眨眼（眨眼次数增多、眨眼速度明显变慢、眼睛微眯）、打哈欠（单位时间打哈欠次数增加）、点头（单位时间瞌睡点头次数增加）三个类型，通过单目摄像头实时拍摄驾驶人的行车状态，获取到驾驶人的行车视频流，对视频流进行循环读取帧图片。为了提高检测精度，对获得的图片做预处理操作，将图片做维度扩大、灰度化处理，并将所得到驾驶人的人脸位置、人脸朝向、眨眼频率、眼睛闭合度、单位时间打哈欠次数等数据求取平均值与设置的阈值相比较做最终评分，判断驾驶人的行车状态，对处于疲劳状态的驾驶人发出警告，如图 3-3-18 所示。

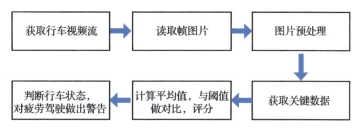

图 3-3-18　疲劳检测算法流程

2）人脸检测。进行人脸关键点检测之前需要得到人脸区域，我们采用 MTCNN（多任务卷积神经网络）算法进行人脸检测。MTCNN 算法是一种使用卷积网络的人脸检测与对齐的方法。算法采用级联 CNN 结构，将三个卷积神经网络 P-Net、R-Net 与 O-Net 级联到一起构成强分类器。该算法先使用输入图像构建图像金字塔，将不同尺寸的图像输入 P-Net 以对不同大小的人脸进行预测，P-Net 将快速产生大量人脸候选框，将这些人脸候选框送入 R-Net。R-Net 将去除大部分低可信度的人脸候选框。O-Net 最为复杂，它会对 R-Net 筛选后的人脸框进行更严格的识别，输出最终人脸区域，如图 3-3-19 所示。MTCNN 通过设计精巧的三级网络结构，实现了检测准确率与运算速度之间的平衡，性能表现提高明显，是目前在人脸检测方面性能最好的算法之一。

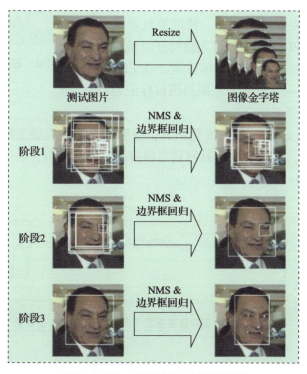

图 3-3-19　MTCNN 工作流程图

3）人脸跟踪。基于卷积神经网络的 MTCNN 算法消耗的算力资源较大，对硬件要求较高，难以做到跟随摄像头输入进行实时检测。机动车正常行驶途中驾驶人不会发生变更且头部姿态变化不大，人脸在每帧之间的移动幅度小，在获取人脸区域后，采用 KCF 跟踪算法对人脸区域进行追踪，从而减少算力消耗。KCF（Kernel Correlation Filter，核相关滤波算法）是一种差分追踪方法，初始帧使用指定的目标得到一个检测器，在每一帧上，在上一帧目标的坐标附近搜寻目标当前坐标，使检测器置信度最大的区域即被标记为目标，之后使用当前目标信息更新检测器，从而得到连续的目标位置。若 KCF 算法得到的区域置信度过低，则采取 MTCNN 算法重新进行人脸定位。使用 MTCNN+KCF 算法进行人脸追踪可以节省一半以上时间，可以做到实时监测。

4）基于 PERCLOS 的人眼疲劳检测。PERCLOS（Percentage of Eyelid Closure over the Pupil Over Time）指的是在一段时间内眼睛闭合时间占总时间的比值，是在疲劳检测中被广泛使用的判断指标。PERCLOS 的计算公式如下：

$$PERCLOS = \frac{t_{clsoe}}{t} \times 100\%$$

其中 t_{clsoe} 表示单位时间内闭眼的时间，t 表示单位时间。一般认为当 PERCLOS 大于 0.4 时驾驶人处于疲劳状态。

根据当前图像判断驾驶人是否闭眼可以使用 EAR（Eye Aspect Ratio，眼睛纵横比）值来判断。EAR 能够直观地反映人眼的睁闭状态，使用比例而非绝对距离可以避免人眼大小对判断结果的影响，结合人脸特征点，可以快速、精准地反映人眼状态。如图 3-3-20 所示，通过人脸特征点检测算法得到右眼周围的 6 个二维坐标位置，在 ERT 算法中被标记为 37~42，同理，左眼周围被标记为 43~48，通过计算得到 EAR 值。

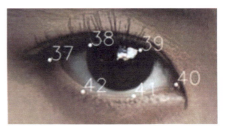

图 3-3-20　右眼标记的 6 个二维坐标位置

在一定时间内，EAR 值相对变化不大，表明此时驾驶人处于睁眼状态，在某一时刻 EAR 值迅速下降，然后又再次返回到之前持续稳定的范围，表明此时驾驶人进行了眨眼动作，如图 3-3-21 所示。

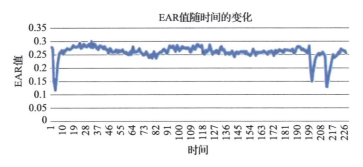

图 3-3-21　EAR 变化规律

获得眨眼信息后，计算 PERCLOS 值还要确定眼睛闭合的 EAR 阈值。p_{80} 指标规定眼睑遮住瞳孔面积的80%时眼睛处于完全闭合状态。大多数研究认为p_{80}指标能够较好地反映驾驶人疲劳程度。将p_{80}指标与EAR值相结合，PERCLOS的计算公式被转化为：

$$PERCLOS = \frac{F_{clsoe}}{F}$$

其中F_{close}表示眨眼过程中EAR值低于阈值的帧数，F表示眨眼过程总帧数。至此，人眼疲劳检测已经完成。

5）MAR检测哈欠时长。MAR（Mouth Aspect Ratio，嘴部纵横比）仿照EAR的原理，通过对嘴部纵横比的检测来判断嘴张开的大小，在此不再赘述。

6）算法总结。我们通过MTCNN算法检测人脸，再通过KCF算法跟踪人脸区域，然后通过人脸特征点检测算法ERT得到EAR与MAR值，由此计算PERCLOS值并判断是否哈欠，最后通过多特征融合判断方法得到驾驶人疲劳信息。在已有的实验验证中，这种方法在YawDD数据集上对眨眼动作进行检测的准确度达到89.91%，对哈欠动作进行检测的F1-measure指标为92.31，能够准确地在检测到哈欠动作与PERCLOS值大于0.4的时候进行预警，且对光照、性别及眼镜遮挡有较好的鲁棒性。

> **引导问题3**
>
> 查阅相关资料，请问在做抽烟驾驶检测之前，为什么要先建立提升数据集？请简单描述建立数据集的步骤。
>
> _____
> _____
> _____

案例：基于机器视觉的疲劳驾驶检测算法开发

本小节将以驾驶人疲劳检测来说明座舱算法的开发流程。驾驶人疲劳驾驶检测中的一个重要内容是检测出驾驶人打哈欠的行为，国内外研究者们也在视频目标检测领域做了大量的工作，但目前常见的目标检测模型存在计算资源消耗量大、时间成本高的问题，为此我们首先在基于YOLO v5s的网络基础上进行打哈欠动作目标检测，并在此基础上进行优化，将网络darknet中的Bottleneck与标准卷积替换为更加轻便的GhostNet和深度可分离卷积以优化模型的计算消耗。此外针对车载视频中打哈欠行为目标大小相对固定的特点，对YOLO v5s中最后的多尺度特征层进行修改，去掉其中一层特征层，有效地避免了因小目标学习而带来的检测干扰。

YOLO v5（You Only Look Once Version 5）是由Ultralytics于2020年提出的新版本目标检测模型，与上一版本的YOLO v4相比，YOLO v5有着更小的网络结构和更快的检测速度，其图像检测性能最高能达到140帧/s，有效地优化了目标检测模型在实际检测中的部署和应用。根据网络结构与参数的深度和宽度，YOLO v5可以被分为

YOLO v5x、YOLOv5l、YOLO v5m 和 YOLO v5s 四个不同的版本，其中 YOLO v5s 是 YOLO v5 中网络深度和特征图宽度均为最小的网络结构。而在本文的研究中，从优化检测时的计算消耗、时间成本以及网络轻便程度上考虑，构建出基于 YOLO v5s 的打哈欠疲劳检测网络模型，如图 3-3-22 所示。

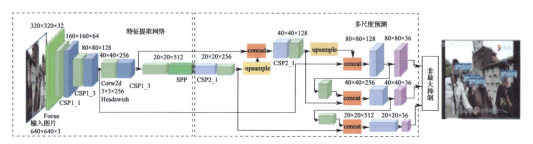

图 3-3-22　基于 YOLO v5s 的打哈欠疲劳检测网络模型

一、建立打哈欠行为图像数据集

深度学习本质是从大量数据中学习数据模式，产生相关预测，并接收关于预测准确度的反馈，最后基于反馈进行自我调整。因此数据集对深度学习模型有较大影响，在利用深度学习做目标检测前，除配置满足计算能力的硬件，搭建软件环境之外，最重要的一步是选择或制作尽可能包含目标所有特征的数据集。

（一）图像采集

在采集图像前，首先要先对目标特征进行分析，以确保采集的图像具有代表性。通过对大量包含驾驶人疲劳的图像分析，总结出常见的打哈欠动作，如图 3-3-23 所示。

图 3-3-23　不同类型的打哈欠动作

（二）图像预处理

采集图像数据的渠道为网络和 VOC2007 通用目标检测数据集，采集到的图像数据不能直接用于深度学习网络的训练，还需要一些预处理工作，如统一修改图像数据格式（具体流程如图 3-3-24a 所示）、对图像重命名（具体流程如图 3-3-24b 所示）等。编写 Python 脚本对存储图像数据的文件夹下的所有图像批量命名已经批量转换格式。

（三）图像标注

经过预处理的图像数据还不能直接输入深度学习网络，需要经过标注等处理，同时由以上分析可知，驾驶人疲劳图像较为复杂，若不加筛选地采集任意驾驶人驾驶状

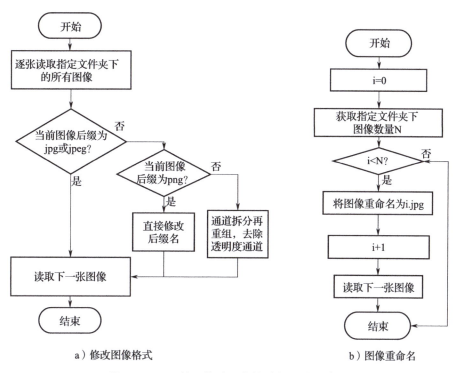

图 3-3-24 统一修改图像格式与图像重命名

态图像,将对后续图像标注工作造成困扰。为图像打标签的工作被称为图像标注。我们采用的标注工具为 Labelimg,Labelimg 是一个可视化的图像标定工具,标注过程页面如图 3-3-25 所示,用矩形框选定标注区域,再对该区域打上标签。标注之后生成的是遵循 PASCAL VOC 格式的 XML 文件,文件中包含图像的详细信息,如图 3-3-26 所示,具体内容有图片名称、图片信息、标注自定义的类型、标注矩形框信息等。

图 3-3-25 利用标注软件对图像进行标注

图 3-3-26　iXML 文件格式

（四）标注格式转换

YOLOv5 不能直接读取 XML 文件，需要将 XML 文件转化为 TXT 文件，其转化思路为提取 XML 文件中重点关注的信息，并将其写入 TXT 文本中。TXT 文本存放的内容以及存放格式如图 3-3-27 所示。

```
0 0.460446 0.443425 0.507099 0.776758
```

图 3-3-27　XML 文件转化为 TXT 文件

（五）数据集划分

将数据集划分为训练集和测试集，训练集用来训练和生成模型，测试集用来测试模型的精度、评估模型的泛化能力。一般数据集划分遵循 7 : 3 原则即可。

二、疲劳检测算法训练

训练是将深度学习网络投入使用的关键步骤，接下来我们将进行训练参数配置。常用参数解释如表 3-3-2 所示。

表 3-3-2　算法训练参数说明

常用参数	说明
weights	权重文件路径
cfg	存储模型结构的配置文件
data	存储训练、测试数据的文件
epochs	指的就是训练过程中整个数据集将被迭代（训练）多少次

（续）

常用参数	说明
batch-size	训练完多少张图片才进行权重更新
img-size	输入图片宽高点
device	cuda device, i.e. 0 or 0, 1, 2, 3 or cpu。选择使用 GPU 还是 CPU
workers	线程数，默认是 8

当损失函数不断减小直至最后收敛，整体呈下降趋势，且下降速度由快到慢，逐渐逼近最优解。训练初始时，损失函数较大，经过 5000 次的训练，损失函数降至 0.1 以下，此时基本可以认定深度学习模型训练结束，如图 3-3-28 所示。

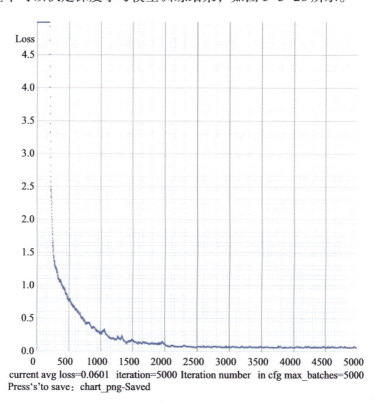

图 3-3-28　深度学习模型训练过程

三、模型导出

模型训练完成后，并且模型的精度和速度达到我们的项目要求后，我们就可以根据生产环境选择部署导出。常用的部署工具有 TensorRT 与 OpenVINO。这两个工具支持的模型框架都十分丰富。若在 GPU 环境上部署的话，优先选择 TensorRT，转化模型为 TensorRT 格式，利用 TensorRT 推理引擎去运行我们这个模型，从而提升模型在英伟达 GPU 上运行的速度。速度提升的比例是比较可观的。

引导问题 4

查阅相关资料,请问利用百度智能云实现驾驶人状态监测的实现逻辑是什么?

_____

_____

_____

百度智能云实现驾驶人状态监测

利用系统软件中的驾驶人状态监控单元来进行实例测试,实操测试有两种实现模式:①利用百度智能云实现;②通过本地部署实现。第二种方法我们将在后面进行详细介绍,本小节主要讲述通过百度智能云来实现驾驶人状态监测。

在上一个任务中,我们掌握了利用百度智能云来实现手势识别的方法,对如何创建账号与应用有了一定了解,本节也将再次巩固该内容。

一、实例测试

在实例测试中,将获取到的 API Key(API 密码)填入右侧的 id 栏中,将获取到的 Secret Key(密钥)填入 secret 栏中。单击"打开摄像头",单击"运行",对拍摄的画面开始进行驾驶人状态监控识别,识别结果将返回至识别结果栏中,操作页面如图 3-3-29 所示。

图 3-3-29 百度智能云实现驾驶人状态监控页面

检测逻辑过程为每隔 3s,本地摄像头将截图保存一张图片,通过给定的接口上传到百度智能云,百度智能云通过接口代码分析识别驾驶人状态,将识别结果返回给本地终端,最后显示在本地终端的识别结果栏中。因此,利用百度智能云进行实例测试时,必须要求联网。

二、接口描述

1. 功能描述

驾驶人状态监控单元主要是识别驾驶人的属性行为,可识别使用手机、抽烟、未系安全带、双手离开转向盘、视线未朝前方、未佩戴口罩、闭眼、打哈欠、低头 9 种典型行为姿态。

2. 图片质量要求

1）服务只适用于车载监控场景、普通室内外监控场景，若要识别使用手机、抽烟等行为属性，请使用人体检测与属性识别服务。

2）车内摄像头硬件选型无特殊要求，分辨率建议 720p 以上，但更低分辨率的图片也能识别，只是效果可能有差异。

3）车内摄像头部署方案建议：尽可能拍全驾驶人的身体，并充分考虑背光、角度、转向盘遮挡等因素。

4）服务适用于夜间红外监控图片，识别效果跟可见光图片相比可能略微有差异。

5）图片主体内容清晰可见，模糊、驾驶人遮挡严重、光线暗等情况下，识别效果肯定不理想。

6）若图像中检测到多个大小相当的人体，默认取画面中右侧最大的人体作为驾驶人；针对香港、海外地区的右舵车，可通过请求参数里的 wheel_location 字段，指定将左侧最大的人体作为驾驶人。

拓展阅读

DMS 上游零部件均要求车规级别，目前还主要依赖进口；核心部件主控芯片以国际供应商为主，中国企业已经开始大力研发，未来有望国产化替代，降低芯片成本，但短期芯片紧缺，价格上涨使成本提高。

DMS 在硬件设备和技术要求上均比 DVR 高，普通上游厂商技术难以达标，所以上游供应商皆为行业知名企业，具有较高议价权。由于 DMS 是整合在车身内部，所以硬件方面必须达到车规级水平，防止因在高温下出现损坏或无法正常运作而导致交通事故。中国能生产车规级零部件的厂商不多，中游厂商多以进口为主。

中国企业在上游主要集中在软件和算法的开发，较为出名的企业包括百度、商汤科技。中国对于 DMS 算法研究起步较晚，但已研发出具体解决方案。商汤科技研发出的 SenseDrive DMS 系统具有速度快且能降低硬件适配成本等优势，使整车厂配置成本降低，推动 DMS 装配率提升。

全球汽车芯片集中度高，CR8 占比高达 63%，以国际企业为主。截至 2020 年，中国 DMS 主控芯片主要依赖进口，议价能力弱。但是中国多家企业已经开始研发车载芯片，并已配置于部分车型，如华为、地平线，未来主控芯片有望实现国产化替代，使税收等成本减少，降低芯片成本，带动 DMS 价格下降。

DMS 中游以国际企业为主，中国企业起步较晚，技术仍在发展阶段；随着自动驾驶升级，汽车安全愈发受重视及汽车电子化趋势提高，DMS 装配率将稳步提高，并逐渐往中端车型下沉。

DMS 中游国际企业技术成熟，且与下游整车厂形成稳定合作关系，多种方案已配备在具体车型上。中国企业仍在发展阶段，对下游大型整车厂话语权较弱。对下游整车厂而言，中游 DMS 厂商需满足硬件达车规级要求，并且具备汽车、电子电器、智能座舱的集成设计研发能力。

任务分组

学生任务分配表见表 3-3-3。

表 3-3-3　学生任务分配表

班级			组号		指导老师	
组长			学号			
组员	姓名：_____　学号：_____ 姓名：_____　学号：_____ 姓名：_____　学号：_____ 姓名：_____　学号：_____			姓名：_____　学号：_____ 姓名：_____　学号：_____ 姓名：_____　学号：_____ 姓名：_____　学号：_____		
任务分工						

工作计划

扫描二维码可观看教学视频，了解如何利用百度智能云实现驾驶人状态监控，并结合获取到的相关信息、前面所学习到的知识及小组讨论的结果，制定工作方案，见表 3-3-4。

云端部署实现驾驶员状态监控

表 3-3-4　工作方案表

步骤	作业内容	负责人
1		
2		
3		
4		
5		
6		
7		
8		

进行决策

1）各组派代表阐述资料查询结果。
2）各组就各自的查询结果进行交流，并分享技巧。
3）教师结合各组完成的情况进行点评，选出最佳方案。

任务实施

1）从互联网搜索，结合教材，总结驾驶人监测系统主要预警功能。
2）查阅资料，完成如表 3-3-5 所示的工单。

表 3-3-5　完成 DMS 状态监测系统的测试

完成 DMS 状态监测系统的测试	
记录	完成情况
1. 从教材案例分析，整理一份疲劳驾驶检测算法流程图	已完成☐　未完成☐
2. 利用百度智能云实现驾驶人状态监控	已完成☐　未完成☐
抽烟驾驶检测算法流程图绘制	
利用百度智能云实现驾驶人状态监控	
1. 了解驾驶人状态检测单元功能	已完成☐　未完成☐
2. 创建百度智能云账号与应用（已创建过可省略该步骤）	已完成☐　未完成☐
3. 获取 API Key、Secret Key（密钥）信息： API Key：_____ Secret Key：_____	已完成☐　未完成☐
4. 驾驶人状态检测实例测试	已完成☐　未完成☐

6S 现场管理			
序号	操作步骤	完成情况	备注
1	建立安全操作环境	已完成☐　未完成☐	
2	清理及整理工具量具	已完成☐　未完成☐	
3	清理及复原设备正常状况	已完成☐　未完成☐	
4	清理场地	已完成☐　未完成☐	
5	物品回收和环保	已完成☐　未完成☐	
6	完善和检查工单	已完成☐　未完成☐	

评价反馈

1）各组代表展示汇报 PPT，介绍任务的完成过程。

2）以小组为单位，请对各组的操作过程与操作结果进行自评和互评，并将结果填入表 3-3-6 中的小组评价部分。

3）教师对学生工作过程与工作结果进行评价，并将评价结果填入表 3-3-6 中的教师评价部分。

表 3-3-6　综合评价表

姓名		学号		班级		组别	
实训任务							
评价项目		评价标准				分值	得分
小组评价	计划决策	制定的工作方案合理可行，小组成员分工明确				10	
	任务实施	能正确总结驾驶人监测系统主要预警功能				10	
		结合教材资料，整理一份抽烟驾驶检测算法流程图				20	
		完成 DMS 状态监测系统测试实训任务				20	
	任务达成	能按照工作方案操作，按计划完成工作任务				10	
	工作态度	认真严谨，积极主动，安全生产，文明施工				10	
	团队合作	与小组成员、同学之间能合作交流、协调工作				10	
	6S 管理	完成竣工检验、现场恢复				10	
		小计				100	
教师评价	实训纪律	不出现无故迟到、早退、旷课现象，不违反课堂纪律				10	
	方案实施	严格按照工作方案完成任务实施				20	
	团队协作	任务实施过程互相配合，协作度高				20	
	工作质量	能正确完成实训工单的填写				20	
	工作规范	操作规范，三不落地，无意外事故发生				10	
	汇报展示	能准确表达，总结到位，改进措施可行				20	
		小计				100	
综合评分		小组评分 ×50% ＋教师评分 ×50%					
总结与反思							

（如：学习过程中遇到什么问题→如何解决的 / 解决不了的原因→心得体会）

| 姓名 | 班级 | 日期 | 能力模块三 | 掌握智能座舱中机器视觉技术的应用 |

任务四 实现机器视觉在安全辅助驾驶中的应用

学习目标

- 了解360全景环视系统发展。
- 掌握360全景相机标定方法及实现。
- 了解常见安全辅助驾驶技术应用。
- 了解舱内预警技术。
- 会运用相关工具进行文献检索资料的整理。
- 具有利用信息手段查阅相关资料的能力。
- 具有分析问题、解决问题和再学习的能力。
- 具有良好的团队精神和较强的表达沟通、协调组织能力。
- 具有认真负责的职业态度和良好的职业道德。

知识索引

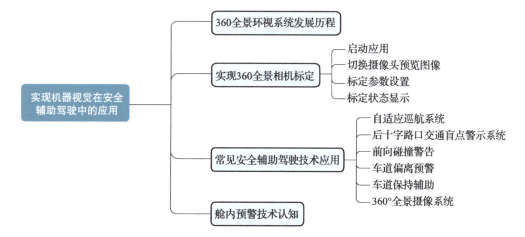

情境导入

　　安全辅助驾驶系统一直以来都是主动驾驶领域的重点技术，能够在很大程度上提高车辆的安全性、经济性、驾乘舒适性。作为智能座舱的开发技术人员，主管要求你在理解常见的安全辅助驾驶技术应用之后，能够理解智能座舱所涉及的机器视觉在安全辅助驾驶上的具体应用，完成智能座舱全景相机标定工作。

获取信息

引导问题 1

查阅相关资料,请简单描述一下环视技术的发展历程。

_____

_____

_____

360 全景环视系统发展历程

全景环视概念最早是由 K.Kate、M.Suzuki、Y.Fujita、Y.Hirama 等四人于 2006 年首先提出的。这一概念提出后,马上引起了国内外众多汽车生产厂商和相关科研单位的注意。2007 年,日产公司发布了首款全景行车安全系统"环境监视系统 AVM",2008 年本田推出了 mulTI-view camera system,2009 年阿尔派推出 TOPVIEW 系统,2010 年 Fujitsu 公司开发了 MulTI-Angle Vision 系统,宝马公司自主研发的只有左、右、后三个方位视图的泊车辅助系统,首先应用在 X6 上,宝马 74 系列上的全景系统仍是其他供货商提供的。2012 年第一代 NXP 平台 360 由灵动飞扬(宝视)研发出来,最大贡献是理顺了整个产业配置链条,包括摄像头、感光芯片、通用模具到专用模具的打通,同时也实现了在全景校正部分的自动化。又经过六年,GPU 等技术得到了快速的发展,到 2018 年出现 2D 高清和 3D 高清并行的情况。2019 年除了 2D/3D 继续并行情况,又出现了"小 3D",在不带 GPU(图形处理器)的主芯片上实现 3D 感觉,这一切都是被市场的价格导向思维倒逼出来的。同样,以 T7 为基础的大屏一体机开始在市场大行其道,成功站稳 360 全景市场的一定份额。

随着中国汽车工业的发展,以及全景环视系统技术的日渐成熟,国内的大部分汽车厂家在乘用车、商用车、工程车上已布局 360 全景环视系统。

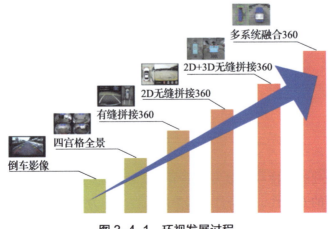

图 3-4-1 环视发展过程

在后装市场,全景影像系统和当年导航的发展轨迹是一样的。只要一个功能是实用的，能被消费者认可，整合就是必然结果。将来 360 全景系统和导航的结合也是一个必然趋势。全景影像系统从分屏显示到有缝拼接再到无缝全景，再到 2D+3D 全景，如图 3-4-1 所示，逐步扩大视野范围及安全性。当下全景环视不仅充分发挥自己的产品特点，同时也融合了如 ADAS、DMS、雷达、胎压等一系列有助于行车安全的系统（图 3-4-2），与其进行联动，更好地提升了驾驶体验。

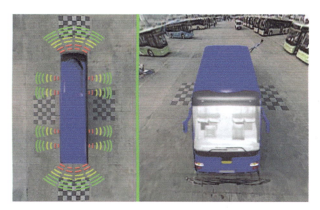

图 3-4-2　多系统融合 360 全景系统

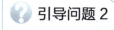引导问题 2

　　查阅相关资料，简单描述一下 360 度全景影像成像原理。

_____

_____

_____

实现 360 全景相机标定

　　首先，我们从 360° 全景影像的原理说起，我们想要看清一个物体周围的全部环境时，从前、后、左、右、上、下才能实现。当然在汽车上，"下"就不用考虑了，从这个角度只能看到底盘，与想要达到的目的明显没有直接关联。从"上"是最好的视角，可以同时看到前后左右，整个车的四周，但没有哪个车子会在车顶安装摄像头的，所以这个角度也就放弃了。那么，就只剩下前后左右，在硬件的布置上，车辆的前后左右会各布置一个超广角的镜头，通过四个广角镜头收集前后左右的影像情况，其布置如图 3-4-3 所示。

　　从图像采集到显示还需要有软件的处理过程，通过四个广角摄像头采集的原始图像，经过软件的处理，消除掉一些畸变，再按照人眼的视觉习惯，合成一个 360° 全景图像。

　　360 相机标定方法介绍如下。

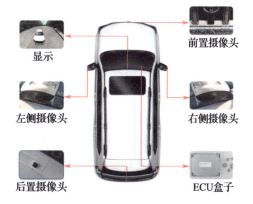

图 3-4-3　车辆前后左右四周安装摄像头

一、启动应用

1）单击 Launcher 页面中的 SDCalibrator 应用图标，如图 3-4-4 所示。

图 3-4-4　启动 SDCalibrator 应用页面

2）进入应用以后，就可以看到如图 3-4-5 所示的页面；该页面主要功能包括切换摄像头预览图像、选择标定范围、标定状态显示。

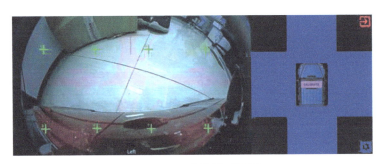

图 3-4-5　功能展示页面

二、切换摄像头预览图像

1）在图 3-4-5 的预览画面的右侧，有一个汽车图标和 4 块蓝色区域，单击蓝色区域可以切换预览图像，对应的分别是汽车的前后左右四个方向的图像；通过切换四个方向的图像来确认摄像头位置和标定布的位置是否正确，标定布的位置按照图 3-4-6 所示的方式摆放。汽车摆放在标定布中间，摄像头图像应该是靠近汽车的位置在预览图像的下方，每个摄像头的图像都可以看到标定布。

2）在图 3-4-5 的预览画面左侧，有 8 个绿色加号图标，可以拖动绿色加号图标来选择标定范围。标定范围是标定布在图像中的位置。图 3-4-7 所示为选择的范围，请注意图像中绿色加号图标的数字顺序，必须按照这个顺序来确认范围。拖动绿色图标时，中上方区域会有拖动位置的放大效果显示，以精确确认位置。当 8 个位置都确认好以后，切换到下一个未确认标定范围的方向，继续进行选择。切换时会保存标定范围，下次切换到该方向时，绿色图标会显示在上次选择的位置。当四个方向的范围全都确认好以后，单击汽车上的 Calibrator 按钮，开始标定操作。

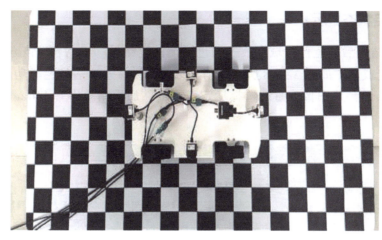

图 3-4-6　标定布的位置摆放

图 3-4-7　选择标定范围

三、标定参数设置

单击预览页面中右下角的设置按钮即可弹出设置对话框，现在有表 3-4-1 所示的标定参数可以进行设置。具体参数需要通过实际测量获取。

表 3-4-1　360 相机标定参数说明

参数	说明
Car Width	车辆摆放后，所占用的标定布的横宽，单位毫米
Car Length	车辆摆放后，所占用的标定布的纵长，单位毫米
Chess Horizontal Count	标定布内横向的棋盘格数量，现选个数为 4
Chess Vertical Count	标定布内纵向的棋盘格数量，现选个数为 4
Chess Horizontal Offset	棋盘格水平偏移量，指标定布上黑白格到标定布边缘的横向距离，单位毫米
Chess Vertical Offset	棋盘格垂直偏移量，指标定布上黑白格到标定布边缘的纵向距离，单位毫米
Car Image Width	车辆图像宽度，单位毫米
Car Image Height	车辆图像高度，单位毫米
Chess Item Length	棋盘格单位长度

四、标定状态显示

1)标定结束后,蓝色区域会改变颜色反馈标定结果。红色表示该方向标定失败,绿色表示标定成功。如图3-4-8所示为前方标定失败,左右后标定成功。此时可以切换前方摄像头的预览图像,重新选择标定范围,然后重新单击Calibrator按钮再进行标定。

图3-4-8 标定状态显示

2)长按红色区域可以查看标定失败原因:如图3-4-9所示,左下角的识别点多了一个,所以导致标定错误。再重新单击红色区域,切换到前方的预览模式,再拖动绿色加号图标1和图标3的位置,再重新单击Calibrator按钮进行标定操作。

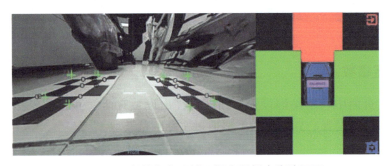

图3-4-9 长按红色区域可以查看标定失败原因

3)长按汽车左侧的绿色区域,可以查看到标定识别成功的9个点的位置,如图3-4-10所示。所以我们在选择范围时,尽量精确地选定这9个点所在的范围。

图3-4-10 查看标定成功点的位置

4)标定成功后的状态如图3-4-11所示。标定成功后即可单击右上角的退出按钮,退出应用。然后重启查看 FastAvm 的标定效果。

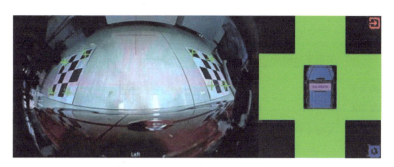

图 3-4-11　标定成功后的状态

5）标定结果获取。

单击 Calibrator 标定成功后，也就是四面都显示绿色之后，在 /data/ 目录下生成标定文件 MappingTable.bin 会调用 Linkport 接口与 freertos 端的 storage 裸写程序建立通信，将 MappingTable.bin 发送给 storage 进行指定位置 emmc 或者 ospi 写入。

> **❓ 引导问题 3**
>
> 　　查阅相关资料及上网浏览信息，请问在你日常生活中，你认为哪些安全辅助驾驶技术是十分重要的呢？
>
> _____
> _____
> _____

常见安全辅助驾驶技术应用

安全辅助系统，即利用先进传感技术、信号垂技术、计算机技术等，结合车辆上的传感、通信、决策、执行装置，对驾驶人、车辆及周边环境进行监测，并根据各传感器得到的信息做出分析和判断，通过提示、警告或控制等不同的方式辅助驾驶、主动避免或减少碰撞危害的各类系统。常见的安全辅助驾驶技术有如下几类。

一、自适应巡航系统

自适应巡航是通过传感器和摄像头实现对前方车物体和车辆的监控。当车辆前方的车流速度减慢时，自适应巡航系统便会检测出，并控制车辆减速；若前方车辆加快速度时，系统便会提高车辆速度，如图 3-4-12 所示。更先进的自适应巡航系统能够做到将车辆控制直至停止，当前方车辆向前移动时，又会被重新激活向前行

图 3-4-12　自适应巡航动画演示

驶,其控制流程如图 3-4-13 所示。

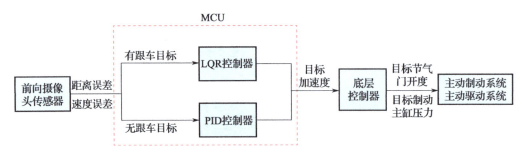

图 3-4-13 自适应巡航策略控制流程

二、后十字路口交通盲点警示系统

该功能是结合了后十字路口交通警示和盲点检测警示两大功能,如图 3-4-14 所示。后十字路口交通警示是针对十字路口和交叉路口这类事故多发路段推出的安全保障系统。当车辆逆向变道时,该系统可以检测出后方物体并给予警示。尤其是能见度极低的路况下,该辅助系统发挥作用巨大。而盲点检测系统是当车辆盲点区域存在车辆时,外后视镜上的灯会亮起,来提示车主避免在变道时与盲点中的车辆、行人或物体相撞。

图 3-4-14 后十字路口交通盲点警示系统

三、前向碰撞警告

这个系统(图 3-4-15)类似于自适应巡航的工作模式。当车辆与前方车辆或障碍物靠近时,系统会检测出物体并发出碰撞警告,促使驾驶人采取必要措施保持安全车距或安全距离。若是驾驶人没有进行制动,那车辆将会自行采取紧急制动。当前向摄像头传感器获取相对距离与相对速度,通过 MCU 进行控制决策,若距离过近有撞车危险则开启预警和紧急制动控制策略,信息传输至底层控制系统进行车辆控制,具体控制流程如图 3-4-16 所示。

图 3-4-15 前向碰撞警告系统

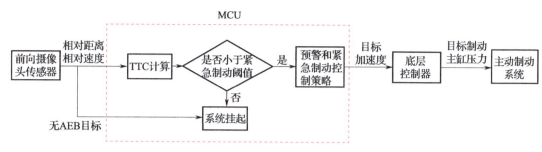

图 3-4-16　前向碰撞策略控制流程

四、车道偏离预警

车辆通过摄像头的系统监控车道的标记，当系统感应到车辆偏离了车道时，车辆便会对驾驶人发出警告，如图 3-4-17 所示。

车道偏离预警系统能够及时、有效地警告那些疲劳驾驶、打瞌睡或注意力不集中的驾驶人修正无意识的车道偏离，甚至在危险时刻有针对性地对车辆进行接管辅助转向或者制动，使其保持在当前行驶车道上，从而减少和防止车道偏离事故的发生。

图 3-4-17　车道偏离预警提示

五、车道保持辅助

这项功能（图 3-4-18）是在车道偏离警告提示后，驾驶人没有采取行动，系统会主动将车辆转回其车道，具体的控制流程如图 3-4-19 所示。

图 3-4-18　车道保持辅助

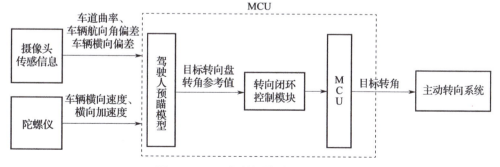

图 3-4-19　车道保持辅助控制流程

六、360°全景摄像系统

该项功能（图 3-4-20）是通过一系列在车辆周边放置的摄像头，为驾驶人展示 360° 视野以显示车辆的鸟瞰图。这项功能大大提高了停车的便捷度。

图 3-4-20　360°全景摄像系统

除以上列举的以外，随着人工智能的快速发展，还有行人检测、交通标志检测、增强现实导航等应用。

> **引导问题 4**
> 查阅相关资料，请问智能座舱舱内预警系统主要包括哪些模块？
> _____
> _____
> _____

舱内预警技术认知

智能座舱舱内预警系统主要包括以下模块：人脸检测、人脸关键点检测、人眼闭合状态识别、东张西望状态识别、低头犯困状态识别、驾驶行为判断、语音预警。涉及人脸对齐校正、头部姿态模拟、局部区域多特征和深度学习特征融合的人脸状态检测算法、增强学习决策器（分类和检测模型），以及各种深度学习算法小型化的加速和压缩算法等关键技术。这些技术块通过系统集成的语音模块，利用先进的自然语言处理技术，对监控对象进行识别、判断，并在检测到有疲劳或分心驾驶的条件下，把系统发出的指令生成报警声提示驾驶人，实现车载设备和驾驶人之间的良好交互性，从而为行车安全添加保障。

竞赛指南　　在 2022 年中国技能大赛机器视觉系统应用赛项中，有一道题目就是选手根据平台提供的标定板检查视野是否合理后，按照提供的标定流程完成相机标定，并保存标定结果在指定目录内。若竞赛任务需要运动平台的配合，必须要完成运动平台与相机坐标统一的手眼标定，手眼标定首先要设置好机器视觉应用编程软件的运动参数；再通过标定板或载物台上的特征点等完成相机与运动平台的坐标统一。

任务分组

学生任务分配表见表 3-4-2。

表 3-4-2　学生任务分配表

班级		组号		指导老师	
组长		学号			
组员	姓名：_____　学号：_____ 姓名：_____　学号：_____ 姓名：_____　学号：_____ 姓名：_____　学号：_____			姓名：_____　学号：_____ 姓名：_____　学号：_____ 姓名：_____　学号：_____ 姓名：_____　学号：_____	
任务分工					

工作计划

按照前面所了解的知识内容和小组内部讨论的结果，制定工作方案，落实各项工作负责人，如任务实施前的准备工作、实施中主要操作及协助支持工作、实施过程中相关要点及数据的记录工作等，见表 3-4-3。

表 3-4-3　工作方案表

步骤	作业内容	负责人
1		
2		
3		
4		
5		
6		
7		
8		

进行决策

1）各组派代表阐述资料查询结果。
2）各组就各自的查询结果进行交流,并分享技巧。
3）教师结合各组完成的情况进行点评,选出最佳方案。

任务实施

根据教材,实现 360° 全景相机标定,完成如表 3-4-4 所示的工单。

表 3-4-4　实现机器视觉在安全辅助驾驶中的应用

实现机器视觉在安全辅助驾驶中的应用	
记录	完成情况
1. 实现 360° 全景相机标定	已完成□　未完成□
2. 理解常见的安全辅助驾驶技术应用	已完成□　未完成□
360 全景相机标定	
1. 启动应用	已完成□　未完成□
2. 切换摄像头预览图像	已完成□　未完成□
3. 标定参数设置	已完成□　未完成□
4. 标定状态显示	已完成□　未完成□

6S 现场管理			
序号	操作步骤	完成情况	备注
1	建立安全操作环境	已完成□　未完成□	
2	清理及整理工具量具	已完成□　未完成□	
3	清理及复原设备正常状况	已完成□　未完成□	
4	清理场地	已完成□　未完成□	
5	物品回收和环保	已完成□　未完成□	
6	完善和检查工单	已完成□　未完成□	

评价反馈

1）各组代表展示汇报 PPT,介绍任务的完成过程。
2）以小组为单位,请对各组的操作过程与操作结果进行自评和互评,并将结果填入表 3-4-5 中的小组评价部分。
3）教师对学生工作过程与工作结果进行评价,并将评价结果填入表 3-4-5 中的教师评价部分。

表 3-4-5　综合评价表

姓名		学号		班级		组别	
实训任务							
评价项目		评价标准				分值	得分
小组评价	计划决策	制定的工作方案合理可行，小组成员分工明确				10	
	任务实施	能正确认知 360° 全景环视系统的技术发展				10	
		实现 360° 全景相机标定				30	
		整理常见的安全辅助驾驶技术应用				10	
	任务达成	能按照工作方案操作，按计划完成工作任务				10	
	工作态度	认真严谨、积极主动、安全生产、文明施工				10	
	团队合作	与小组成员、同学之间能合作交流、协调工作				10	
	6S 管理	完成竣工检验、现场恢复				10	
		小计				100	
教师评价	实训纪律	不出现无故迟到、早退、旷课现象，不违反课堂纪律				10	
	方案实施	严格按照工作方案完成任务实施				20	
	团队协作	任务实施过程互相配合，协作度高				20	
	工作质量	能正确完成全景相机标定工单的填写				20	
	工作规范	操作规范，三不落地，无意外事故发生				10	
	汇报展示	能准确表达、总结到位、改进措施可行				20	
		小计				100	
综合评分		小组评分 ×50% ＋教师评分 ×50%					
总结与反思							

（如：学习过程中遇到什么问题→如何解决的 / 解决不了的原因→心得体会）

能力模块四
掌握智能座舱中语音交互技术的应用

任务一　了解智能座舱语音交互技术

学习目标

- 能正确阐述智能语音交互的定义。
- 能简述智能语音交互的发展趋势。
- 能理解智能语音交互在驾驶过程中的应用。
- 能独立完成智能座舱语音交互资料报告填写。
- 会运用相关工具进行文献检索资料的整理。
- 具有利用信息手段查阅相关资料的能力。
- 具有分析问题、解决问题和再学习的能力。
- 具有良好的团队精神和较强的表达沟通、协调组织能力。
- 具有认真负责的职业态度和良好的职业道德。

知识索引

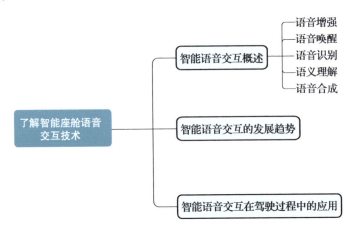

情境导入

作为一名智能座舱测试工程师,你现在需要对智能座舱中的语音交互功能进行测试,测试之前,主管要求你先查阅相关智能座舱语音交互的资料确保自己对其有充分了解。

获取信息

引导问题 1

查阅相关资料,请问语音交互包含了哪些方面?

_____
_____
_____

智能语音交互概述

一、语音增强

声音信号特征提取质量将直接影响语音识别的准确率。车内环境噪声源包含发动机噪声、胎噪、风噪、周围车辆噪声、转向灯噪声以及媒体播放声等,这些噪声源都会减弱人声的信号特征,从而加大语言识别难度。基于传声器阵列(图 4-1-1)的语音增强算法如图 4-1-2 所示,算法包括波束形成、语音分离、远场拾声与去混响、多通道降噪、声源定位和回声消除等技术。它可有效抑制周围环境噪声,消除混响、回声干扰,判断声源的方向,保障输入较干净的音频,提高识别准确率,保证机器能"听得清"。目前,采用基于神经网络的降噪技术,在高噪声环境下已经能够取得较好效果。

阵列结构 ⇨ 平面阵列 双环型立体阵列 三环型立体阵列

阵列波束 ⇨

图 4-1-1 传声器阵列

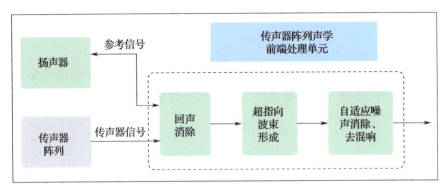

图 4-1-2　传声器语音增强算法

二、语音唤醒

语音唤醒是现阶段语音交互的第一入口,通过指定的唤醒词来开启人机交互对话,其技术原理是在连续语流中实时检测说话人特定语音片段,要求高时效性和低功耗。语音唤醒在技术发展上也经历 3 个阶段(图 4-1-3):启蒙阶段、新技术探索阶段和大规模产业化阶段,从最初的模板规则发展到最新的基于神经网络方案。另外,语音唤醒配合语音增强中声源定位技术,可实现车内驾驶人、前后排乘客等多音区唤醒。

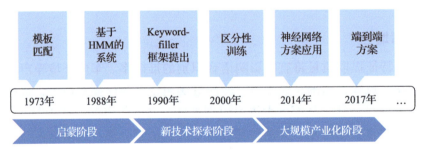

图 4-1-3　语音唤醒阶段

三、语音识别

语音识别是将人的语音内容转成文字,其技术原理如图 4-1-4 所示,主要包括两大关键模型,声学模型和语音模型,通过模型训练将提取到的特性进行解码,最终得到识别结果。语音识别在技术上从最初的基于模板的孤立词识别,发展到基于统计模型的连续词识别,并且在近几年深度学习爆发后,语音识别率达到了新水平。目前,语音识别技术采用的识别算法主要包括动态时间规划(DTW)、隐马尔可夫模型(HMM)、人工神经网络法(ANN),以及近年来成为研究热点的深度神经网络(DNN)。

四、语义理解

语义理解技术大致包含三个层面:词法分析、句法分析、语义分析。具体来说需要解决自动分词、词性标注、词义消歧、短语结构分析、单复句结构分析、文本分类等问题,最终达到理解人类语言中的因果、逻辑和推理等关系,进而执行语言中包含

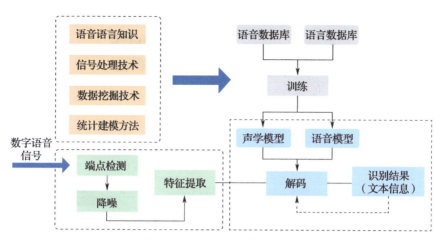

图 4-1-4 语音识别技术原理

的指令。语义理解是当前语音交互中最难的一环,在技术方案上(图 4-1-5),近几年随着词向量模型、端到端注意力模型以及谷歌最新 BERT 模型的进步,语义理解正确率在部分垂直领域达到基本可用,如汽车领域头部技能"导航、音乐、车控、收音机和电话"等。但是,语义理解最核心的难点是语义表示问题和开放性说法等问题,导致在语义效果评判上很难统一,也是未来人机交互中最核心的板块。

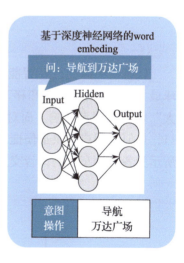

图 4-1-5 对话理解技术方案

五、语音合成

语音合成是将文字信息转化为可听的声音信息,让机器会说话,其技术原理是将文字序列转换成音韵序列,再用语音合成器生成语音波形,如图 4-1-6 所示。语音合成的方法有共振峰合成、发音规则合成、波形拼接合成和基于 HMM 参数合成 4 种。前两种基于规则驱动,后两种基于数据驱动,目前常见的语音合成方法以数据驱动为主。近年来,基于神经网络技术的语音合成方法,在主观体验方面 MOS 分达 4.5 分,接近播音员水平。对于车载设备等嵌入式应用,主要采用参数合成方法。在保证合成语音清晰流畅的同时,充分降低合成系统的存储消耗,以满足嵌入式设备上的资源受限环境。

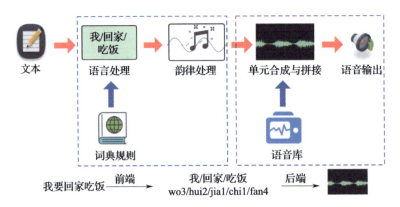

图 4-1-6　语音合成处理流程

> **引导问题 2**
>
> 查阅相关资料，请问不同车型级别的语音交互装备普及率谁的比例更高？
> _____
> _____
> _____

智能语音交互的发展趋势

目前，中国在汽车智能化网联方面处于领先水平，这涉及"中国汽车市场规模全球最大""中国互联网和移动互联网发展迅速""国家政策倾向"和"自主车企进步较大"等众多因素影响。面对重大的机遇与挑战，车联网人机交互作为整个智能化的入口，如何给用户提供最便捷和安全的交互方式，对于其未来的发展至关重要。图 4-1-7 所示为各级别车型的语音交互装备普及率。

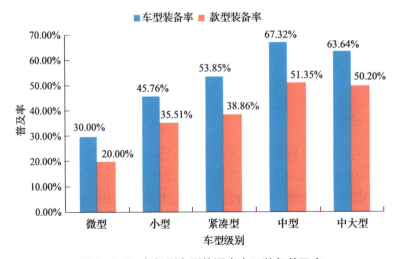

图 4-1-7　各级别车型的语音交互装备普及率

在人机交互方面的升级将会为未来汽车产生革命性的消费体验，车云研究院发布的《2020智能汽车趋势洞察及消费者调研报告》中，提到智能汽车3大体验革命：个性化体验、智能交互体验和车路协同体验，其中智能交互1.0基本围绕功能交互、触控交互和初级语音交互，智能汽车2.0应建立起以人为中心的个性化服务全新体验，多模、主动和情感交互将成为智能交互典型特征。

1. 全双工语音交互技术实现交互免唤醒

语音交互系统实现能够从众多谈话中分辨出哪些是对汽车说的话，即可以区分出常规对话和语音命令，使交互系统在没有唤醒词和按钮触碰的情况下，理解用户的命令。全双工语音交互可以达到的预期效果类似于人与人之间打电话，不仅仅是一问一答，还可以是用户说几句话，然后机器人回答一下，甚至机器人主动提问来帮助交互。

2. 分区音控技术使交互对象多样化

在导航、娱乐、车控、服务等大多数日常用车场景下，传声器采集的语音信号可以同时提取声源信息，并计算目标说话人的角度和距离，从而实现对目标说话人的跟踪以及后续的语音定向拾取，对驾驶人或车内乘员的位置定位更精准。结合声源定位和降噪算法，语音交互系统能够实现对不同位置乘客的语音指令的精准区分和识别，可响应不同位置乘客对于车辆设置、导航、音乐、视频等多种需求，实现不同区域的语音交互，让车内交互更加方便快捷。

3. 语义理解技术向深层语义分析发展

目前，语音交互系统对句子的理解还只能做到语义角色标注层面，即标出句中的句子成分和主被动关系等，它属于比较成熟的浅层语义分析技术。未来要让机器更好地理解人类语言，还需要依赖深度学习技术，通过大规模的数据训练，让机器不断学习，并实现自然语音交互。

4. 声纹识别逐渐应用于车载语音交互

声纹识别是通过对一种或多种语音信号的特征进行分析，以达到辨别未知声音的目的。一般来讲，声纹具有唯一性，对确认说话人身份有着极大帮助。借助于声纹识别，语音识别能够准确对说话人的位置和身份进行定位，从而准确识别语音内容，执行其下达的指令。与其他生物特征相比，声纹辨认和确认的算法复杂度低。因此，在车载语音交互过程中，语音交互系统能够通过声纹识别技术确认驾驶人的身份，剔除行车时内外部产生的噪声和乘车人员的声音，再配合语音识别进行内容鉴别，从而提高识别准确率和交互效率。

> **引导问题 3**
>
> 查阅相关资料，请问智能语音交互在导航时可以做到什么？
> _____
> _____
> _____

智能语音交互在驾驶过程中的应用

语音交互包含条目式语音命令和自然语音识别两种类型。所谓条目式的语音命令，就是系统只能识别一些固定的词组和句子，要想通过语音实现对汽车功能的控制，必须按照功能分级别说出语音指令。目前，车载语音交互应用功能如表 4-1-1 所示。

表 4-1-1　车载语音交互应用功能表

类别	功能
通信	拨打电话
	呼叫后台服务
导航	开启/关闭导航
	定位查找
	路途导航
	路况查询
	周边设施查询
	交互式语音导航
辅助驾驶	车载空调控制（空调开关、模式和温度调节，风速和风向调节）
	车载应用控制
	车身信息查询（油量、胎压、冷却液温度等）
	车身控制（天窗、远光灯、警告灯、后视镜）
车载娱乐	电台广播搜索
	音乐播放控制
	天气和新闻查询

随着人工智能与语音交互技术的结合应用，语音交互的两种底层框架使语音交互产生了两种对话方式：第一种是面向单个任务的对话，通过一个最少的多功能对话完成特定的任务，一般都是"一问一答"对称的交互模式，等待用户把一句话说完，再进行识别和回应，每次输入一个命令，语音交互系统会把与之相关的内容提炼出来，然后以对话的形式反馈给用户。第二种是面向对话全程的多轮非对称交互，听到语音后可以预测用户的完整意思，在持续倾听的同时进行思考和回应，在交互中同时完成复杂任务，大幅减少用户在交互过程中的等待时间，并提高了实时修正回答的能力。此外，结合了人工智能的语音交互系统还可以主动引发新话题，产出新内容，主动打破对话中的沉默时刻。

拓展阅读

事实上，在特斯拉掀起"整车 OTA"浪潮之前，汽车信息娱乐系统的在线软件升级已经实现，尤其是互联网行业的快速渗透，互联生态系统已经率先在车上落地。

高工智能汽车研究院监测数据显示，2020年国内新车OTA功能前装标配搭载率已经超过20%，其中大部分功能围绕座舱落地。

时间回到2017年12月28日，斑马智行系统迎来更新升级2.0版本。此后的4个月时间内，上汽旗下近40万辆搭载斑马系统的车辆陆续完成升级，这是全球最大规模的互联网汽车在线升级。

在这次升级前，斑马系统其实已经进行了5次OTA升级，但都是比较小的升级。而在1.0版本的基础上，斑马系统2.0增加了许多新的功能，比如，引入旅途、车友、末端导航、情境语音智能识别等功能，语音引擎升级为阿里云ET智能语音，可实现智能定向语音以及情境语音场景下的连贯操作。

这也是国内自主品牌首次打破过去"功能固化"的旧模式。此后，包括长安、蔚来、理想、小鹏在内的自主品牌新旧势力开始逐步将OTA作为新车的基本配置，从而实现由硬件决定体验到软件决定体验的转型。

在这个过程中，智能座舱的交互模式，也开始逐步从过去用户被动接受车机端提供的特定内容服务，转向更多主动交互场景的部署。

以长安汽车UNI系列推出的首款车型UNI-T为例，它搭载了与地平线（基于征程2芯片）联合开发的智能驾驶舱NPU计算平台，全方位实现车内场景化感知，并基于感知结果为用户提供更精准的智能推荐以及智能车控等服务。

例如，中控屏处于熄屏状态时，驾驶人注视屏幕1s，屏幕即会自动亮起；乘员接听电话时，系统自动降低多媒体音量，保证通话清晰；识别到前排乘客抽烟时，根据车速适度打开车窗并开启车内空气净化。

按照IHS的大数据调查显示，座舱智能科技配置需求的相关消费习惯尚在培育阶段，但仍有超过60%的用户认可座舱智能配置的价值，并有望实现需求的转化。

任务分组

学生任务分配表见表4-1-2。

表4-1-2 学生任务分配表

班级		组号		指导老师	
组长		学号			
组员	姓名：_____ 学号：_____ 姓名：_____ 学号：_____ 姓名：_____ 学号：_____ 姓名：_____ 学号：_____			姓名：_____ 学号：_____ 姓名：_____ 学号：_____ 姓名：_____ 学号：_____ 姓名：_____ 学号：_____	
任务分工					

📝 工作计划

按照前面所了解的知识内容和小组内部讨论的结果，制定工作方案，落实各项工作负责人，如任务实施前的准备工作、实施中主要操作及协助支持工作、实施过程中相关要点及数据的记录工作等，见表 4-1-3。

表 4-1-3　工作方案表

步骤	作业内容	负责人
1		
2		
3		
4		
5		
6		
7		
8		

进行决策

1）各组派代表阐述资料查询结果。
2）各组就各自的查询结果进行交流，并分享技巧。
3）教师结合各组完成的情况进行点评，选出最佳方案。

任务实施

独立完成智能座舱语音交互相关资料的查询，并填写如表 4-1-4 所示工单。

表 4-1-4　智能座舱语音交互资料表

智能座舱语音交互资料表			
记录			
1. 什么是智能座舱语音交互？			
2. 简述日常生活驾车中，有哪些用到智能座舱语音交互的地方。			
6S 现场管理			
序号	操作步骤	完成情况	备注
1	建立安全操作环境	已完成□　未完成□	
2	清理及整理工具量具	已完成□　未完成□	
3	清理及复原设备正常状况	已完成□　未完成□	
4	清理场地	已完成□　未完成□	
5	物品回收和环保	已完成□　未完成□	
6	完善和检查工单	已完成□　未完成□	

评价反馈

1）各组代表展示汇报 PPT，介绍任务的完成过程。

2）以小组为单位对各组的操作过程与操作结果进行自评和互评，并将结果填入表 4-1-5 中的小组评价部分。

3）教师对学生工作过程与工作结果进行评价，并将评价结果填入表 4-1-5 中的教师评价部分。

表 4-1-5 综合评价表

姓名		学号		班级		组别	
实训任务							
评价项目		评价标准				分值	得分
小组评价	计划决策	制定的工作方案合理可行，小组成员分工明确				10	
	任务实施	能够正确认知什么是智能座舱语音交互				10	
		进行网络资料搜索，完成智能座舱语音交互信息工单				20	
		能够正确描述智能座舱语音交互的应用				20	
	任务达成	能按照工作方案操作，按计划完成工作任务				10	
	工作态度	认真严谨、积极主动、安全生产、文明施工				10	
	团队合作	与小组成员、同学之间能合作交流、协调工作				10	
	6S 管理	完成竣工检验、现场恢复				10	
		小计				100	
教师评价	实训纪律	不出现无故迟到、早退、旷课现象，不违反课堂纪律				10	
	方案实施	严格按照工作方案完成任务实施				20	
	团队协作	任务实施过程互相配合，协作度高				20	
	工作质量	能正确完成智能座舱语音交互资料报告的填写				20	
	工作规范	操作规范，三不落地，无意外事故发生				10	
	汇报展示	能准确表达，总结到位，改进措施可行				20	
		小计				100	
综合评分		小组评分 ×50% + 教师评分 ×50%					
总结与反思							

（如：学习过程中遇到什么问题→如何解决的/解决不了的原因→心得体会）

任务二　实现座舱中语音交互技术的应用

学习目标

- 能正确阐述车联网的定义。
- 掌握语言交互状态设计过程。
- 掌握语言交互状态实现方式。
- 掌握唤醒功能开发流程。
- 了解如何调用第三方 API 实现语音唤醒。
- 理解"你好，小驰！"具体案例的设计与实现。
- 具有利用信息手段查阅相关资料的能力。
- 具有分析问题、解决问题和再学习的能力。
- 具有良好的团队精神和较强的表达沟通、协调组织能力。
- 具有认真负责的职业态度和良好的职业道德。

知识索引

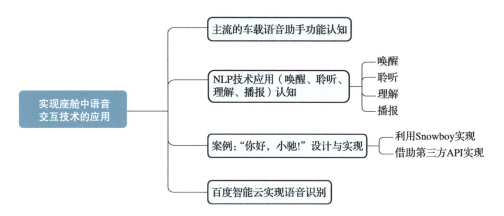

情境导入

作为一名智能座舱测试工程师，今天主管要求你测试智能座舱中语音交互是否可以实现，你需要进行一个简单的语音交互设计与实现，来验证语音交互技术的可行性。

获取信息

引导问题 1

查阅相关资料，联系生活实际，请列举生活中常见的语音查询功能的用途。

_____

_____

_____

主流的车载语音助手功能认知

智能座舱中的对话系统，是用户感受最直观的交互产品设计之一，通常包括语音交互功能、语音资讯查询功能、娱乐功能、导航功能、语音控制车辆功能等，在应用过程中用于保证行车途中的安全性和便捷性。

1. 语音交互功能

语音交互功能主要包括语音识别、语音合成。基于语音识别技术，当车载语音系统接收到用户指令后，系统能够"听懂"人类的语言；基于语音合成技术，系统能够将执行结果通过语音播报的形式反馈给用户。通过语音交互功能，系统能够根据用户的语音指令，实现各应用程序的功能控制。同时，针对接收到的语音指令，系统能够给予用户正确的语音反馈。

基于语音合成技术，系统合成的语音自然、流畅，并依托于各种语气助词的使用，达到使车载语音系统更为拟人化的目的，并提供给用户良好的交互体验。

2. 语音查询功能

语音资讯查询是车载语音系统的辅助功能，基于用户的语音指令，如"今天天气如何""今天热点新闻是什么""世界上最小的国家是什么"等，在网络已连接的情况下，系统可实现相应信息的查询功能。

相较于打开第三方应用程序的传统方式，用户仅通过全语音交互的形式即可实现信息的自主查询功能，从而在提高系统执行效率的同时，避免了用户注意力的分散，保障了用户的驾驶安全。例如，天气查询：基于"今天天气如何""明天深圳会下雨吗"等语音指令，用户可对天气信息执行查询操作。系统首先判断网络的连接状态，若网络已连接，则能够查询到天气情况，查询结果将展示在系统的 UI 界面上。同时，基于语音合成技术，系统能够给予用户语音播报的反馈。针对网络未连接的情况，车载语音系统应当给出无网络的提示反馈。

3. 娱乐功能

娱乐功能是车载语音系统的核心功能，具体包含有本地音乐、在线音乐、本地电台、在线节目四个子功能。例如，针对在线音乐的功能，车载语音系统设计用户的语音指令分为控制指令和搜索指令。用户可通过控制指令实现音乐应用程序的打开、关闭，实现对歌曲播放模式的控制。

歌曲的播放模式有三种，分别是顺序播放、单曲循环、随机播放。同时，基于用户的语音指令，系统能够实现对当前播放歌曲的信息查询，并允许用户通过语音指令收藏正在播放的歌曲。此外，用户可通过搜索指令实现具体歌曲的搜索，如基于语音指令"我想听周深唱的歌"，用户可实现对歌曲的精准搜索等。

4. 语音控制功能

语音控制车辆原有设备，针对车辆内的空调、车窗、天窗等设备，通过采用全语音交互的方式，可以使系统控制更为快捷、便利。相较于传统的触摸屏幕形式，语音交互不会分散用户的注意力，能够保证用户的行车安全。车载语音系统通过 CAN 控制器将车辆设备与语音控制模块相结合，基于将车辆信息转发给语音控制模块并接收语音控制指令的方式，实现用户对车辆内设备的控制。

引导问题 2

查阅相关资料，请问一般有哪几种唤醒方式？

NLP 技术应用（唤醒、聆听、理解、播报）认知

通过前面的学习，我们知道智能座舱语音交互分为语音交互的唤醒、聆听、理解、播报四个部分，如图 4-2-1 所示。

图 4-2-1　语音交互流程框架

一、唤醒

"小爱同学？""在呢？""打开闹钟。"语音交互一般围绕着这种流程设计，但其实还有不同的"唤醒+识别"方式。总体来说，"唤醒+识别"一般有"唤醒+在线意图识别""唤醒+离线意图识别""免唤醒""one-shot"四种方式，在语音交互设计时，应该根据它们的优势、劣势进行选择并综合使用。

设计唤醒状态前，需要考虑当前设备采用哪种语音交互方式，包括上文提到的四种语音交互模式及四种"唤醒+识别"方式，还需要考虑该设备使用的是近场语音交互还是远场语音交互。近场语音交互主要是指人距离机器不超过 30cm 的语音识别技术，诸如带有智能语音助手的电视遥控器和手机都属于近场语音交互。一般近场语音

交互会通过按键或唤醒词的方式唤醒智能语音助手。当用户按下按键的一瞬间,智能语音助手就被唤醒了。如果采用唤醒词的方式唤醒智能语音助手,由于设备就在眼前,可以通过视觉反馈的方式告知用户智能语音助手已被唤醒。远场语音交互主要解决人距离机器 0.3~5m 的语音交互问题。由于用户和设备的距离较远,用户有可能看不清当前设备的状态是否发生变化,所以需要通过听觉反馈告知远处的用户设备是否被唤醒。通常来说,只要用户是通过唤醒词唤醒智能语音助手的,都会给用户提供视觉和听觉上的反馈,该反馈效果可以是灯光、动作和音效。

例如,小米的智能音箱小爱同学在唤醒状态下,会根据传声器阵列识别说话者在哪个方位,然后显示浅蓝色的灯光;蔚来汽车的智能语音助手 Nomi(图 4-2-2)在被唤醒后会全身转向识别方向,加上表情效果能让用户切身感受到这位智能语音助手真的在和自己进行礼貌的对话,蔚来汽车的这一点小细节得到了市场和用户的认可。

图 4-2-2 蔚来汽车的智能语音助手 Nomi 外观

在具体实现上,我们可以借助第三方 API,如科大讯飞语言唤醒。我们还可以用语音唤醒引擎 Snowboy,Snowboy 是一个开源的、轻量级语音唤醒引擎,可以通过它很轻松地创建类似"hey,Siri"的唤醒词。它的主要特性如下:

- 高度可定制性:可自由创建和训练属于自己的唤醒词。
- 始终倾听:可离线使用,无须联网,易于保护隐私,精确度高,低延迟。
- 轻量可嵌入:耗费资源非常低。
- 开源跨平台:开放源代码,支持多种操作系统和硬件平台,可绑定多种编程语言。

二、聆听

聆听状态发生在唤醒状态之后,具体分为等待用户响应状态和自动语音识别(Automatic Speech Recognition,ASR)状态。等待用户响应状态是指等待用户说话的过程,而 ASR 状态是将用户说的话自动转成文字的过程。等待用户响应状态需要设置一个时间上限,如果用户一直不说话,到达等待时间上限后智能语音助手会自动退出或发起二次询问,然后进入下一轮等待用户响应状态。由于持续聆听是指结束上一轮对话后的等待时间,因此在实际开发中建议设为 20~30s。在结束对话后,因为用户有可能随时发起新一轮语音任务,所以持续聆听的时间可以长一点。但是,持续聆听的时间不是越长越好,因为时间越长,智能语音助手接收的信息可能就越多,包括来自环境的噪声及用户之间的对话,如果没有很好的抗噪能力,它可能会突然执行无关的指令,从而影响用户体验。

为了营造认真聆听用户说话的效果,应设计相应的反馈机制。我们可以在等待用户响应时,使灯光和智能语音助手保持一个相对平静的状态,这意味着设备接收不到任何信息。如果智能语音助手是一个人物或动物，则可以通过动作表示正在倾听，在时间达到上限时可以反馈给用户"听不到"的动作。当语音交互进入 ASR 状态时，灯光和智能语音助手可以把声音转换成频谱的视觉形式表示正在接收信息，这也是绝大部分智能语音助手的通用做法。图 4-2-3 所示为小爱音箱在聆听时的灯光效果。

图 4-2-3　小爱音箱在聆听时的灯光效果

三、理解

理解又称网络等待状态，因为绝大部分语音交互的识别和处理都是在云端进行的，所以返回语音结果需要一段时间。理解状态必须反馈给用户，因为用户不知道该状态何时才会结束。如果整个语音交互流程需要很长时间才能完成响应，那么系统应该告知用户当前流程出现异常，需要重新发起语音交互流程。

四、播报

不同产品在处理语音播报状态方面有着不一样的反馈设计。在 Echo 智能音箱（图 4-2-4）上，Alexa 会用蓝色和青色交替表示设备正在播报内容，颜色的交替模拟了 Alexa 说话时的呼吸节奏。手机 / 平板电脑上的 Siri 在播报内容时会将内容显示在屏幕上，同时显示一个球形来告知用户当前无法持续聆听。蔚来汽车的智能助手 Nomi 在播报时会根据不同的内容匹配不同的表情，这样能有效表达 Nomi 真正理解用户说

图 4-2-4　Echo 智能音箱

的话，如用户说"我要听歌"，这时 Nomi 会一边弹吉他一边回复用户。Nomi 的做法更多是提前将语音结果分类并绑定不同的动作和表情，可以根据正则表达式动态匹配文本中的内容，并绑定不同的动作和表情，这样的智能语音助手会显得更加生动活泼。

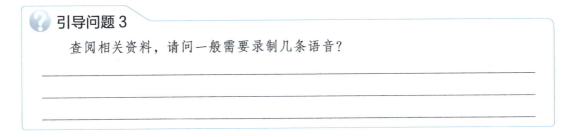

引导问题 3

查阅相关资料，请问一般需要录制几条语音？

案例："你好，小驰！"设计与实现

接下来我们会以"你好，小驰！"案例来具体讨论如何设计简单的语音助手，将讲述两种实现方式，方式一是利用 Snowboy 实现简单语音唤醒，方式二是借助第三方 API 来实现，具体是调用科大讯飞的语音唤醒 API 接口服务，达到简单语音唤醒效果。

一、利用 Snowboy 实现

Snowboy 是一个开源的、轻量级语音唤醒引擎，可以通过它很轻松地创建属于自己的类似"hey, Siri"的唤醒词。我们接下来具体实现唤醒功能。

1. 安装

```
1. sudo apt-get install pulseaudio
2. sudo apt-get install sox
3. sudo apt-get install swig
4. sudo apt-get install libatlas-base-dev
5. pip3 install pyaudio
```

2. 获取 Snowboy 源码进行编译

#获取源码

```
1. git clone https://github.com/Kitt-AI/snowboy.git
```

#获取源码成功后，进入 Python3 目录

```
1. cd snowboy/swig/Python3
```

#然后使用 make 命令开始编译
#下载 swig 3.0.12 的源码包：

```
1. https://nchc.dl.sourceforge.net/project/swig/swig/swig-3.0.12/swig-3.0.12.tar.gz
```

#解压 swig

```
1. tar -xzvf swig-3.0.12.tar.gz
```

#安装编译工具

```
1. sudo apt-get install g++
2. sudo apt-get install libpcre3 libpcre3-dev
```

#进入 swig 源码

```
1. cd swig-3.0.12/
```

#配置

```
1. ./configure
```

#编译

```
1. make
```

安装

1. sudo make install

将 swig 导入环境变量
打开 bashrc

1. sudo vi ~/.bashrc

添加环境

1. SWIG_PATH=/usr/local/share/swig/3.0.12
2. PATH=$PATH:$SWIG_PATH

刷新环境

1. source ~/.bashrc

确认版本型号

1. swig -version

3. 生成语音模型

借助 Snowboy Personal Wake Word（snowboy.hahack.com）官网生成语音唤醒模型，有如下 7 个步骤。

1）打开 Snowboy 网站 snowboy.hahack.com，如图 4-2-5 所示。

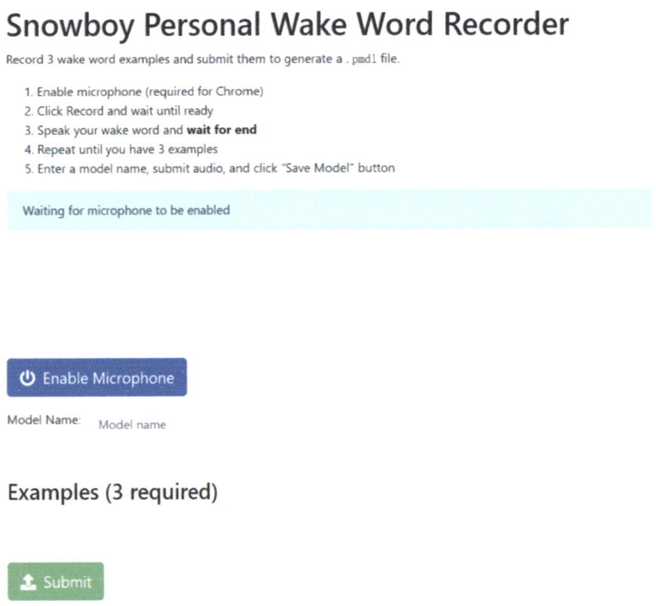

图 4-2-5　Snowboy 网站

2）单击按钮启动传声器，如图 4-2-6 所示。

图 4-2-6　启动传声器

3）单击"Record"并等待准备就绪，如图 4-2-7 所示。

图 4-2-7　开始录制

4）说出唤醒词"你好，小驰！"并等待结束，结束后将产生一条语音，如图 4-2-8 所示。

5）重复步骤 4，并直至产生 3 条语音结束，如图 4-2-9 所示。

图 4-2-8　说出唤醒词　　　　　　　　　图 4-2-9　录制 3 条语音

6）输入模型名称，提交音频，如图 4-2-10 所示。

7）下载模型，如图 4-2-11 所示。

图 4-2-10　提交音频　　　　　　　　　图 4-2-11　下载模型

4. 部署模型

将下载好的模型文件放入 snowboy/examples/Python3/ 文件中。

5. 测试

在命令行中输入：python3 demo.py 模型名字 .pmdl，并使用自己的唤醒词进行测试，如图 4-2-12 所示。

```
Listening... Press Ctrl+C to exit
INFO:snowboy:Keyword 1 detected at time: 2020-04-25 13:12:03
INFO:snowboy:Keyword 1 detected at time: 2020-04-25 13:12:38
INFO:snowboy:Keyword 1 detected at time: 2020-04-25 13:13:20
INFO:snowboy:Keyword 1 detected at time: 2020-04-25 13:13:34
```

图 4-2-12　测试

至此，我们的唤醒前置功能已经实现，设备被唤醒以后，我们可以拿到录音数据去做其他事情，包括开启导航接口、播放音乐等。需要注意的是 Snowboy 目前只支持 16000 的录音采样率，其他采样率的录音数据都不能使用。

二、借助第三方 API 实现

API 的概念早在 20 世纪 60 年代就已经出现，其代表的是应用程序的编程接口，是一些预先定义的函数，或指软件系统不同组成部分衔接的约定。换句话说，API 是一个信使，它将用户的请求交付给用户所请求的提供者，然后将响应交付给用户。使用第三方 API 的好处是降低开发周期和开发成本，减少了产品的推广成本，使得自己的服务被第三方依赖。

接下来，我们将调用科大讯飞的语音唤醒 API 接口服务（图 4-2-13），该 API 的

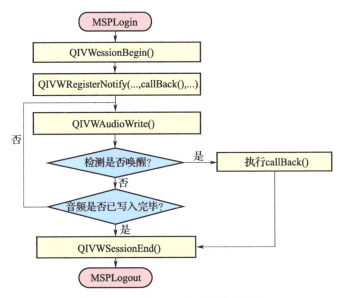

图 4-2-13　语音唤醒 API 调用流程

优点是唤醒率、识别率已经达到实用标准，满足开发者个性化需求，支持自定义设置多个唤醒词，尺寸小巧轻便，低功率持续侦听，用户使用无感知。

具体步骤如下。

1. 在控制台下载对应 sdk

1）在浏览器打开讯飞开放平台——以语音交互为核心的人工智能开放平台（xfyun.cn），登录控制台，如图 4-2-14 所示。

图 4-2-14　登录控制台

2）创建应用控制台——讯飞开放平台（xfyun.cn），如图 4-2-15、图 4-2-16 所示。

图 4-2-15　创建应用控制台

图 4-2-16　创建成功

3）单击应用，选择语音唤醒服务，如图 4-2-17 所示。
4）设置唤醒词，以"你好，小驰"为例，如图 4-2-18 所示。
5）下载 sdk，选择 Linux MSC，如图 4-2-19、图 4-2-20 所示。

图 4-2-17 语音唤醒

图 4-2-18 唤醒词设置

SDK名称	版本	操作	
Android MSC	1143	下载	文档
Linux MSC	1227	下载	文档
Windows MSC	1126	下载	文档
iOS MSC	1174	下载	文档

图 4-2-19 下载 sdk

图 4-2-20　选择平台

sdk 包说明。

├── bin #（运行时目录）相关资源文件
├── doc# 相关技术文档
├── include# 调用 sdk 所需头文件
├── libs# x64 和 x86 库文件
├── README
├── release.txt
├── samples# 语音唤醒示例
└── wordlist.txt# 唤醒词

2. 设置音频文件

将音频文件（要求 16k，16bit，pcm 格式）放入 bin/audio 目录下，并将音频命名为 awake.pcm。

3. 选择 sdk 文件

进入 sdk 内 samples/awaken_offline_sample 目录，选择 source 64bit_make.sh 或 32bit_make.sh，视系统位数选择。

4. 查看结果

运行成功后进入 sdk bin 目录下 cd ../../bin/，运行 ./awaken_offline_sample 即可看到运行结果。

> **引导问题 4**
>
> 查阅相关资料，请简单描述利用百度智能云实现语音识别的工作流程。

百度智能云实现语音识别

在熟悉语音识别功能及语音唤醒的方法之后,我们可以利用汽车智能座舱实训软件系统来进行语音识别的实例测试。在汽车智能座舱系统实训台上,打开教学系统屏幕,在软件系统页面单击"语音识别控制单元(ASR)",如图 4-2-21 所示。

图 4-2-21　开启语音识别控制单元(ASR)

在语音识别控制单元页面中,单击"实例测试",可观察到中间页面为接口描述和错误代码提示,右侧输入框分别为 App ID、Client id(客户端 id)和 Client secret(客户端密钥),如图 4-2-22 所示。这三个输入信息可以从百度智能云创建好的应用中获取(依次对应的是 App ID、API Key 和 Secret Key 信息)。信息输入后单击"录音"按钮,开始录音,说话结束后单击"结束",等待 2~3s 后再识别结果栏中返回的语音识别结果。若不单击"结束",录音也将在开启后 10s 自动结束进入识别。

图 4-2-22　语音识别控制单元实例测试页面

1)功能场景描述:百度短语音识别可以将 60s 以下的音频识别为文字。适用于语音对话、语音控制、语音输入等场景。

2)接口类型:通过 REST API 的方式提供的通用的 HTTP 接口。适用于任意操作系统、任意编程语言。

3)接口限制:需要上传完整的录音文件,录音文件时长不超过 60s。浏览器由于无法跨域请求百度语音服务器的域名,因此无法直接调用 API 接口。

4)支持音频格式:pcm、wav、amr、m4a。

5)音频编码要求:采样率 16000、8000(仅支持普通话模型),16bit 位深,单声道。

任务分组

学生任务分配表见表 4-2-1。

表 4-2-1 学生任务分配表

班级		组号		指导老师	
组长		学号			
组员	姓名:_____ 学号:_____ 姓名:_____ 学号:_____ 姓名:_____ 学号:_____ 姓名:_____ 学号:_____			姓名:_____ 学号:_____ 姓名:_____ 学号:_____ 姓名:_____ 学号:_____ 姓名:_____ 学号:_____	
任务分工					

工作计划

扫描二维码可观看教学视频,了解如何利用百度智能云实现语音识别,并结合获取到的相关信息、前面所学习到的知识及小组讨论的结果,制定工作方案,见表 4-2-2。

云端部署实现语音识别

表 4-2-2 工作方案表

步骤	作业内容	负责人
1		
2		
3		
4		
5		
6		
7		
8		

进行决策

1）各组派代表阐述资料查询结果。
2）各组就各自的查询结果进行交流，并分享技巧。
3）教师结合各组完成的情况进行点评，选出最佳方案。

任务实施

以小组为单位完成语音唤醒效果实现，并结合智能座舱实训台架完成百度智能云实现语音识别的实训任务，填写如表 4-2-3 所示工单。

表 4-2-3　实现座舱中语音交互技术的应用

利用百度智能云实现语音识别	
1. 了解语音识别控制单元功能	已完成☐　未完成☐
2. 创建百度智能云账号（已创建过可省略该步骤）	已完成☐　未完成☐
3. 创建语音识别应用	已完成☐　未完成☐
4. 获取百度智能云的语音识别应用信息： App ID：_____ API Key：_____ Secret Key：_____	已完成☐　未完成☐
5. 开启语音识别控制单元实例测试	已完成☐　未完成☐
6. 输入应用信息进行连通	已完成☐　未完成☐
7. 实现语音识别	已完成☐　未完成☐

6S 现场管理			
序号	操作步骤	完成情况	备注
1	建立安全操作环境	已完成☐　未完成☐	
2	清理及整理工具量具	已完成☐　未完成☐	
3	清理及复原设备正常状况	已完成☐　未完成☐	
4	清理场地	已完成☐　未完成☐	
5	物品回收和环保	已完成☐　未完成☐	
6	完善和检查工单	已完成☐　未完成☐	

评价反馈

1）各组代表展示汇报 PPT，介绍任务的完成过程。
2）以小组为单位，请对各组的操作过程与操作结果进行自评和互评，并将结果填入表 4-2-4 中的小组评价部分。
3）教师对学生工作过程与工作结果进行评价，并将评价结果填入表 4-2-4 中的教师评价部分。

表 4-2-4 综合评价表

姓名		学号		班级		组别	
实训任务							
评价项目		评价标准			分值		得分
小组评价	计划决策	制定的工作方案合理可行,小组成员分工明确			10		
	任务实施	能够正确描述出来 NLP 技术的应用方式			10		
		能独立完成"你好,小驰!"的设计与实现			20		
		能够正确完成百度智能云实现语音识别的实训操作			20		
	任务达成	能按照工作方案操作,按计划完成工作任务			10		
	工作态度	认真严谨、积极主动、安全生产、文明施工			10		
	团队合作	与小组成员、同学之间能合作交流、协调工作			10		
	6S 管理	完成竣工检验、现场恢复			10		
		小计			100		
教师评价	实训纪律	不出现无故迟到、早退、旷课现象,不违反课堂纪律			10		
	方案实施	严格按照工作方案完成任务实施			20		
	团队协作	任务实施过程互相配合,协作度高			20		
	工作质量	能正确完成语音识别实训工单的填写			20		
	工作规范	操作规范,三不落地,无意外事故发生			10		
	汇报展示	能准确表达,总结到位,改进措施可行			20		
		小计			100		
综合评分		小组评分 ×50% + 教师评分 ×50%					
总结与反思							

(如:学习过程中遇到什么问题→如何解决的/解决不了的原因→心得体会)

能力模块五
掌握智能座舱中数据采集与处理技术的应用

 任务一　了解常见智能座舱的数据集

学习目标

- 了解常见的智能座舱数据集。
- 掌握常见数据集下载方式。
- 能独立完成智能座舱数据集资料报告填写。
- 会运用相关工具进行文献检索资料的整理。
- 具有利用信息手段查阅相关资料的能力。
- 具有分析问题、解决问题和再学习的能力。
- 具有良好的团队精神和较强的表达沟通、组织协调能力。
- 具有认真负责的职业态度和良好的职业道德。

知识索引

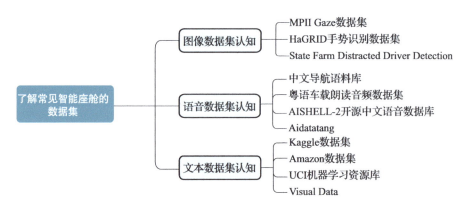

情境导入

作为智能座舱工程师实习生,主管现在需要你去做一些数据采集的工作,你需要先自己查找有关智能座舱数据集的资料,先观察已有的成熟的数据集制作模式与成品。

获取信息

引导问题 1

查阅相关资料,请问 MPII Gaze 数据集中包含的图片是如何采集到的?

_____

_____

_____

图像数据集认知

一、MPII Gaze 数据集

MPII Gaze 数据集是一个人眼注视识别数据集,如图 5-1-1 所示。这个数据集包含 213659 张图片,这些图片是从 15 个笔记本摄像头上采集下来的,整个采集周期持续了好几个月,包含了各种光照场景,作者手工标注了 37667 张人脸的 6 个关键点和瞳孔数据。在采集过程中,会运行软件,软件每 10min 自动要求参与者查看 20 个屏幕随机位置,每个位置有一个灰色圆圈,中间有白点。采集过程中,要求参与者注视到这些点上,并在圆圈即将消失时,按空格键进行确认。这是为了确保参与者专注于任务,并准确地固定在预期的屏幕位置上。该数据集主要用于视线估计算法。

图 5-1-1 人眼注视识别

二、HaGRID 手势识别数据集

HaGRID 数据集种类非常丰富，包含 one、two、OK 等 18 种常见的通用手势（图 5-1-2），标注了手势框和手势类别标签，可以用于图像分类或图像检测等任务。该数据集包含 552992 个样本，分为 18 类手势。注释由带有手势标签的手的边界框和领先手的标记组成。

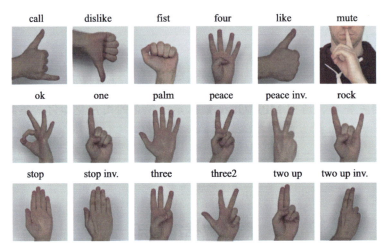

图 5-1-2　HaGRID 中包含的 18 个手势类别（"inv."是"inverted"的缩写）

三、State Farm Distracted Driver Detection

State Farm Distracted Driver Detection 数据集是几年前 kaggle 举办的有关图像分类的比赛图片，该数据集主要采集了几种典型的驾驶分心动作：左/右手玩手机（图 5-1-3）、左/右手持通电话、调节多媒体、喝水、向后座伸手拿东西、化妆，与其他乘客交谈。

图 5-1-3　右手玩手机

> **引导问题 2**
>
> 查阅相关资料，请问语音收集准确度由什么决定？
>
> _____
> _____
> _____

语音数据集认知

一、中文导航语料库

该语料库包含 100 条中文导航相关文本语料，语料内容包括导航控制、地点查询、兴趣点（POI）等。中文车载朗读音频数据集包含了 8h 的中文普通话朗读音频和相应转写文本，内容为车载环境下的综合语料，共包含 8480 个由 38 名说话人提供的句子。语料库示例如图 5-1-4 所示。

> 我想回文物出版社
> 查询最近的上海银行ATM
> 中国江西上饶市信州区赣东北大道

图 5-1-4　语料库示例

二、粤语车载朗读音频数据集

该数据集包含了 5h 的广式粤语朗读音频和相应转写文本，内容为车载环境中的数字串与命令控制，包含 6219 条由 10 名说话人提供的语料。数据集样例如图 5-1-5 所示。

> 语种：粤语（中国广东）
> 内容：命令控制、数字串
> 音频参数：16 kHz，16 bit，双通道
> 录音设备：传声器
> 录音环境：车载

图 5-1-5　粤语数据集样例

三、AISHELL-2 开源中文语音数据库

希尔贝壳中文普通话语音数据库 AISHELL-2 的语音时长为 1000h，其中 718h 来自 AISHELL-ASR0009-[ZH-CN]，282h 来自 AISHELL-ASR0010-[ZH-CN]。录音文本涉及唤醒词、语音控制词、智能家居、无人驾驶、工业生产等 12 个领域。录制过程在安静室内环境中，同时使用 3 种不同设备：高保真传声器（44.1kHz，16bit）；Android 系统手机（16kHz，16bit）；iOS 系统手机（16kHz，16bit）。AISHELL-2 采用 iOS 系统手机录制的语音数据。1991 名来自中国不同口音区域的发言人参与录制。经过专业语音校对人员转写标注，并通过严格质量检验，此数据库文本正确率在 96% 以上。

四、Aidatatang

Aidatatang 为包含 6300 位来自中国不同地区的说话人，时长总计 1505h，共 3 万条语音，经过人工精心标注的中文普通话语料集，可以为中文语音识别研究提供良好的数据支持，如图 5-1-6 所示。采集区域覆盖全国 34 个省级行政区域。经过专业语音校对人员转写标注，并通过严格质量检验，句标注准确率达 98% 以上，是行业内句准确率的最高标准。

图 5-1-6 Aidatatang

> **引导问题 3**
>
> 查阅相关资料，请问 Amazon 数据集存储在哪里？
> _____
> _____
> _____

文本数据集认知

一、Kaggle 数据集

数据集地址：https://www.kaggle.com/datasets

简介：Kaggle 是由联合创始人、首席执行官安东尼·高德布卢姆（Anthony Goldbloom）于 2010 年在墨尔本创立的，主要为开发商和数据科学家提供举办机器学习竞赛、托管数据库、编写和分享代码的平台，如图 5-1-7 所示。该平台已经吸引了 80 万名数据科学家的关注，这些用户资源或许正是吸引谷歌的主要因素。

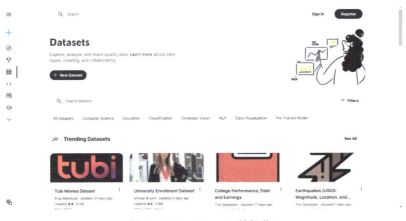

图 5-1-7 Kaggle 数据集

二、Amazon 数据集

数据集地址：https://registry.opendata.aws/

该数据源包含多个不同领域的数据集，如公共交通、生态资源、卫星图像等，如图 5-1-8 所示。网页中也有一个搜索框来帮助用户寻找想要的数据集，包含所有数据集的描述和使用示例，信息丰富且易于使用。数据集存储在亚马逊网页服务（Amazon Web Services，AWS）资源中，比如 Amazon S3——云中的一个高度可伸缩的对象存储服务。如果用户正在使用 AWS 进行机器学习实验和开发，这将非常方便，由于它是 AWS 网络的本地数据，因此数据集的传输将非常快。

图 5-1-8　Amazon 数据集

三、UCI 机器学习资源库

数据集地址：https://archive.ics.uci.edu/ml/datasets.html

这是一个来自加州大学信息与计算机科学学院的大型资源库，包含 100 多个数据集，如图 5-1-9 所示。用户可以找到单变量和多变量时间序列数据集及分类、回归或推荐系统的数据集。有些 UCI 的数据集是已经被清洗过的。

图 5-1-9　UCI 机器学习资源库

四、Visual Data

数据集下载地址：https://www.visualdata.io/

Visual Data 包含一些可以用来构建计算机视觉（CV）模型的大型数据集，如图 5-1-10 所示。用户可以通过特定的 CV 主题查找特定的数据集，如语义分割、图像标题、图像生成等，甚至可以通过解决方案（自动驾驶汽车数据集）查找特定的数据集。

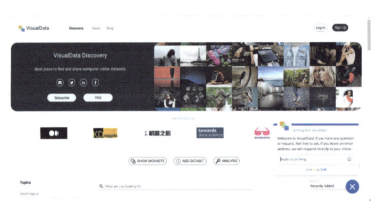

图 5-1-10 Visual Data

职业认证

智能汽车大数据管理与应用职业技能等级证书（初级）中就要求能完成采集车辆的传感器安装和线束连接，能借助检测工具对数据采集车辆进行初步检测和故障识别。通过智能汽车大数据管理与应用职业技能等级证书（初级）考核，可获得教育部 1+X 证书中的《智能汽车大数据管理与应用职业技能等级证书（初级）》。

任务分组

学生任务分配表见表 5-1-1。

表 5-1-1 学生任务分配表

班级			组号		指导老师	
组长			学号			
组员	姓名：_____ 学号：_____ 姓名：_____ 学号：_____ 姓名：_____ 学号：_____ 姓名：_____ 学号：_____			姓名：_____ 学号：_____ 姓名：_____ 学号：_____ 姓名：_____ 学号：_____ 姓名：_____ 学号：_____		
任务分工						

工作计划

按照前面所了解的知识内容和小组内部讨论的结果，制定工作方案，落实各项工作负责人，如任务实施前的准备工作、实施中主要操作及协助支持工作、实施过程中相关要点及数据的记录工作等，如表 5-1-2 所示。

表 5-1-2　工作方案表

步骤	作业内容	负责人
1		
2		
3		
4		
5		
6		
7		
8		

进行决策

1）各组派代表阐述资料查询结果。
2）各组就各自的查询结果进行交流，并分享技巧。
3）教师结合各组完成的情况进行点评，选出最佳方案。

任务实施

独立完成智能座舱数据集相关资料的查询，并填写如表 5-1-3 所示工单。

表 5-1-3　智能座舱的数据集

常见智能座舱的数据集
记录
1. 智能座舱的数据集可以分为哪几个方面？它们各有什么差异？
2. 智能座舱的中文语音数据集包含了哪些数据集？

6S 现场管理			
序号	操作步骤	完成情况	备注
1	建立安全操作环境	已完成□　未完成□	
2	清理及整理工具量具	已完成□　未完成□	
3	清理及复原设备正常状况	已完成□　未完成□	
4	清理场地	已完成□　未完成□	
5	物品回收和环保	已完成□　未完成□	
6	完善和检查工单	已完成□　未完成□	

评价反馈

1）各组代表展示汇报 PPT，介绍任务的完成过程。

2）以小组为单位，请对各组的操作过程与操作结果进行自评和互评，并将结果填入表 5-1-4 中的小组评价部分。

3）教师对学生工作过程与工作结果进行评价，并将评价结果填入表 5-1-4 中的教师评价部分。

表 5-1-4 综合评价表

姓名		学号		班级		组别	
实训任务							
评价项目		评价标准			分值	得分	
小组评价	计划决策	制定的工作方案合理可行，小组成员分工明确			10		
	任务实施	能正确描述智能座舱数据集的内容			10		
		进行网络资料搜索，完成智能座舱的数据集工单			20		
		能够正确描述图像数据集、语音数据集、文本数据集的联系与区别			20		
	任务达成	能按照工作方案操作，按计划完成工作任务			10		
	工作态度	认真严谨、积极主动、安全生产、文明施工			10		
	团队合作	与小组成员、同学之间能合作交流、协调工作			10		
	6S 管理	完成竣工检验、现场恢复			10		
		小计			100		
教师评价	实训纪律	不出现无故迟到、早退、旷课现象，不违反课堂纪律			10		
	方案实施	严格按照工作方案完成任务实施			20		
	团队协作	任务实施过程互相配合，协作度高			20		
	工作质量	能正确完成智能座舱的数据集工单的填写			20		
	工作规范	操作规范，三不落地，无意外事故发生			10		
	汇报展示	能准确表达，总结到位，改进措施可行			20		
		小计			100		
综合评分		小组评分 ×50% + 教师评分 ×50%					
总结与反思							

（如：学习过程中遇到什么问题→如何解决的/解决不了的原因→心得体会）

任务二　实现数据的采集与标注

学习目标

- 了解数据标注概述。
- 掌握数据采集与管理。
- 掌握数据标注方法。
- 能独立完成数据标注报告填写。
- 会运用相关工具进行文献检索资料的整理。
- 具有利用信息手段查阅相关资料的能力。
- 具有分析问题、解决问题和再学习的能力。
- 具有良好的团队精神和较强的表达沟通、协调组织能力。
- 具有认真负责的职业态度和良好的职业道德。

知识索引

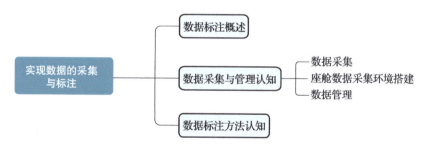

情境导入

身为智能座舱工程师实习生的你采集到了一批数据,可是主管却告诉你说这一批数据并不能直接使用,还需要进行数据标注才行,你查阅相关资料,决定使用标注框标注法对采集到的数据进行标注。

获取信息

引导问题 1

查阅相关资料,请问在人工智能领域数据标注是否有意义?

_____
_____

数据标注概述

数据标注（Data Annotations）是指对收集到的、未处理的原始数据或初级数据，包括语音、图像、文本、视频等类型的数据进行加工处理，并转换为机器可识别信息的过程。数据标注与人工智能相伴而生，是大部分人工智能算法得以有效应用的关键环节。数据标注越准确、标注的数据量越大，算法的性能就越好、准确度就越高。通过数据采集获得原始数据后，需对其进行加工处理即数据标注，然后输送到人工智能算法和模型中完成调用。图 5-2-1 所示的就是车道数据标注。

图 5-2-1　车道数据标注

数据标注主要是根据用户或企业的需求，采用工程化的方法，对图像、声音、文字、视频等对象进行不同方式的标注，从而为人工智能算法提供大量的训练数据以供机器学习使用。人工智能的三大决定性影响因素是算法、算力和数据，这里的数据就是指进行完整理、标注后供人工智能算法使用的数据。随着数据标注产业化的逐步推进，数据标注的准确性得以提升，标注数据的数量可以按需增大，从而促进人工智能算法性能提升。

常见的数据标注工具如表 5-2-1 所示。

表 5-2-1　常见的数据标注工具

工具名称	简介	标注形状	导出数据格式
LabelImg	著名的图像数据标注工具	矩形	XML
Praat 语音声学软件	跨平台、多功能语音学专业软件	语音	TextGrid
doccano	开源文本标注工具，提供了文本分类、序列标记以及序列到序列任务的标注功能	文本	txt

引导问题 2

查阅相关资料，请问座舱数据采集环境的搭建需要什么？

_____

_____

数据采集与管理认知

一、数据采集

数据采集是人工智能数据工厂中生产数据的第一关。人工智能领域必须对采集的数据进行准确把关，才能有效提高后续质量。当前通用的手机端采集语音、图像，专用的远场语音设备采集及无人车平台采集等，这些采集平台和工具缺乏智能化，采集的数据依靠后期人工进行质检，工作量大，采集成本高。一些深度学习或者自动化的技术，通过"云""端"的配合，将人工智能芯片设计到采集设备中，有效实现了质量检查点前移，可以及时纠正采集中的问题，提高数据采集质量。数据采集的方法主要有四种：互联网数据采集、众包、行业合作以及各种传感器数据。

二、座舱数据采集环境搭建

智能座舱主要涉及图像和声音两种数据集。在采集硬件上我们需要摄像头和传声器，摄像头需要确定工作环境、安装位置、参数配置（分辨率、数据传输接口、可视角度范围等），传声器需要确定采样率、采集声道、安装位置等。

这些设备准备完成之后，我们需要对设备进行初步环境调试。简单来说，可以将以上设备和计算机连接起来，完成这些数据的传输，如一段视频、音频等。这些数据可以初步判断硬件精度和安装位置是否符合预期。

在实际采集环境中，为了保证数据采集的稳定性以及持续性。我们会将摄像头以及传声器单独连接到一个工控机（图 5-2-2）或者方便携带的计算机上。工控机方便携带与部署，自带系统，拥有室机 B 接口，方便多个摄像头接入。除了工控机，车机也可以用来进行采集，特别是达到实际车规级的硬件环境下，但需要选择对应的车机。

图 5-2-2　工控机

采集数据的软件，最主要的功能就是采集数据，目前市面上有很多软件可供选择。例如，计算机自带的相机功能可以实现 mp4 视频数据采集，可使用 Audacity 进行语音数据采集。另外，还有一些专门用于数据采集的开源软件可以使用，如 Beelab 等。与硬件一样，这里需要根据实际使用环境来选择不同的采集软件。当涉及一些特殊需求（如音视频同步等定制化需求）时，需要根据自身或者项目需要单独开发采集工具。

三、数据管理

有效的数据管理可以在实际使用中减少一些数据"浪费"，避免一些重复采集，也能让数据有一个"安全屋"。下面着重介绍在实际管理中的常用设备与方法。

1. 数据存储

对于数据存储，我们可以利用移动硬盘、网络附属存储（Network Attached Storage，NAS）以及数据服务器（图 5-2-3）。这三类设备在移动属性以及容量大小上能够互相补充，在实际管理中均经常使用。例如，移动硬盘是采集过程中必不可少的存储设备，它可以采集后在各个设备中完成数据流转；从硬盘传到 NAS 后，作为中转站可以在项目中实现多人同时在线完成数据操作，当然也可作为原始数据完成存储；数据服务器作为功能更强大的 NAS，可以成为一种集数据管理、结构管理、用户授权、安全审计、数据趋势、数据追踪、商务智能（Business Intelligence，BI）图表、性能与优化和服务器管理于一体的数据管理服务工具。

图 5-2-3　数据服务器

2. 采集记录

这一部分，需要根据项目需求进行设计，如表 5-2-2 所示。

表 5-2-2　采集记录

采集时间	采集类型	采集时段	采集数量	采集地点	文件格式	其他
20221208	打电话数据	白天	100 张	台架	jpg	

> **引导问题 3**
> 查阅相关资料，请问标注前我们需要做哪些准备工作？
> _____
> _____
> _____

数据标注方法认知

数据标注方式包括人工标注、半自动标注、自动标注、众包等。不同的标注任务需要不同的客户端，如一般图片类和语音类的标注可以通过浏览器实现，这种实现方式的好处在于代码更新可以在服务器端实现，并能对客户端有较强的管控能力；其他如视频数据标注、激光雷达所产生的 3D 点阵数据标注，因为涉及大量数据的高带宽交互，则需要通过本地客户端的形式对数据进行缓存，并提供更强大的客户端处理和标注能力。

在标注前，我们需要完成以下准备工作。

1）分析数据：明确机器学习和模型训练过程中所需的标注数据类型、量级、用途及应用场景等。

2）整理数据：明确数据与标签文件存放的目录结构。

3）明确命名规则：应明确数据与标签文件的命名方式，命名规则应避免数据更新迭代时的重名。

我们接下来以标注框标注方法来简单演示如何进行数据标注。

标注框标注是一种对目标对象进行标注的简单处理方式，常用于标注自动驾驶下的人、车、物等。根据所提供的数据质量和数量，在标注框标注的帮助下，使机器学习模型通过训练能够识别出所需的目标对象。在人脸识别系统中,也需要通过标注框将人脸的位置确定下来(图5-2-4),再进行下一步的人脸识别。在 OCR 应用中,需要通过框的形式将各文档中需要识别转化的内容标注出来。框标注包括矩形标注、自由矩形标注、3D 框标注、四边形标注和不规则框标注等方式。

图 5-2-4　人脸标注

1. 软件安装

对标注工具压缩包 windows_v1.8.0.zip 解压缩后,相同目录下出现名为 windows_v1.8.0 的文件夹。如图 5-2-5 所示,直接运行文件夹内的 labelImg.exe 后会出现命令行窗口,软件主界面自动出现(首次运行时可能需要等待片刻)。

图 5-2-5　软件主界面

2. 软件使用

(1)图片导入

方式一(推荐):批量导入,将所有需要标注的一组图片存放在同一个文件夹下,然后单击软件左侧工具栏的"Open Dir"按钮,选择图片组所在的文件夹,导入成功后,软件界面如图 5-2-6 所示。

图 5-2-6　图片批量导入

方式二：单张导入，单击软件左侧工具栏的"Open"按钮，然后选择所需要导入的图片。

（2）数据标注

右侧工具栏中的"File List"分区可以查看目前所显示图片的文件名，标注时通常按照文件名从上到下依次标注。单击"Create RectBox"，此时鼠标指针会变为十字状，然后在图片中所要标注的目标区域直接框选即可，在自动弹出的对话框中选择目标类型，如果列表中没有所需的类型名，则可以直接输入。

如果当前需要标注的图片中，某一类型的目标数量很多，可先在右侧工具栏的"Use default label"后面输入该类型标签的名称，并点选该选项，如图 5-2-7 所示。如此，使用"Create RectBox"进行数据标注的时候，将省去输入目标类型的步骤，而改为使用设定的默认类型标签，进而提高标注效率。注意，如目标类型更换，则在标注其他类型目标前，取消该选项。

图 5-2-7　标注图片

（3）修改标注内容

将鼠标放置在目标框的绿色小圆点上，该点会变为红色方形点，此时可以直接用鼠标拖动来修改目标框大小，如图 5-2-8 所示。

图 5-2-8　修改标注大小

若需要修改目标的类型标签，先单击所需修正的区域，此时该区域将覆盖有蓝色，然后单击右上角的"Edit Label"进行类型名称的修改。区域显示为蓝色时，也可用鼠标左键拖动实现标注矩形框位置的调整（不改变矩形框的大小），如图 5-2-9、图 5-2-10 所示。

图 5-2-9　标注位置的调整

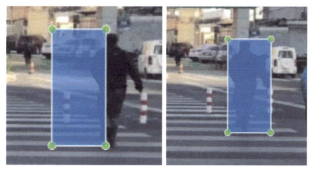

a）调整前　　　　　　　　b）调整后
图 5-2-10　调整前后对比

如需要删除某个目标的标注矩形框，先单击选取该矩形框，然后再单击左侧工具栏的"Delete RectBox"（或在目标标注矩形框处单击右键来选择该项），如图 5-2-11 所示。

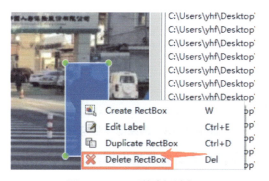

图 5-2-11　删除标注框

（4）标签导出

首先确定软件的左侧工具栏中，是否显示为所需要导出的格式，Pascal VOC 格式（对应为 .xml 文件）和 YOLO 格式（对应为 .txt 文件）。在当前图片中的所有目标矩形框已经标注完成后,单击右上角 File,选择 Save as,保存在要求的路径下,文件名无须更改,默认即可,如图 5-2-12 所示。

图 5-2-12　保存路径

3. 注意事项

每张图片标注完成后,请记得及时保存(即标签结果导出),然后可用"Next Image"/"Prev Image"来选择进行前一张/后一张图片的标注,如图 5-2-13 所示。

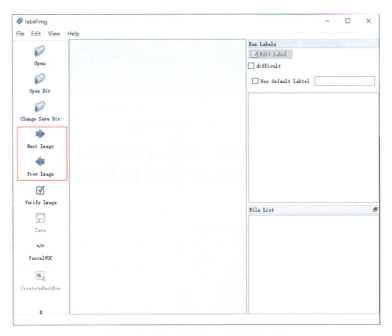

图 5-2-13　选择前一张与后一张

如果所需要标注的内容较小或需要高精度标注,可以使用上侧工具栏中的"View"–"Zoom In"放大图片,如图 5-2-14 所示。

4. 吸烟行为标注

创建 JPEGImages 文件夹,将需要标注的照片放入其中。

创建 Annotations 文件夹,将标注完成的图片标签 .xml 格式的文件夹放入其中。如

图 5-2-15 所示。

图 5-2-14　放大图片

图 5-2-15　图片归纳分类

选择 smoke 标签，并用矩形框将香烟框住，如图 5-2-16 所示。

图 5-2-16　吸烟行为标注

拓展阅读

公司集成软件、流程和数据注释工具来清理、结构化和标注数据。这些训练数据构成机器学习模型的基础。分析人员使用这些标签隔离数据集中的变量，这反过来又可以为 ML 模型选择最佳数据预测器。标签识别出合适的数据向量，用于模型训练，然后模型学习如何做出最佳预测。

除了机器辅助外，数据标注任务还需要"人在回路（HITL）"模式的参与。HITL 利用人类"数据标注者"的判断来创建、训练、微调和测试 ML 模型。他们通过提供最适用于某个给定项目的模型数据集来指导数据标注过程。计算机使用已标注和未标注数据来训练 ML 模型，但这两类数据有何区别？

①已标注数据用于监督学习，而未标注数据用于无监督学习。

②已标注数据获取和存储难度更大（耗时且昂贵），而未标注数据更容易获取和存储。

③已标注数据可用于确定切实可行的洞察（如预测任务），而未标注数据的用处相对更有限。

计算机还可以使用合并的数据进行半监督学习，从而减少手动标注数据的需求，同时提供带注释的大型数据集。

数据标注是开发高性能 ML 模型的关键步骤。标注尽管看起来很简单，但实施起来不一定容易。因此，公司必须考虑多种因素和方法来确定最佳标注方法。由于每种数据标注方法都有其优缺点，因此建议详细评估任务的复杂性以及项目的规模、范围和持续时间。以下是标注数据的一些途径。

内部标注——使用内部数据科学专家可简化跟踪、提供更高的标注准确性和质量。但是，这种方法通常需要更多时间，更适合拥有大量资源的大公司。

合成标注——这种方法利用已有的数据集生成新的项目数据，从而提高数据质量和时间效率。然而，合成标注需要强大的计算能力，这会增加成本。

程序化标注——这种自动化数据标注方法利用脚本来减少用时和人工注释需求。然而，为了应对可能出现的技术问题，质量保证（QA）过程仍然需要 HITL 模式的参与。

外包——这可能是高级临时项目的最佳选择，但开发和管理面向自由职业者的工作流程也可能很耗时。虽然自由职业者平台会提供全面的候选人信息来简化审核过程，但雇用管理型数据标注团队需要提供预审核人员和预先构建的数据标注工具。

众包——得益于高效的微任务处理能力和基于 Web 的分发方式，这种方法更快且更具成本效益。但人员素质、质量保证和项目管理因众包平台而异。

职业认证

数据标注职业技能等级证书（初级）中就要求能对数据标注有基本的认识和理解，掌握简单任务的目标及基本标注原则和方法，能够通过学习给定标注指南，完成特定的数据标注任务。通过数据标注职业技能等级证书（初级）考核，可获得教育部 1+X 证书中的《数据标注职业技能等级证书（初级）》。

任务分组

学生任务分配表见表 5-2-3。

表 5-2-3　学生任务分配表

班级			组号		指导老师	
组长			学号			
组员	姓名：＿＿＿＿　学号：＿＿＿＿ 姓名：＿＿＿＿　学号：＿＿＿＿ 姓名：＿＿＿＿　学号：＿＿＿＿ 姓名：＿＿＿＿　学号：＿＿＿＿				姓名：＿＿＿＿　学号：＿＿＿＿ 姓名：＿＿＿＿　学号：＿＿＿＿ 姓名：＿＿＿＿　学号：＿＿＿＿ 姓名：＿＿＿＿　学号：＿＿＿＿		
任务分工						

工作计划

按照前面所了解的知识内容和小组内部讨论的结果，制定工作方案，落实各项工作负责人，如任务实施前的准备工作、实施中主要操作及协助支持工作、实施过程中相关要点及数据的记录工作等，如表 5-2-4 所示。

表 5-2-4　工作方案表

步骤	作业内容	负责人
1		
2		
3		
4		
5		
6		
7		
8		

进行决策

1）各组派代表阐述资料查询结果。

2）各组就各自的查询结果进行交流，并分享技巧。

3）教师结合各组完成的情况进行点评，选出最佳方案。

任务实施

根据获取信息中讲到的标注框标注法,标注一组图片,并填写表 5-2-5 所示的工单。

表 5-2-5 数据标注工单

数据标注
记录

1. 在标注过程中遇到了哪些问题,是如何解决的?
_____
_____
_____

2. 在标注时的操作顺序是怎样的,请在下方空白处画出流程图。

6S 现场管理			
序号	操作步骤	完成情况	备注
1	建立安全操作环境	已完成□ 未完成□	
2	清理及整理工具量具	已完成□ 未完成□	
3	清理及复原设备正常状况	已完成□ 未完成□	
4	清理场地	已完成□ 未完成□	
5	物品回收和环保	已完成□ 未完成□	
6	完善和检查工单	已完成□ 未完成□	

评价反馈

1)各组代表展示汇报 PPT,介绍任务的完成过程。

2)以小组为单位,请对各组的操作过程与操作结果进行自评和互评,并将结果填入表 5-2-6 中的小组评价部分。

3)教师对学生工作过程与工作结果进行评价,并将评价结果填入表 5-2-6 中的教师评价部分。

表 5-2-6　综合评价表

姓名		学号		班级		组别	
实训任务							
评价项目		评价标准			分值	得分	
小组评价	计划决策	制定的工作方案合理可行，小组成员分工明确			10		
	任务实施	能正确进行数据标注			10		
		能正确描述标注顺序			20		
		能够独立完成工单填写			20		
	任务达成	能按照工作方案操作，按计划完成工作任务			10		
	工作态度	认真严谨、积极主动、安全生产、文明施工			10		
	团队合作	与小组成员、同学之间能合作交流、协调工作			10		
	6S 管理	完成竣工检验、现场恢复			10		
		小计			100		
教师评价	实训纪律	不出现无故迟到、早退、旷课现象，不违反课堂纪律			10		
	方案实施	严格按照工作方案完成任务实施			20		
	团队协作	任务实施过程互相配合，协作度高			20		
	工作质量	能正确完成数据标注工单的填写			20		
	工作规范	操作规范，三不落地，无意外事故发生			10		
	汇报展示	能准确表达，总结到位，改进措施可行			20		
		小计			100		
综合评分		小组评分 ×50% ＋教师评分 ×50%					
总结与反思							
（如：学习过程中遇到什么问题→如何解决的 / 解决不了的原因→心得体会）							

任务三　实现数据的清洗与增强

学习目标

- 了解数据清洗的概念及方法。
- 了解数据增强的概念及方法。
- 熟悉数据清洗与增强在图像处理中的作用。
- 会运用相关工具进行文献检索资料的整理。
- 具有利用信息手段查阅相关资料的能力。
- 具有分析问题、解决问题和再学习的能力。
- 具有良好的团队精神和较强的表达沟通、协调组织能力。
- 具有认真负责的职业态度和良好的职业道德。

知识索引

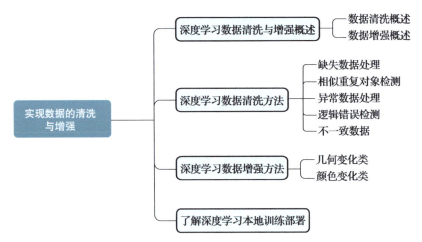

情境导入

在座舱视觉模块的开发过程中，直接抓取到的图像数据往往不能直接进行数据训练和使用，主管要求你对其先进行数据清洗和数据增强，完成数据整理工作。作为智能座舱开发助理，你需掌握数据清洗和增强的方法，有助于后续理解深度学习智能座舱的开发流程。

获取信息

引导问题 1

查阅相关资料，请问数据清洗的原理是什么？

_____

_____

_____

深度学习数据清洗与增强概述

现代信息社会中，数字图像成为人们生活中获取信息的重要载体之一。海量的图像数据为深度学习，尤其是卷积神经网络的训练提供了坚实的数据支持。与此同时，识别效果优异的卷积神经网络模型，其训练与测试过程离不开高质量的图像数据集。常用的数据集有 MNIST、Image Net、Pascal VOC、CIFAR-10、CIFAR-100 等，它们都是经过人工筛选标记而制作的，专业而权威，经常作为指定数据集，出现在诸多图像识别比赛中。然而，在进行特定图像应用的时候，很多时候并不会直接使用到这些专用的数据集，而是靠对应内容的网络抓取相应的图像数据。但是抓取的图像会存在诸多问题，如标记错误、主体内容不突出、含有水印噪声等，不利于深度学习的应用。因此，需要对图像数据进行清洗和数据增强。

一、数据清洗概述

数据在采集完之后，往往包含着噪声、缺失数据、不规则数据等各种问题，因此需要对其进行清洗和整理工作。例如，用搜索引擎采集猫的图片，采集到的数据可能会存在非猫的图片，这时候就需要人工或者使用相关的检测算法来去除不符合要求的图片。数据去噪对数据的标注工作会有很大帮助，能提高标注效率。

一般来说，数据清洗的原理为：利用有关技术，如统计方法、数据挖掘方法、模式规则方法等，将脏数据转换为满足数据质量要求的数据。

二、数据增强概述

充足的训练数据不仅可以缓解模型在训练时的过拟合问题，而且可以进一步扩大参数搜索空间，帮助模型进一步朝着全局最优解优化。然而，在许多领域或任务中，获取到充足训练样本的难度和代价非常高。因此，数据增广成为一种常用的增加训练样本的手段，图像增广在对训练图像进行一系列的随机变化之后，生成相似但不同的训练样本，从而扩大了训练集的规模。此外，应用图像增广的原因是，随机改变训练样本可以减少模型对某些属性的依赖，从而提高模型的泛化能力。例如，我们可以以不同的方式裁剪图像，使感兴趣的对象出现在不同的位置，减少模型对于对象出现位置的依赖。我们还可以调整亮度、颜色等因素来降低模型对亮度、颜色的敏感度。

> **引导问题 2**
>
> 查阅相关资料,请问解决某种特定应用域的问题时是怎么进行的?
>
> _____
> _____
> _____

深度学习数据清洗方法

数据质量提高技术主要针对数据模式层和实例层两个方面。数据清洗是提高数据质量技术中的主要研究内容,主要针对实例层的数据进行清洗。清洗内容主要包括缺失数据处理、相似重复对象检测、异常数据处理、逻辑错误检测,以及不一致数据等。下面分别介绍这 5 种清洗方法。

一、缺失数据处理

缺失值问题是真实数据集中一种普遍现象,许多原因都会产生缺失值。如设备故障问题导致的测量值丢失,以及在调查问卷中故意回避某些问题,这些缺失数据经常会带来一些问题。因此,业内提出了很多处理方法。一种处理缺失值的简单方法是忽略含有缺失值的实例或属性,但是这样做浪费的数据可能相当多,且不完整的数据集可能带来统计分析的偏差。当然,有些数据分析的方法是可以容忍这些缺失值的。有很多数据挖掘方法用于缺失数据的估计。这些方法的目的在于根据数据间的关联性估计出准确的缺失值,并通过合适的方法对缺失值进行填充。

填充缺失数据工作通常以替代值填补的方式进行,它可以通过多种方法实现,如均值填补法使用数据的均值作为替代值。然而,该方法忽略了数据不一致问题,并且没有考虑属性之间的关系,属性间的关联性在缺失值估计过程中非常重要。在数据挖掘方法中,关键是挖掘属性之间的关系,当进行缺失值替代时,利用这些关系非常重要。由此观点出发,填补的目的在于估计正确的替代值,并避免填充偏差问题。如果拥有合适的填补方法,则能得到高质量的数据,数据挖掘结果也会得到改善。

基于不完备数据分析的思想,对于不完备数据聚类的缺失数据填补方法,针对分类变量不完备数据集定义约束容差集合差异度,从集合的角度判断不完备数据对象的总体相异程度,并以不完备数据聚类的结果为基础进行缺失数据的填补。

二、相似重复对象检测

如今,信息集成系统在各行业中得到广泛应用。对多数据源和单数据源数据进行集成时,多个记录代表同一实体的现象经常存在,这些记录称为重复记录。同时,有些记录并非完全重复,其个别字段存在一定差别,但表示的却是同一对象,此类记录即为相似重复记录。相似重复记录检测是数据清洗研究的重要方面,在信息集成系统中,重复记录不仅导致数据冗余,浪费了网络带宽和存储空间,还提供给用户很多相似信息，起到误导作用。该类问题的解决主要基于数据库和人工智能的方法。临近排序算法（SNM）是重复记录检测的常用方法，该方法基于排序比较的思想，已得到广泛使用。基于排序比较思想的方法还有多趟排序和优先权队列等算法。

三、异常数据处理

异常数据是指数据库或数据仓库中不符合一般规律的数据对象，又称为孤立点。异常数据可能由执行失误造成，也可能因设备故障而导致结果异常。异常数据可能是应去掉的噪声，也可能是含有重要信息的数据单元。因此，在数据清洗中，异常数据的检测也十分重要。异常数据的探测主要有基于统计学、基于距离和基于偏离3种方法。可以采用数据审计的方法实现异常数据的自动化检测，该方法也称为数据质量挖掘（DQM）。DQM主要由两步构成。

1）采用数理统计方法对数据分布进行概括化描述，自动获得数据的总体分布特征。

2）针对特定的数据质量问题进行挖掘以发现数据异常。

Data Gliches将数据按距离分为不同的层，在每一层统计数据特征，再根据定义的距离计算各数据点和中心距离的远近来判断异常是否存在。但是，并非所有的异常数据都是错误数据，在检测出异常数据后，还应结合领域知识和元数据做进一步分析，发现其中的错误。

四、逻辑错误检测

数据逻辑错误是指数据集中的属性值与实际值不符，或违背了业务规则或逻辑。如果数据源中包含错误数据，相似重复记录和缺失数据的清洗将更加复杂。在实际信息系统中，对于具体应用采用一定的方法解决数据逻辑错误问题，具有实际意义。不合法的属性值是一种常见的数据逻辑错误，如某人的出生日期为"1986/13/25"，超出了月份的最大值。通过检测字段中各属性值有效数值范围，可以判断该值是否正确。使用业务规则是检测逻辑错误的有效方法，基于业务规则的错误数据清理方法，可以通过规则制定，检测数据集中逻辑错误。Fellegi于1976年提出一个严格的形式化模型——Fellegi-Hot模型。它的主要思路是：在具体的应用领域，根据相应领域知识指定约束规则，利用教学方法获得规则闭集，并自动判断字段值是否违反规则约束，该方法教学基础严密，自动生成规则，在审计和统计领域得到了广泛应用。

五、不一致数据

多数据源数据集成时，由于不同数据源对同一现实事物可能存在不一致的表示，从而产生不一致的数据。不一致数据一般通过手工或者自动化方式检查。常见的不一致数据包括以下5种。

1）包含大量空数据值的列，如个人对某些敏感信息回避，故意漏填部分信息。

2）包含过多或者过少的单一状态列，如一对一关系的列，或者仅包含一个值的列。

3）远离或超出某列正态分布的记录，如出现负工资和课程零学时的问题。

4）不符合特定格式的行，如不同的日期格式。

5）同一记录的不同属性比较时，缺失意义的列，如客户选购某产品的日期早于该顾客的出生日期。

目前，常用的消除数据不一致的方法有排序、融合和基于规则3种方法。

数据清洗按照实现方式与范围，可分为以下4种。

1）通过人工检查手工实现：只要投入足够的人力、物力与财力，也能发现所有错误，但效率低下。在图像数量巨大的情况下，手工操作几乎是不可能的。

2）编写专门的应用程序：这种方法能解决某个特定的问题，但不够灵活，特别是在清洗过程需要反复进行（一般来说，数据清洗一遍就达到要求的很少）时，图像数据清洗的策略可能有动态的调整，导致程序复杂，工作量大。

3）解决某类特定应用域的问题：如 Anti-Spam 清洗，针对特定的图像类型（如色情、暴力、政治人物识别等）进行清洗拦截，这是目前研究较多的领域，也是应用最成功的一类。

4）与特定应用领域无关的数据清洗：就传统基于文字和字段的清洗而言，这一部分的研究主要集中在清洗重复记录上。对于图像数据清洗而言，则具有某种通用性及较大的实际性，但目前相关研究较少。

引导问题3

查阅相关资料，请问裁剪和旋转在图像增广上有什么不同？

_____

_____

_____

深度学习数据增强方法

接下来我们将使用下列演示图片（图5-3-1）来进行常见的图像增强操作演示，具体包括图像的左右翻转、上下翻转、随机裁剪、随机旋转、图片仿射、改变图像亮度与色调等操作。

在进行图像变化之前，需要先导入下述代码（代码语言：Python，IDE 编辑器：PyCharm），使用 torch 库和 torchvision 库来进行操作；定义一个显示图像函数 show_image，对图形进行相应的像素修改；定义一个辅助函数 apply，实现输入图像 img，能够多次运行所设置的图像增强方法，并显示处理之后的结果。需要注意的是，在导入原始图像时，给图5-3-1所示的演示图命名为"1.jpg"，存储在本地电脑查到的绝对路径中。

图 5-3-1 演示图

```
1.    import matplotlib.pyplot as plt
2.    import torch
3.    import torchvision
4.    from torch import nn
5.    from d2l import torch as d2l
6.    from PIL import Image
7.    import sys
8.
9.    d2l.set_figsize()
10.   img=Image.open("./test/1.jpg")  #这里路径需要绝对路径
11.   d2l.plt.imshow(img)
12.
13.
14.   def show_images(imgs,num_rows,num_cols,scale=2):
15.       figsize=(num_cols * scale,num_rows * scale)
16.       _,axes=d2l.plt.subplots(num_rows,num_cols,figsize=figsize)
17.       for i in range(num_rows):
18.           for j in range(num_cols):
19.               axes[i][j].imshow(imgs[i * num_cols + j])
20.               axes[i][j].axes.get_xaxis().set_visible(False)
21.               axes[i][j].axes.get_yaxis().set_visible(False)
22.       return axes
23.
24.   def apply(img,aug,num_rows=2,num_cols=4,scale=1.5):
25.       Y=[aug(img) for _ in range(num_rows * num_cols)]
26.       show_images(Y,num_rows,num_cols,scale=scale)
27.       plt.show()
```

一、几何变化类

1. 翻转

翻转图像通常不会改变对象的类别,这是最早且最广泛使用的图像增广方法之一。翻转的方式有左右翻转与上下翻转。

使用下述代码实现左右翻转,图片各有50%的概率向左或向右翻转,翻转后演示效果图如图5-3-2所示。

```
1.    apply(img,torchvision.transforms.RandomHorizontalFlip())
```

上下翻转的代码如下,与左右翻转相同的是,图像各有50%的概率向上或向下翻转,演示效果如图5-3-3所示。

```
1.    apply(image,torchvision.transforms.RandomVerticalFlip())
```

图 5-3-2 左右翻转

图 5-3-3 上下翻转

2. 裁剪

随机裁剪一个面积为原始面积 10% 到 100% 的区域，该区域的宽高比从 0.5~2 之间随机取值，如图 5-3-4 所示。然后，区域的宽度和高度都被缩放到 200 像素。通过对图像进行随机裁剪，使物体以不同的比例出现在图像的不同位置。这也可以降低模型对目标位置的敏感性。代码如下：

```
1.    shape_aug=torchvision.transforms.RandomResizedCrop((200,200),
scale=(0.1,1),ratio=(0.5,2))
2.    apply(img,shape_aug)
```

图 5-3-4 随机裁剪演示效果图

3. 旋转

旋转操作是对翻转的进一步提升，一般以图像中心为旋转中心进行随机旋转（角度约束为 -45°到 45°），以此获得更多形态的图像数据，如图 5-3-5 所示。代码如下：

```
1.  apply(img,torchvision.transforms.RandomRotation(degrees=(-45,45)))
```

图 5-3-5　随机旋转演示效果图

4. 缩放变形

按照设定的比例缩小或放大图像数据（图 5-3-6），但该操作会改变图像大小，存在失真问题，而全卷积网络对于尺度没有严格要求。Scale：缩放因子的范围，它控制了图像在缩放过程中的尺度变化。scale=（0.1，5.0）表示缩放因子的范围在 0.1~5.0 间随机取值。ratio：宽高比的范围，它控制了图像在缩放过程中的宽高比变化。ratio=（0.1，2.1）表示宽高比的范围在 0.1~2.1 间随机取值，这些数字可自行调整，代码如下：

```
1.  apply(img,torchvision.transforms.RandomResizedCrop((500,400),
    scale=(0.1,5.0), ratio=(0.1,2.1)))
```

图 5-3-6　缩放变形演示效果图

5. 仿射

仿射类操作包括视觉变换操作和分段仿射操作，前者通过对图像应用随机的四点透视变换加以实现，后者则通过移动图像中网格上的点及点周围区域加以实现，如图 5-3-7 所示。代码如下：

```
1.    apply(img, torchvision.transforms.RandomResizedCrop((200, 200), scale=(0.8,1.2), ratio=(0.9,1.1)))
```

图 5-3-7　图片仿射演示效果图

上述方法都属于几何变换类数据增强方法，以此扩增数据最为简单、常用。但过多地使用这些变换方法会导致扩增的数据样本较为单一，且会产生大量无实际应用价值的数据样本，因此研究者们又从其他角度出发提出很多变换方法。

二、颜色变化类

我们可以改变图像颜色的四个方面：亮度（brightness）、对比度（contrast）、饱和度（saturation）和色调（hue）。

随机更改图像的亮度代码如下，随机改变值为原始图像的 50%~150%，brightness=0.7，演示效果如图 5-3-8 所示。

图 5-3-8　改变亮度效果演示图

```
1.  bright_aug=torchvision.transforms.ColorJitter（brightness=0.7,contrast=0,saturation=0,hue=0）
2.  apply(image,bright_aug)
```

我们也可以随机更改图像的色调，代码如下，效果如图 5-3-9 所示：

```
1.  hue_aug=torchvision.transforms.ColorJitter（brightness=0,contrast=0,saturation=0,hue=0.5）
2.  apply(image,hue_aug)
```

图 5-3-9　改变色调效果演示图

为了在预测过程中得到确切结果，我们通常对训练样本只进行图像增广，且在预测过程中不使用随机操作的图像增广。不同的深度学习框架提供了许多不同的图像增广方法，这些方法可以被同时应用。

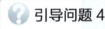 引导问题 4

　　查阅相关资料，请问本地部署与云端部署的区别是什么？

_____
_____
_____

了解深度学习本地训练部署

　　在熟悉深度学习数据集的采集、清洗与增强流程后，我们需要了解本地训练部署的应用，了解本地部署中如何制作数据集、选择数据、筛选图片，以及如何利用本地计算机资源进行模型训练。

　　在汽车智能座舱系统实训台中，本地部署的具体应用实例可以完成手势识别。在能力模块三任务二中，我们学习到如何利用云端调用 API 实现手势识别，主要是将数据发送到云端服务器进行处理和存储，需要使用网络进行数据传输，可能存在数据传输延迟和带宽限制的问题。而本地部署是使用本地的计算资源来进行数据处理和分析，不需要将数据传输到云端进行处理，通常具有较低延迟，能够在实时性要求较高的场景中使用。本地部署的手势识别更适合于对实时性要求较高的场景，而云端部署的手势识别则更加适合于对准确性和灵活性要求较高的场景。

基于汽车智能座舱系统实训台，实现手势识别本地部署大致分为以下两个方面。

1. 软件连接与内置数据集实例测试

（1）软件连接

单击汽车智能座舱系统实训台中的教学系统，选择"手势识别控制单元"（图 5-3-10），进入模块页面后，单击"实例测试"，打开摄像头，建立通信连接，将软件与 Python 进行通信连接，如图 5-3-11 所示。

图 5-3-10　进入手势识别控制单元页面

图 5-3-11　示例测试页面

（2）内置数据集实例测试

在软件内部，已经嵌入与手势识别相关的 18 类数据集，其中包括安静、打电话、OK、拳头、两指发誓、手势 1-5、停止、赞成等常见手势。在连接成功后可以直接进行测试，如图 5-3-12 所示。

内置数据集测试的步骤如下。

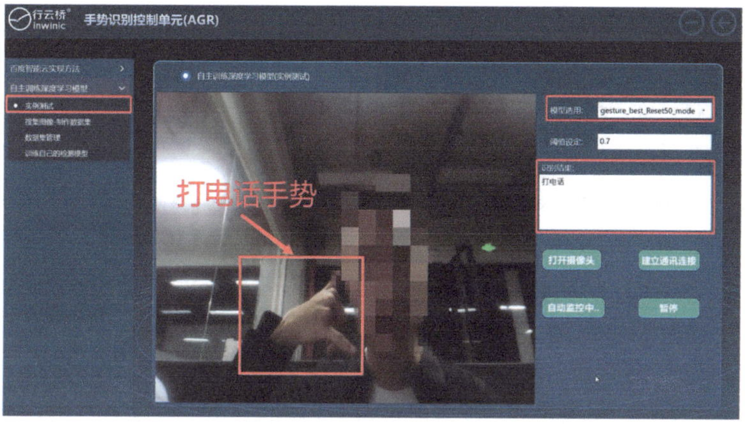

图 5-3-12　已有数据集手势识别测试

1）在"模型选用"区域，选择模型"gesture_best_Reset50_mode.h5"，阈值设定为 0.7，表示当拍摄图片与数据模型匹配程度不低于 70% 时，即识别成功。

2）单击"运行"按钮，当拍摄到不同动作时，可以在识别结果区域观察到识别结果。若做出非数据集内置的手势，检测结果将为"无法识别"。

2. 自主创建与训练模型

除了软件提供的默认数据集（18 类行为）外，软件还具备自主创建数据集、训练模型的功能，能够实现自己创建新的数据集，不断扩充数据图片，提高训练精度和识别范围。自主创建和训练的步骤整体分为以下三步。

（1）制作数据集

单个行为数据集的制作过程如下。

1）打开摄像头。

2）填写该行为的名称（如打电话）。

3）拍照截取该照片。

4）数据类别默认放置在 train 中。

5）单击"确认使用该数据"。如图 5-3-13 所示。

图 5-3-13　搜集图像制作数据集

一个行为分类至少要 10 张数据图片，并且是不同角度的。数据集制作过程中，不同角度、不同人脸、不同衣物呈现的图片越多，该数据集后续模型训练的识别灵敏度越高。因此，针对一个行为，自主拍摄图片步骤至少要重复 10 次。

（2）数据集管理

目前，软件页面已内置大量数据可供使用，这一步骤重点是针对大量数据图片进行筛选，从中筛选出符合要求的图片，以便进行后续处理或使用。这种筛选通常涉及对图片进行分类、标注、过滤等操作，可以根据不同的需求进行不同的筛选方式。

新创建的图片数据可以在"数据集管理"页面（图 5-3-14）中观察到，左侧栏为图片数据的默认路径：DataBase → AGR → train →（新创建的行为名称）→图片名称。在图片名称上，单击右键，可对新建的图片进行复制和删除。右侧为新拍摄的测试图片。

图 5-3-14　数据集管理

（3）训练模型

这一步骤主要是对自主创建/筛选出来的模型进行训练，在"自主训练深度学习模型"页面中，展示的参数信息如表 5-3-1 所示。

表 5-3-1　自主训练深度学习模型配置参数

参数	内容
图片尺寸（image size）	表示截取或导入的测试图片尺寸，默认大小为 256
学习率（learning rate）	默认 10 的负三次方，代表模型学习的更新调整程度
批次数量（batch size）	表示每次加载学习图片的数量
优化器（optimizer）	默认选择 adam，若使用大批量的数据则使用 sgd
训练轮数（epochs）	表示模型学习训练的次数
结束条件（patience）	设置的学习精度达到较高值且无大幅增长时的训练轮数，到达结束条件时，训练效果理想即可停止学习
选择使用预训练模型	在原有模型上添加了新的种类和训练数量，则选择 null。使用原模型，训练种类不发生变化，则选择 gesture_best_Reset50_model.h5
种类数量（class number）	根据添加的种类来进行确定（如在原有基础上添加了 1 种，种类数量为 19），原有模型种类数量为 18

1）选择优化器为 adam。

2）确定训练次数为 100。

3）填写数据种类数量（默认 18，若有自主新增行为类型 N 类，实际种类数量为 18+N）。

4）建立通信连接。

5）单击运行。

整体操作页面如图 5-3-15 所示，训练模型的过程如图 5-3-16 所示。

图 5-3-15　整体操作页面

图 5-3-16　自主模型训练过程页面

（4）模型训练测试

测试环节与内置的数据集测试的操作步骤相同，单击页面左边的"实例测试"，在模型选用上选择重新创建好的模型（新建的模型名称通常是：gesture_best_Reset50_model+ 生成时间 .h5）。

任务分组

学生任务分配表见表 5-3-2。

表 5-3-2　学生任务分配表

班级		组号		指导老师	
组长		学号			
组员	姓名：_____　学号：_____ 姓名：_____　学号：_____ 姓名：_____　学号：_____ 姓名：_____　学号：_____		姓名：_____　学号：_____ 姓名：_____　学号：_____ 姓名：_____　学号：_____ 姓名：_____　学号：_____		
任务分工					

工作计划

扫描二维码可观看教学视频，了解如何利用本地部署实现手势识别，并结合获取到的相关信息、前面所学习到的知识及小组讨论的结果，制定工作方案，见表 5-3-3。

本地部署实现
手势识别

表 5-3-3　工作方案表

步骤	作业内容	负责人
1		
2		
3		
4		
5		
6		
7		
8		

进行决策

1）各组派代表阐述资料查询结果。
2）各组就各自的查询结果进行交流，并分享技巧。
3）教师结合各组完成的情况进行点评，选出最佳方案。

任务实施

1）根据教材内容，总结数据清洗和数据增强的实现方法。
2）根据工作利用实训台架完成手势识别本地部署实训，填写表 5-3-4 所示的工单。

表 5-3-4　手势识别（本地训练部署）

手势识别（本地训练部署）	
1. 开启汽车智能座舱系统实训软件，建立连接	已完成□　未完成□
2. 制作数据集	已完成□　未完成□
3. 数据筛选	已完成□　未完成□
4. 训练模型	已完成□　未完成□
5. 实例测试	已完成□　未完成□
6S 现场管理	

序号	操作步骤	完成情况	备注
1	建立安全操作环境	已完成□　未完成□	
2	清理及整理工具量具	已完成□　未完成□	
3	清理及复原设备正常状况	已完成□　未完成□	
4	清理场地	已完成□　未完成□	
5	物品回收和环保	已完成□　未完成□	
6	完善和检查工单	已完成□　未完成□	

评价反馈

1）各组代表展示汇报 PPT，介绍任务的完成过程。
2）以小组为单位，请对各组的操作过程与操作结果进行自评和互评，并将结果填入表 5-3-5 中的小组评价部分。
3）教师对学生工作过程与工作结果进行评价，并将评价结果填入表 5-3-5 中的教师评价部分。

表 5-3-5　综合评价表

姓名		学号		班级		组别	
实训任务							
评价项目		评价标准				分值	得分
小组评价	计划决策	制定的工作方案合理可行，小组成员分工明确				10	
	任务实施	能正确描述进行数据清洗和数据增强的原因				10	
		进行网络资料搜索，整理数据清洗、数据增强的方法				20	
		能够完成手势识别本地训练部署实训				20	
	任务达成	能按照工作方案操作，按计划完成工作任务				10	
	工作态度	认真严谨、积极主动、安全生产、文明施工				10	
	团队合作	与小组成员、同学之间能合作交流、协调工作				10	
	6S 管理	完成竣工检验、现场恢复				10	
		小计				100	
教师评价	实训纪律	不出现无故迟到、早退、旷课现象，不违反课堂纪律				10	
	方案实施	严格按照工作方案完成任务实施				20	
	团队协作	任务实施过程互相配合，协作度高				20	
	工作质量	能正确完成本地部署实现手势识别工单的填写				20	
	工作规范	操作规范，三不落地，无意外事故发生				10	
	汇报展示	能准确表达，总结到位，改进措施可行				20	
		小计				100	
综合评分		小组评分 ×50% ＋教师评分 ×50%					
总结与反思							

（如：学习过程中遇到什么问题→如何解决的 / 解决不了的原因→心得体会）

任务四　完成深度学习智能座舱开发流程的认知与实现

学习目标

- 了解常见的深度学习框架。
- 掌握深度学习应用开发流程。
- 会运用相关工具进行文献检索资料的整理。
- 具有利用信息手段查阅相关资料的能力。
- 具有分析问题、解决问题和再学习的能力。
- 具有良好的团队精神和较强的表达沟通、协调组织能力。
- 具有认真负责的职业态度和良好的职业道德。

知识索引

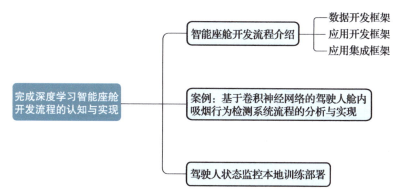

情境导入

作为智能座舱开发助理，在某次项目中，主管要求你根据项目开发要求去制定一个初版的数据开发流程，以便于考核你对数据开发流程的熟悉程度。根据要求，在完成一些初步的数据处理和数据训练后，你需要根据制定的开发流程，独立完成一个小型的完整的本地部署任务。

获取信息

引导问题 1

查阅相关资料,请简单描述一下数据开发框架。

_____

_____

_____

智能座舱开发流程介绍

智能座舱开发流程涉及利用新场景、场景库进行场景定义;利用 HMI 设计工具进行 UI/UE 设计(包含界面及交互逻辑设计);利用 HMI 框架构建工具搭建整个交互设计平台;由开发人员基于搭建的交互设计平台进行软硬件开发;测试人员深入贯穿于整个开发过程,进行阶段性单元测试和集成测试。测试结果部署于车端进行搭载。整个过程由开发设计人员进行全方面维护,如图 5-4-1 所示。

细化下来,将其中的开发过程进行放大可以看到:从数据平台到开发平台搭建及软硬件开发过程涉及如下。

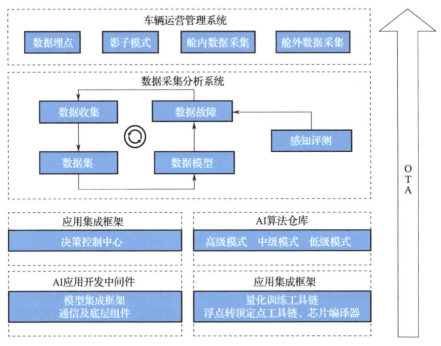

图 5-4-1 智能座舱开发过程

一、数据开发框架

整个开发数据平台是一个全闭环流程,该闭环流程涉及四大数据处理过程,最终形成可用于训练的有效模型,如图 5-4-2 所示。我们将整个数据框架的闭环过程进行细化，不难发现从数据采集到数据模型整个闭环过程都是连续不间断的过程，其过程就是不断探索对应场景下的数据真值。其中数据采集是从数据后台通过数据回灌进行数据挖掘服务，通过数据筛选将其中达标数据注入数据标注模块，从而进行数据训练，训练过程中需要同步进行评测最终形成初版数据模型，并进行工程集成，集成到软件模块中。最后，也是最重要的过程，就是在功能评测阶段不断进行回归测试与数据分类，通过 OTA 等在线升级方式刷写进行车端软件更新。

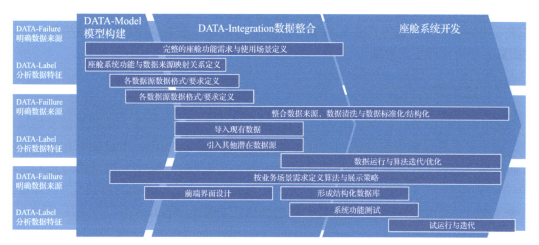

图 5-4-2　数据开发框架

1. 数据缺陷

这一过程中，首先需要从已量产的产品中提取数据缺陷 DATA-Failure；数据缺陷包含数据漏检、虚假数据、数据校验不通过等。

2. 数据采集

针对数据缺陷，需要重新进行数据采集 DATA-Collection。该采集过程包含在开发阶段通过搭建的数据采集平台进行数据采集（比如可以是实车在驾驶过程中用到的驾驶舱内外行车记录仪、全景影像、前视或后视摄像头等），也包含通过在已经量产的车型中设置数据埋点或影子模式方式进行采集。

3. 数据标注

采集数据后进行数据标注 DATA-Label，这里需要注意的是智能座舱和智能驾驶在标注方式上有所不同，如座舱主要涉及图片、语音等标注，ADAS 主要涉及道路环境语义（如车道线、护栏、锥桶等标注类型）等标注。

4. 数据模型

对于智能座舱算法而言，最重要的是进行人工智能的机器视觉算法训练，该过程设计形成较为精准的数据模板，将标注后的数据用于数据模型训练 DATA-Model。

二、应用开发框架

AI 算法仓库主要用于对数据平台中的数据模型进行有效训练，模型训练主要有高中低三种渐进开发模式。

高级模式：该 AI 算法仓库中训练模型复杂，需要耗费较多的 AI 算力用于权值监测、关键点检测、图像语义分割、图形骨架提取等。

低级模式：该算法仓库中是一些标准化模型，如安全带、座椅识别等标准件的识别等；这种类型的识别过程都是一些标准化的识别过程，甚至不包含浮点运算，都是整型运算，算法耗费算力小，效率高。

中级模式：该算法仓库中复杂度一般，分类较多，嵌入多模型组合进行分类，可实现诸如抽烟、打电话等驾驶人基本操作行为的识别。需要说明的是，该模型对于开发团队的能力建设要求较高。

三、应用集成框架

应用集成框架平台包含利用 AI 应用开发中间件集成模型框架，搭建通信及底层组件。在开发集成过程中包含模型转换（即浮点转定点）与编译，生成标准化模型，随后加载模型跟配置（配置可以放到固定的地方）；定义输入输出，包括编写过程代码（包含处理逻辑）、接收函数框架、定义消息类型（自动反序列化与序列化）、释放软件等过程。后续可编译生成 .so 文件，并加载到感知管道 Pipeline 中。

> **? 引导问题 2**
>
> 查阅相关资料，请问在实际案例中，数据采集与制作包括哪些内容？
> _____
> _____
> _____

案例：基于卷积神经网络的驾驶人舱内吸烟行为检测系统流程的分析与实现

1. 深度学习框架选择

近年来，深度学习在很多机器学习领域都有着非常出色的表现，在图像识别、语音识别、自然语言处理、机器人、自动驾驶、医学自动诊断和金融等领域有着广泛应用。面对繁多的应用场景，深度学习框架（图 5-4-3）有助于建模者节省大量而烦琐的外围工作，更多聚焦于业务场景和模型设计本身。使用深度学习框架完成模型构建可以节省编写大量底层代码的精力，降低了深度学习入门门槛；省去了部署和适配环境的烦恼，使模型具备灵活的移植性，可将代码部署到 CPU/GPU/ 移动端上。

根据各框架的优缺点，结合应用实际，我们

图 5-4-3　深度学习框架

选择了 paddlepaddle，paddlepaddle 提供直接的生产途径，不管是在服务器、边缘设备还是网络上，paddlepaddle 都可以帮助我们轻松地训练和部署模型，无论客户使用何种语言或平台。

2. 训练主机环境搭建

（1）下载 Anaconda

Anaconda 是一个开源的 Python 发行版本，其包含了 conda、Python 等 180 多个科学包及相关依赖项。使用 Anaconda 可以通过创建多个独立的 Python 环境，避免用户的 Python 环境存在太多不同版本依赖导致冲突。

官网地址：www.anaconda.com/download/

官方地址：https://repo.anaconda.com/archive/

清华大学镜像：https://mirrors.tuna.tsinghua.edu.cn/anaconda/archive/

（2）安装 Anaconda

```
1.  # CPU 安装
2.  conda install paddlepaddle==2.4.1 --channel https://mirrors.tuna.tsinghua.edu.cn/anaconda/cloud/Paddle/
3.  #GPU 安装
4.  conda install paddlepaddle-gpu==2.4.1 cudatoolkit=11.2 -c https://mirrors.tuna.tsinghua.edu.cn/anaconda/cloud/Paddle/ -c conda-forge
5.  # 安装 paddlex
6.  pip install paddlex -i https://mirror.baidu.com/pypi/simple
```

3. 数据采集与制作

数据采集与制作分为以下 4 个步骤。

（1）图像数据采集

由于我们的应用为驾驶人吸烟状态检测，而网络上没有免费公开的驾驶人吸烟面部姿态数据集，所以我们将利用摄像头来获取数据。

（2）图像预处理

我们利用 OpenCV 对采集到的视频以每秒 10 帧进行面部截取，并将截取到的图片保存至相应文件夹中。

（3）图像标注

目标检测数据的标注推荐使用 LabelMe 标注工具，具体方法可以查看能力模块五任务二"实现数据的采集与标注"。

（4）数据集划分

转换完数据后，为了进行训练，还需要将数据划分为训练集、验证集和测试集，我们可以使用数据集划分工具将数据划分为 70% 的训练集、20% 的验证集和 10% 的测试集。相关指令代码如下：

```
paddlex --split_dataset --format VOC --dataset_dir数据集目录--val_
value 0.2 --test_value 0.1
```

4. 模型训练

PaddleX 目前提供了 FasterRCNN 和 YOLOv3 两种检测结构、多种 backbone 模型，可满足开发者不同场景和性能的需求。我们选择了 YOLOv3-MobileNetV3，它的优点是模型小，在移动端上预测速度有优势。

• 配置训练代码，yolov3_mobilenetv1.py

```
1.  import os
2.  os.environ['CUDA_VISIBLE_DEVICES']='0'
3.  from paddlex.det import transforms
4.  import paddlex as pdx
```

定义训练和验证时的 transforms
API 说明

https://paddlex.readthedocs.io/zh_CN/develop/apis/transforms/det_transforms.html

```
1.  train_transforms=transforms.Compose([
2.      transforms.MixupImage(mixup_epoch=250), transforms.
RandomDistort(),
3.      transforms.RandomExpand(), transforms.RandomCrop(),
transforms.Resize(
4.          target_size=608, interp='RANDOM'), transforms.
RandomHorizontalFlip(),
5.      transforms.Normalize()
6.  ])
7.
8.  eval_transforms=transforms.Compose([
9.      transforms.Resize(
10.         target_size=608, interp='CUBIC'), transforms.
Normalize()
11. ])
```

定义训练和验证所用的数据集
API 说明：

https://paddlex.readthedocs.io/zh_CN/develop/apis/datasets.html#paddlex-datasets-vocdetection

```
1.  train_dataset=pdx.datasets.VOCDetection(
2.      data_dir='insect_det',
3.      file_list='insect_det/train_list.txt',
4.      label_list='insect_det/labels.txt',
```

```
5.        transforms=train_transforms,
6.        shuffle=True)
7. eval_dataset=pdx.datasets.VOCDetection(
8.        data_dir='insect_det',
9.        file_list='insect_det/eval_list.txt',
10.       label_list='insect_det/labels.txt',
11.       transforms=eval_transforms)
```

初始化模型，并进行训练
可使用 VisualDL 查看训练指标，参考
https://paddlex.readthedocs.io/zh_CN/develop/train/visualdl.html

```
1.    num_classes=len(train_dataset.labels)
```

API 说明：
https://paddlex.readthedocs.io/zh_CN/develop/apis/models/detection.html#paddlex-det-yolov3

```
1.    model=pdx.det.YOLOv3(num_classes=num_classes,backbone='MobileNetV3_large')
```

API 说明：
https://paddlex.readthedocs.io/zh_CN/develop/apis/models/detection.html#id1
各参数介绍与调整说明：
https://paddlex.readthedocs.io/zh_CN/develop/appendix/parameters.html

```
1. model.train(
2.     num_epochs=270,
3.     train_dataset=train_dataset,
4.     train_batch_size=8,
5.     eval_dataset=eval_dataset,
6.     learning_rate=0.000125,
7.     lr_decay_epochs=[210, 240],
8.     save_dir='output/yolov3_mobilenetv3',
9.     use_vdl=True)
```

• 开始训练

python yolov3_mobilenetv1.py

5. 模型裁剪

模型裁剪可以更好地满足在端侧、移动端部署场景下的性能需求，可以有效降低模型的体积及计算量，加速预测性能。PaddleX 集成了 PaddleSlim 的基于敏感度的通道裁剪算法，开发者可以在 PaddleX 的训练代码里轻松使用。在此步骤中，我们会得到保存好的 yolov3_mobilenetv3.sensi.data 文件，这个文件保存了模型中每个参数的敏

感度，在后续的裁剪训练中，会根据此文件中保存的信息，对各个参数进行裁剪。同时，我们也可以对这个文件进行可视化分析，判断 eval_metric_loss 的大小设置与模型被裁剪比例的关系。

参数敏感度分析

```
1.   import os
2.   os.environ['CUDA_VISIBLE_DEVICES']='0'
3.   import paddlex as pdx
4.   
5.   model=pdx.load_model('output/yolov3_mobilenetv3/best_model')
6.   
7.   eval_dataset=pdx.datasets.ImageNet(
8.       data_dir='insect_det',
9.       file_list='insect_det/eval_list.txt',
10.      label_list='insect_det/labels.txt',
11.      transforms=model.eval_transforms)
12.  
13.  pdx.slim.prune.analysis(
14.      model,
15.      dataset=eval_dataset,
16.      batch_size=16,
17.      save_file='yolov3_mobilenetv3.sensi.data')
```

开始分析：

python params_analysis.py

6. 模型裁剪训练

在前两步，我们得到了正常训练保存的模型 output/yolov3_mobilenetv3/best_model，以及基于该保存模型得到的参数敏感度信息文件 yolov3_mobilenetv3.sensi.data，接下来则是进行模型裁剪训练。

- 参数配置

−pretrain_weights: 预训练权重，在裁剪训练中，将其指定为第一步正常训练得到的模型路径。

−save_dir: 裁剪训练过程中，模型保存的新路径。

−sensitivities_file: 第二步中分析得到的各参数敏感度信息文件。

eval_metric_loss: 可用于控制模型最终被裁剪的比例，见第二步中的可视化说明。

```
1.   model.train(
2.   num_epoch=10,
3.   train_dataset=train_dataset,
4.   train_batch_size=32,
5.   eval_dataset=eval_dataset,
6.   lr_decay_epochs=[4,6,8],
```

```
    7.   learning_rate=0.025,
    8.   pretrain_weights='output/yolov3_mobilenetv3/best_model',
    9.   save_dir='output/yolov3_mobilenetv3_prune',
   10.   sensitivities_file='./yolov3_mobilenetv3.sensi.data',
   11.   eval_metric_loss=0.05,
   12.   use_vdl=True)
```

开始裁剪训练

python yolov3_mobilenetv3_prune_train.py

7. 模型部署导出

检查你的模型文件夹，如果里面是 model.pdparams、model.pdopt 和 model.yml 这 3 个文件，那么就可以使用下列命令进行模型导出：

paddlex --export_inference --model_dir=./yolov3_mobilenetv3/best_model/ --save_dir=./inference_model

8. 视频预测

#脚本运行依赖 paddlex

```
    1.   import cv2
    2.   import os
    3.   import paddlex as pdx
    4.   import argparse
    5.   import json
    6.
    7.
    8.   def pred(args):
    9.      if(args.use_gpu==False):
   10.          predictor=pdx.deploy.Predictor(args.model_dir)
   11.      else:
   12.          predictor=pdx.deploy.Predictor(args.model_dir,use_gpu=True)
   13.
   14.      if(args.img_file is not None):
   15.          try:
   16.              result=predictor.predict(img_file=args.img_file)
   17.              print("result:" + json.dumps(result))
   18.              pdx.det.visualize(args.img_file, result, threshold=0.5, save_dir=args.save_dir)
   19.          except Exception as e :
   20.              print(e) #最好包一层，try catch 有时会识别不出来，会报 list index out range
   21.      elif(args.video_file is not None):
```

```
22.        images_mats=video_to_image(args.video_file, args.fps)
23.        fourcc=cv2.VideoWriter_fourcc('m', 'p', '4', 'v')
24.        videoWriter=cv2.VideoWriter(args.save_dir + getfilename
(args.video_file), fourcc, int(args.fps), (int(images_mats[2]),
int(images_mats[1])), True)
25.
26.        for image in images_mats[0]:
27.            try:
28.                result=predictor.predict(img_file=image)
29.                print("result:" + json.dumps(result))
30.                image_res=pdx.det.visualize(image, result,
threshold=0.5, save_dir=None)
31.
32.                videoWriter.write(image_res)
33.            except Exception as e:
34.                videoWriter.write(image)
35.                print(e) #最好包一层, try catch 有时会识别不出来,
会报 list index out range
36.        videoWriter.release()
37.    return result
38.
39. def video_to_image(video_path, nfps):
40.    """
41.    视频解析为图片到指定文件夹
42.    :param video_path: 视频路径
43.    :param nfps: 每秒多少张图片
44.    :return:
45.    """
46.    # 加载视频文件
47.    camera=cv2.VideoCapture(video_path)
48.    # 帧数
49.    times=0
50.    images=[]
51.    # 帧率(frames per second) 原视频的
52.    fps=camera.get(cv2.CAP_PROP_FPS)
53.    # 总帧数(frames)
54.    frames=camera.get(cv2.CAP_PROP_FRAME_COUNT)
55.    # 视频高度
56.    frame_height=camera.get(cv2.CAP_PROP_FRAME_HEIGHT)
57.    # 视频宽带
58.    frame_width=camera.get(cv2.CAP_PROP_FRAME_WIDTH)
59.    # 求要取的帧数
60.    frame_frequency=int(fps/nfps)
```

```
61.
62.    print("帧数："+str(fps))
63.    print("总帧数："+str(frames))
64.    print("视屏总时长："+"{0:.2f}".format(frames/fps)+"秒")
65.    while True:
66.        times += 1
67.        res, image=camera.read()
68.        if not res:
69.            break
70.        if times % frame_frequency == 0:
71.            images.append(image)
72.    return images, frame_height, frame_width
73.
74. def getfilename(path):
75.    return os.path.basename(path)  # 输出为 1.mp4
76.
77. def parse_args():
78.    parser=argparse.ArgumentParser()
79.    parser.add_argument('--use_gpu', default=False, type=bool)
80.    parser.add_argument('--model_dir', default='./inference_model', type=str)
81.    parser.add_argument('--gpu_id', default=0, type=int)
82.    parser.add_argument('--img_file', default=None, type=str)
83.    parser.add_argument('--video_file', default=None, type=str)
84.    parser.add_argument('--fps', default=5, type=int)# 识别后的视频的fps，考虑到识别效率一般设置小一点的数
85.    parser.add_argument('--save_dir', default='./output/', type=str)
86.    args=parser.parse_args()
87.
88.    args.video_file="C:\\Users\\hurui\\Desktop\\1.mp4" # 方便vscode直接F5调试
89.
90.    if (args.img_file is None and args.video_file is None):
91.        sys.exit(1)
92.
93.    return args
94.
95. if __name__ == '__main__':
96.    args=parse_args()
97.    result=pred(args)
98.
```

```
99.    if result is not None:
100.       print('Done!')
101.    else:
102.       print('Does not any objects!')
```

> **引导问题 3**
>
> 查阅相关资料，请问本地部署操作步骤与数据开发流程有哪些环节能够对应？
> _____
> _____
> _____

驾驶人状态监控本地训练部署

在上个任务中，我们完成了手势识别的本地部署，理解了本地部署与云端部署的区别。本任务在认知深度学习智能座舱开发流程的基础上，通过驾驶人状态监控实训，学会熟练应用本地部署环节中的采集选择数据集、筛选图片与模型训练。

在能力模块三任务三中，我们初步了解到驾驶人监测系统（Driver monitoring system，DMS）是一个通过检测人脸眼睛和其他脸部特征以及行为来检测驾驶人状态的系统，能够实现驾驶人疲劳、分神等不规范驾驶检测，是非常重要的车辆行驶安全检测技术。

基于汽车智能座舱系统实训台，实现驾驶人状态监控本地部署大致分为以下两个方面。

1. 软件连接与内置数据集实例测试

（1）软件连接

单击汽车智能座舱系统实训台中的教学系统，选择"驾驶人状态监控单元"（图 5-4-4），进入模块页面后，单击实例测试，选择模型为默认模型（256_best_Reset50_model.h5），打开摄像头，单击"建立通信连接"，将软件与 Python 进行通信连接，如图 5-4-5 所示。

图 5-4-4 进入驾驶人状态监控单元页面

图 5-4-5　示例测试页面

（2）内置数据集实例测试

在软件内部，已经嵌入与驾驶人状态监控相关的 10 类常见行为的数据集，具体包括与乘客说话、右手发短信、右手打电话、喝水、安全驾驶、左手发短信、左手打电话、手伸向后座、操作收音机、调整脸部。在软件连接成功后可以直接单击图 5-4-5 上的"运行"按钮进行测试。

2. 自主创建与训练模型

如果想添加新的数据集，可以采用自主创建和训练的方式来实现，步骤分为以下三步。

（1）制作数据集

单个行为数据集的制作过程如下。

1）打开摄像头。

2）填写该行为的名称（如打哈欠）。

3）对展示行为进行拍照，截取该照片，截图将显示在右侧。

4）数据类别默认放置在 train 中。

5）单击"确认使用该数据"，如图 5-4-6 所示。

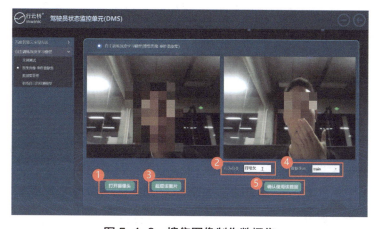

图 5-4-6　搜集图像制作数据集

针对一个行为，自主拍摄图片步骤至少要重复 10 次，使得数据均衡分布，以便更好地服务自主训练的模型。

（2）数据集管理

新创建的图片数据可以在"数据集管理"页面中观察到，新增的图片数据存储默认路径：DataBase → DNS → train →（新创建的行为名称）→图片名称。

（3）训练模型

与手势识别自主训练相似，驾驶人状态监控自主训练模型也需要进行如图 5-4-7 所示的参数配置。

1）选择优化器为 adam。

2）确定训练次数为 100。

3）填写数据种类数量（默认 10，若有自主新增行为 N 类，实际种类数量为 $10+N$）。

4）建立通信连接。

5）单击运行。单击运行后就进入自主训练模型的过程。

图 5-4-7　训练模型

（4）模型训练测试

测试环节与内置数据集测试的操作步骤相同，单击页面左边的"实例测试"，在模型选用上选择重新创建好的模型（新建的模型名称通常是：gesture_best_Reset50_mode+ 生成时间 .h5），再单击运行进行测试。

竞赛指南

在 2022 年中国技能大赛大数据技术与应用赛项中，考核要点为参赛选手在大数据平台搭建（容器环境）、离线数据处理、数据挖掘、数据采集与实时计算、数据可视化以及综合分析等方面的技能。此外，竞赛同时考核参赛选手工作组织和团队协作能力、沟通和人际交往能力、解决问题能力，以及致力于紧跟行业发展步伐的自我学习能力。

任务分组

学生任务分配表见表 5-4-1。

表 5-4-1　学生任务分配表

班级			组号		指导老师	
组长			学号			
组员	姓名：_____ 学号：_____ 姓名：_____ 学号：_____ 姓名：_____ 学号：_____ 姓名：_____ 学号：_____			姓名：_____ 学号：_____ 姓名：_____ 学号：_____ 姓名：_____ 学号：_____ 姓名：_____ 学号：_____		
任务分工						

工作计划

扫描二维码可观看教学视频，了解如何利用本地部署实现驾驶人状态监控，并结合获取到的相关信息、前面所学习到的知识及小组讨论的结果，制定工作方案，见表 5-4-2。

本地部署实现驾驶员状态监控

表 5-4-2　工作方案表

步骤	作业内容	负责人
1		
2		
3		
4		
5		
6		
7		
8		

进行决策

1）各组派代表阐述资料查询结果。
2）各组就各自的查询结果进行交流，并分享技巧。
3）教师结合各组完成的情况进行点评，选出最佳方案。

任务实施

结合教材，理解数据模型训练过程，以小组为单位绘制智能座舱开发流程图，并完成驾驶人状态监控本地部署，完成表 5-4-3 所示的工单。

表 5-4-3 智能座舱开发流程绘制及实现驾驶人状态监控本地部署

智能座舱开发流程图

本地部署实现驾驶人状态监控	
记录	完成情况
1. 开启汽车智能座舱系统实训软件，建立连接	已完成□　未完成□
2. 制作数据集	已完成□　未完成□
3. 数据筛选	已完成□　未完成□
4. 训练模型	已完成□　未完成□
5. 实例测试	已完成□　未完成□
6S 现场管理	

序号	操作步骤	完成情况	备注
1	建立安全操作环境	已完成□　未完成□	
2	清理及整理工具量具	已完成□　未完成□	
3	清理及复原设备正常状况	已完成□　未完成□	
4	清理场地	已完成□　未完成□	
5	物品回收和环保	已完成□　未完成□	
6	完善和检查工单	已完成□　未完成□	

评价反馈

1)各组代表展示汇报 PPT,介绍任务的完成过程。

2)以小组为单位,请对各组的操作过程与操作结果进行自评和互评,并将结果填入表 5-4-4 中的小组评价部分。

3)教师对学生工作过程与工作结果进行评价,并将评价结果填入表 5-4-4 中的教师评价部分。

表 5-4-4 综合评价表

姓名		学号		班级		组别	
实训任务							
评价项目		评价标准				分值	得分
小组评价	计划决策	制定的工作方案合理可行,小组成员分工明确				10	
	任务实施	能正确描述数据平台中数据模型训练的三种模式				10	
		完成智能座舱开发流程图的绘制				20	
		能够完成驾驶人状态监控本地训练部署				20	
	任务达成	能按照工作方案操作,按计划完成工作任务				10	
	工作态度	认真严谨、积极主动、安全生产、文明施工				10	
	团队合作	与小组成员、同学之间能合作交流、协调工作				10	
	6S 管理	完成竣工检验、现场恢复				10	
		小计				100	
教师评价	实训纪律	不出现无故迟到、早退、旷课现象,不违反课堂纪律				10	
	方案实施	严格按照工作方案完成任务实施				20	
	团队协作	任务实施过程互相配合,协作度高				20	
	工作质量	能正确完成驾驶人状态监控实训工单的填写				20	
	工作规范	操作规范,三不落地,无意外事故发生				10	
	汇报展示	能准确表达,总结到位,改进措施可行				20	
		小计				100	
综合评分		小组评分 ×50% +教师评分 ×50%					
总结与反思							

(如:学习过程中遇到什么问题→如何解决的/解决不了的原因→心得体会)

能力模块六
掌握智能座舱场景测试技术

任务一 了解座舱场景的测试流程

学习目标

- 了解座舱场景测试流程设计。
- 掌握座舱场景测试流程实施。
- 掌握座舱场景测试流程管理。
- 会运用相关工具进行文献检索资料的整理。
- 具有利用信息手段查阅相关资料的能力。
- 具有分析问题、解决问题和再学习的能力。
- 具有良好的团队精神和较强的表达沟通、协调组织能力。
- 具有认真负责的职业态度和良好的职业道德。

知识索引

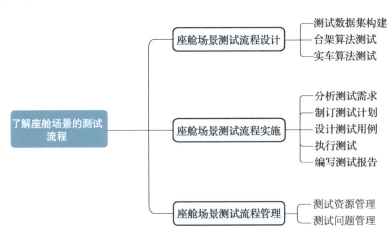

情境导入

有效的测试可以确保座舱智能场景的稳定性，提升用户的使用体验。作为智能座舱测试工程师，主管要求你根据最近开发的智能座舱语音相关的设备进行功能测试，并完成一份测试用例的填写。

获取信息

引导问题 1

查阅相关资料，请问智能座舱场景测试流程从大框架上来分，可以分为哪三个步骤？

_____

_____

_____

座舱场景测试流程设计

据美国兰德公司研究：从统计学角度出发，自动驾驶汽车需要在真实或者虚拟环境中至少进行 1.76×10^{10} km 的里程测试，才能证明自动驾驶系统比人类驾驶人更可靠。有效测试可以确保座舱智能场景的稳定性，提升用户的使用体验。一般来说，智能座舱场景测试最关注两个关键点：测试工具和测试标准。具体来说，测试标准主要关注测试数据与流程的标准化，进而一方面确保各类场景能够测试到，另一方面降低人工失误而产生的误测与漏测。而测试工具自动化可以进一步增加测试效率，并最终确保感知软件与场景应用的稳定性。

智能座舱场景测试流程主要分为 3 个大步骤：测试数据集构建、台架算法测试，以及实车算法测试。

一、测试数据集构建

它的主要目的是构建功能场景测试的标准或临时数据集，从而找出误报及漏报 badcase，量化输出指标，并反馈给研发等其他部门。这些数据主要包括各个功能使用状态下的正负样本，以及常规使用状态下的自然数据。常规使用下的自然数据，可以从不同气候、舱内人员不同的数量来综合考虑。构建一个完整的数据集，应该融合各类实体元素，也应该涵盖实体执行的动作及实体之间的连接关系。

二、台架算法测试

台架算法测试主要是衡量各种算法、功能的指标是否已经达到了发行版本的标准。目前，测试硬件台架的搭建，都是按照智能座舱领域控制器布置上下游线束连接。本项目主要测试输入/输出是否灵敏、算法的误报率是否满足要求、各项功能是否能直接协同工作等。对于硬件还涉及各种信号线束的复用和扩展分路，以及是否满足紧凑布线的要求。根据测试结果，将所有的结果进行梳理，如什么地方需要分发，什么地方需要整合，什么地方还需要增强等，需要将结果反馈给产品经理和研发部门。

三、实车算法测试

实车算法测试包含正常工况测试和复杂工况测试。正常工况测试可以测试座舱在典型场景下的安全性及舒适性，需通过专业测试工程师使用专业测试设备，包括驾驶人、目标物、采集设备等完成。复杂工况测试可以测试座舱对连续场景、复杂使用环境、突发意外情况的应对能力等，需要配合数据采集系统、数据分析工具等完成。正常工况测试，除常规场景测试外，为保证场景的丰富性及覆盖率，可人为在舱内布置相关场景。测试过程中对人员、环境、方法、规范、设备及流程等进行规范性约束，以保证测试结果的可追溯性和准确性。

> **引导问题 2**
> 查阅相关资料，请问座舱场景测试完整流程思路是什么？
> _____
> _____
> _____

座舱场景测试流程实施

不同类型产品测试的方式和重点不一样，测试流程也会不一样。即使同样类型的产品，不同公司所制订的测试流程也会不一样。虽然不同软件的详细测试步骤不同，但它们所遵循的最基本的测试流程是一样的：分析测试需求→制订测试计划→设计测试用例→执行测试→编写测试报告，如图 6-1-1 所示。下面对产品测试基本流程进行简单介绍。

一、分析测试需求

测试人员在制订测试计划之前需要先对产品需求进行分析，以便对要开发的产品有一个清晰认识，从而明确测试对象及测试工作的范围和测试重点。在分析需求时还可以获取一些测试数据，作为制订测试计划的基本依据，为后续测试打好基础。在分析测试需求时应注意，被确定的测试需求必须是可核实的，测试需求必须有一个可观察、可评测的结果。无法核实的需求就不是测试需求。测试需求分析还要与客户进行交流，以澄清各类问题，确保测试人员与客户尽早对测试项目达成共识。表 6-1-1 为常用的智能座舱功能清单，在实际测试过程中，可以以功能清单为基础，针对不同功能，具体分析测试需求。

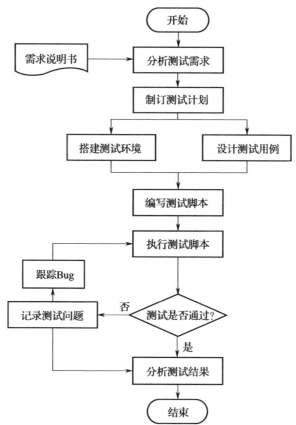

图 6-1-1　座舱场景测试流程

表 6-1-1　智能座舱系统功能清单

智能座舱系统功能清单		
序号	功能	子功能
1	车控功能	空调设置
		背光设置
		驾驶辅助
		倒车影像
		行车电脑
		车辆设置（时间、日期、语音）
2	快捷按键控制	转向盘控制
		信息娱乐快捷键
		空调快捷键控制
3	仪表功能	车速、转速、油量、温度
		故障灯显示功能
		警示信息提醒
4	电源管理	上下电时序电源管理

（续）

序号	功能	子功能
5	信息娱乐系统	本地音乐、视频、本地电台
		在线音乐、在线电台
6	语音功能	在线语音工作原理
		在线语音功能测试
7	导航功能	导航功能工作原理
		在线导航功能测试
8	智能网联功能	WiFi、Carlife
9	蓝牙功能	蓝牙音乐
		蓝牙电话
10	USB	图片、视频、音乐
		充电

二、制订测试计划

测试工作贯穿于整个软件开发生命周期，是一项庞大而复杂的工作，需要制订一个完整且详细的测试计划作为指导。测试计划是整个测试工作的导航图，但它并不是一成不变的，随着项目推进或需求变更，测试计划也会不断发生改变，因此，测试计划都是随着项目发展不断调整、逐步完善的。

测试计划中一般要做好以下工作安排。

1）确定测试范围：明确哪些对象是需要测试的，哪些对象是不需要测试的。

2）制订测试策略：测试策略是测试计划中最重要的部分，它将要测试的内容划分出不同的优先级，并确定测试重点。根据测试模块的特点和测试类型（如功能测试、性能测试）选定测试环境和测试方法（如人工测试、自动化测试）。

3）安排测试资源：通过衡量测试难度、时间、工作量等因素对测试资源进行合理安排，包括人员分配、工具配置等。

4）安排测试进度：根据软件开发计划、产品的整体计划来安排测试工作的进度，同时还要考虑各部分工作的变化。在安排工作进度时，最好在各项测试工作之间预留一个缓冲时间以应对计划变更。

5）预估测试风险：罗列出测试工作过程中可能会出现的不确定因素，并制订应对策略。

三、设计测试用例

测试用例（Test Case）指的是一套详细的测试方案，包括测试环境、测试步骤、测试数据和预期结果。不同的公司会有不同的测试用例模板，虽然它们在风格和样式上有所不同，但本质上都是一样的，都包括了测试用例的基本要素。测试用例编写的原则是尽量以最少的测试用例达到最大测试覆盖率。测试用例常用的设计方法包括等价类划分法、边界值分析法、因果图与判定表法、正交实验设计法、逻辑覆盖法等。表 6-1-2 展示了在实际应用测试过程中，某智能座舱整机系统测试用例。

表 6-1-2　测试用例示例

整机系统测试用例									表格编号：	
测试项目：			软件版本：		硬件版本：				测试日期：	
测试环境：			测试仪器/设备：		测试员：				审核：	
序号	测试项目	测试标题（测试点）	测试说明（预置条件）	测试步骤	验收标准（预期结果）	用例等级	测试结果	判定	备注（对应Bug的ID号）
A01-01	A01 升级	在线升级-正常	1.升级包已上传服务器 2.服务器版本与车机端版本一致	1.进入设置-系统，单击系统升级 2.单击确定	1.弹出是否升级提示框 2.可以正常进入升级并升级成功	1			
A01-02		在线升级-断电	升级包正在下载中	断电再上电	重新自动进入下载中的界面，并可以正常完成升级	2			
A01-03			升级包下载完成正在升级中	断电再上电	重新自动进入升级中界面，并可以正常完成升级	2			
A01-04		在线升级-断开网络	升级包正在下载中	1.断开网络 2.再重新连接网络	1.立即停止下载，并弹出提示 2.重新进入下载	2			
A01-05		U盘升级-正常	升级包已复制到U盘	1.插入U盘 2.点击确定	1.弹出是否升级提示框 2.可以正常进入升级并升级成功	1			
A01-06		U盘升级-断电	升级包正在复制中	断电再上电	重新自动进入下载中的界面，并可以正常完成升级	2			
A01-07			升级包复制完成正在升级中	断电再上电	重新自动进入升级中界面，并可以正常完成升级	2			

四、执行测试

执行测试就是按照测试用例进行测试的过程，这是测试人员最主要的活动阶段。

在执行测试时要根据测试用例的优先级进行。测试执行过程看似简单、只要按照测试用例完成测试工作即可，但实际上并不如此。测试用例的数目非常多，测试人员需要完成所有测试用例的执行，每一个测试用例都可能会发现很多缺陷，测试人员要做好测试记录与跟踪，衡量缺陷的质量并编写缺陷报告。当提交后的缺陷被开发人员修改之后，测试人员需要进行回归测试。如果系统对测试用例产生了缺陷免疫，测试人员则需要编写新的测试用例。在单元测试、集成测试、系统测试、验收测试各个阶段都要进行功能测试、性能测试等，这个工作量无疑是巨大的。除此之外，测试人员还需要对文档资料，如用户手册、安装手册、使用说明等进行测试。因此，不可简单地认为执行测试就是按部就班地完成任务，可以说这个阶段是测试人员最重要的工作阶段。

五、编写测试报告

测试报告是对一个测试活动的总结，对项目测试过程进行归纳，对测试数据进行统计，对项目的测试质量进行客观评价。不同公司的测试报告模板虽不相同，但编写要点都是一样的，一般都是先对软件进行简单介绍，然后说明这份报告是对该产品的测试过程进行总结，对测试质量进行评价。

一份完整的测试报告必须包含以下几个要点。

1）引言：描述测试报告编写目的，报告中出现的专业术语解释及参考资料等。

2）测试概要：介绍项目背景、测试时间、测试地点及测试人员等信息。

3）测试内容及执行情况：描述本次测试模块的版本、测试类型，使用的测试用例设计方法，以及测试通过覆盖率，依据测试通过情况，提供对测试执行过程的评估结论，并给出测试执行活动的改进建议，以供后续测试执行活动借鉴参考。

4）缺陷统计与分析：统计本次测试所发现的缺陷数目、类型等，分析缺陷产生的原因，给出规避措施等建议，同时还要记录残留缺陷与未解决问题。

5）测试结论与建议：从需求符合度、功能正确性、性能指标等多个维度，对版本质量进行总体评价，给出具体明确结论。

6）测试报告数据必须是真实的，每一条结论的得出都要有评价依据，不能主观臆断。

> **引导问题 3**
>
> 查阅相关资料，请问测试问题管理主要包括哪些内容？
> _____
> _____
> _____

座舱场景测试流程管理

只有严格按照产品测试管理流程，通过严格的产品测试工作，才能及时发现问题、解决问题，研发出高质量的产品。必须采用适宜方法对软件产品的测试过程及测试中发现的软件 Bug 进行全过程监控和跟踪管理，以保证测试过程的有效性。如果发现某阶段测试没有实现预定的目标，必须进行适当调整或纠正。测试管理主要包括下面两部分内容。

一、测试资源管理

测试资源管理主要包括对人力资源、工作环境、使用设备、技术支持的管理。
1）测试过程中，针对测试进度合理调配测试人员、重新分配测试任务。
2）做好测试环境的维护，保持测试环境稳定。
3）维护好测试人员使用的机器设备，确保设备正常运转。

二、测试问题管理

测试问题管理主要是对测试人员在执行软件产品测试过程中所发现问题的管理，是对测试人员测试行为的管理。
1）检查测试人员是否执行测试计划规定。
2）检查测试人员是否采用标准格式记录 Bug，并按规定流程提交测试记录。
3）跟踪发现的 Bug 是否及时得到解决，没有解决的原因是什么。
4）针对测试过程遇到的问题，如果发现测试计划、测试案例有遗漏或不对的地方，应及时提出优化方案，做变更处理。
5）保持测试环境的清洁，规范测试数据，保证测试结果的准确。
6）跟踪测试进度，合理调配测试资源，及时解决影响测试进度的问题。
7）制定应急措施，因某种原因造成项目发生冲突时，应能及时对测试工作进行调整，尽快制定出有效的解决方案。
8）加强测试人员与技术人员的交流与合作，减少内耗，提高工作效率。
9）使用测试管理工具，可以有效控制、管理和改进测试过程，完善工作流程，及时发现问题、解决问题和反馈问题；同时可以高效地编写、查询和引用测试用例，快速填写、修改和查询软件 Bug 报告，详细记录、跟踪和管理每个软件 Bug 的生命过程，直至排除这个 Bug，同时提供相关的分析和统计报表。

竞赛指南

在 2022 年中国技能大赛软件测试赛项中，考核要点为测试环境搭建与配置、应用系统安装与部署；单元测试设计测试数据，编写测试脚本，完成编译和程序运行，进行界面截图；测试文档设计与编写；功能测试用例设计、Web 及 App 应用功能测试执行和提交 Bug；自动化测试要求分析、测试工具使用、代码编写和测试执行；性能测试要求分析、测试工具使用、测试执行；接口测试要求分析、测试工具使用和测试执行；团队合作能力以及应用创新能力等职业素养。

任务分组

学生任务分配表见表 6-1-3。

表 6-1-3　学生任务分配表

班级			组号		指导老师	
组长			学号			
组员	姓名：_____　学号：_____ 姓名：_____　学号：_____ 姓名：_____　学号：_____ 姓名：_____　学号：_____			姓名：_____　学号：_____ 姓名：_____　学号：_____ 姓名：_____　学号：_____ 姓名：_____　学号：_____		
任务分工						

工作计划

按照前面所了解的知识内容和小组内部讨论的结果，制定工作方案，落实各项工作负责人，如任务实施前的准备工作、实施中主要操作及协助支持工作、实施过程中相关要点及数据的记录工作等，见表 6-1-4。

表 6-1-4　工作方案表

步骤	作业内容	负责人
1		
2		
3		
4		
5		
6		
7		
8		

进行决策

1）各组派代表阐述资料查询结果。
2）各组就各自的查询结果进行交流，并分享技巧。
3）教师结合各组完成的情况进行点评，选出最佳方案。

任务实施

1）熟悉并绘制座舱场景测试流程图。
2）查看教材中展示的测试用例，总结测试用例的结构和内容。
3）结合教材资料与表 6-1-5 提供的资料，以表 6-1-2 测试用例为标准，制作一份关于音乐页面操作功能（上下曲切换、播放/暂停）的测试用例，具体可填入表 6-1-5 所示的工单内。

表 6-1-5　音乐页面操作功能测试用例

测试功能	测试标题	测试说明	测试步骤（填写）
上下曲切换	单击播放界面上/下曲图标	1. 车机已上电 2. 当前在播放蓝牙音乐，播放界面	
		1. 车机已上电 2. 当前在播放蓝牙音乐，暂停界面	
	手机端	1. 车机已上电 2. 当前在播放蓝牙音乐，播放界面	
		1. 车机已上电 2. 当前在播放蓝牙音乐，暂停界面	
		1. 车机已上电 2. 当前后台在播放蓝牙音乐	
		1. 车机已上电 2. 当前后台蓝牙音乐暂停中	
	音乐方控 ◁/▷	1. 车机已上电 2. 当前在播放蓝牙音乐，播放界面	
		1. 车机已上电 2. 当前在播放蓝牙音乐，暂停界面	
		1. 车机已上电 2. 当前后台在播放蓝牙音乐	
		1. 车机已上电 2. 当前后台蓝牙音乐暂停中	

（续）

测试功能	测试标题	测试说明	测试步骤（填写）
播放/暂停	单击暂停图标	1. 车机已上电 2. 当前在播放蓝牙音乐界面	
	单击播放图标	1. 车机已上电 2. 当前蓝牙音乐界面，暂停中	
	反复切换 播放/暂停	1. 车机已上电 2. 当前在播放本地/USB/SD音乐界面	
	手机端暂停/播放	1. 蓝牙已连接 2. 蓝牙音乐播放中	
	切换音源	1. 车机已上电 2. 当前蓝牙音乐界面，播放中	
		1. 车机已上电 2. 当前蓝牙音乐界面，暂停中	
6S 现场管理			
序号	操作步骤	完成情况	备注
1	建立安全操作环境	已完成☐ 未完成☐	
2	清理及整理工具	已完成☐ 未完成☐	
3	复原设备正常状况	已完成☐ 未完成☐	
4	清理场地	已完成☐ 未完成☐	
5	物品回收和环保	已完成☐ 未完成☐	
6	完善和检查工单	已完成☐ 未完成☐	

评价反馈

1）各组代表展示汇报 PPT，介绍任务的完成过程。

2）以小组为单位，请对各组的操作过程与操作结果进行自评和互评，并将结果填入表 6-1-6 中的小组评价部分。

3）教师对学生工作过程与工作结果进行评价，并将评价结果填入表 6-1-6 中的教师评价部分。

表 6-1-6 综合评价表

姓名		学号		班级		组别	
实训任务							
评价项目		评价标准				分值	得分
小组评价	计划决策	制定的工作方案合理可行，小组成员分工明确				10	
	任务实施	绘制座舱场景测试流程图				10	
		总结测试用例的结构和内容				20	
		制作一份关于座舱显示中台的音乐页面操作功能的测试用例				20	
	任务达成	能按照工作方案操作，按计划完成工作任务				10	
	工作态度	认真严谨、积极主动、安全生产、文明施工				10	
	团队合作	与小组成员、同学之间能合作交流、协调工作				10	
	6S 管理	完成竣工检验、现场恢复				10	
		小计				100	
教师评价	实训纪律	不出现无故迟到、早退、旷课现象，不违反课堂纪律				10	
	方案实施	严格按照工作方案完成任务实施				20	
	团队协作	任务实施过程互相配合，协作度高				20	
	工作质量	能正确完成测试用例工单的填写				20	
	工作规范	操作规范，三不落地，无意外事故发生				10	
	汇报展示	能准确表达，总结到位，改进措施可行				20	
		小计				100	
综合评分		小组评分 ×50% ＋教师评分 ×50%					
总结与反思							

（如：学习过程中遇到什么问题→如何解决的／解决不了的原因→心得体会）

汽车智能座舱系统与应用

 任务二　认知座舱场景的测试工具

学习目标

- 了解图像测试工具。
- 掌握图像测试工具的使用。
- 了解语音测试工具。
- 掌握语音测试工具的使用。
- 会运用相关工具进行文献检索资料的整理。
- 具有利用信息手段查阅相关资料的能力。
- 具有分析问题、解决问题和再学习的能力。
- 具有良好的团队精神和较强的表达沟通、协调组织能力。
- 具有认真负责的职业态度和良好的职业道德。

知识索引

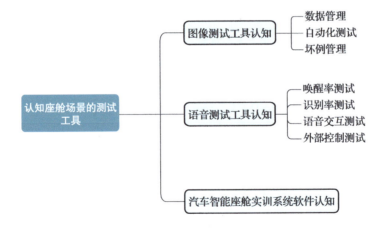

情境导入

在实际开发环境中，需要用专门的工具去测试，不同的团队均会有不同的测试工具，在完成测试功能分析之后，主管要求你先汇总测试工具功能及使用方法相关资料，为团队的正式测试工作做准备。

获取信息

引导问题 1

查阅相关资料，请问在座舱测试方案中，常见的图像测试工具有哪些？

_____

_____

_____

图像测试工具认知

对于图像测试工具，需要具备数据管理、自动化测试以及测试结果管理（特别是 badcase 坏例管理）。

一、数据管理

座舱数据管理在实际开发中常面临以下两个问题。

问题一：数据量大、存储难。录制数据、闭环数据、现有的测试集和回灌生成的数据量很大，经常需要不停地转移，不同使用者来回复制，无法有效归档，易冗余和丢失。

问题二：研发和测试数据难以一致。测试集、干扰集、自然驾驶、录制的专项功能测试集、测试和研发在各自不停地清洗，每个版本需要验证一致性对齐，异常烦琐，费时费力。

而数据管理的本质是实现物理数据的数字化，通过各种抽象标签对这些数据从不同维度表达我们的认知。最后，像人类的语言一样，通过不同的组合来表达不同的语义，从而检索到需要的数据。例如，座舱常用的一些简单的标签包括车厂（什么车厂采集的数据）、车型、时间、天气、光照、人员位置、人员性别、人员年龄、人员发型、人员眼镜、人员身高、事件及地点等。根据以上标签，就可以很容易组合出测试想要的数据的检索条件。相对应的工具应该具备下列条件的检索功能：左摄像头 + 驾驶人 + 在暗光情况下 + 吸烟。

二、自动化测试

智能座舱整个测试流程周期较长且较为烦琐，人工测试智能座舱的方式存在很多弊端，智能座舱自动化测试系统不仅节约了人力，而且提高了汽车开发整个流程的速度。

对于自动化测试来说，座舱测试方案从最初的单个重复回灌方式，到自动化回灌，再到基于数据驱动的自动化测试方案，越来越受到重视。自动化测试技术具有良好的可重复性、高并发和高效率的特点，显著提高了测试效率，将测试人员从烦琐的执行中解放了出来。在常见的图像测试工具中，通常使用多种工具的组合来提升自动化测试水平。

1）数据自动导入：提供数据导入工具，可以在线看到各种数据导入情况。

2）在线播放工具：在线观看按特定条件检索出来的数据，可以快进快退、截图、算法和后处理策略输出等。

3）在线标注工具：对已有的数据进行标注，或者对已标注数据标签进行修改。

4）任务管理工具：包括管理数据上传、下载、挖掘、回灌和测评等任务，可以在线查看任务状态和执行日志信息，以及测评任务自动输出测评结果，可以根据历史数据自动诊断测评结果。

5）测试结果查看工具：该模块支持操作人员查看测试结果、查看录像以及导出报告。

6）资源管理工具：该模块支持绘制图片、替换图片、整理图片三项功能。

三、坏例管理

对于坏例（badcase）管理来说，座舱测试数据主要分为正样本、负样本和自然驾驶。其中正样本的坏例（badcase）是漏报，负样本和自然驾驶的坏例（badcase）是误报。如果测试场景数据和训练数据在场景上区别较大，会造成 badcase 较多的情况。但 badcase 并不能明确地确定模型现存缺陷，所以需要先对 badcase 打上不同的标签，进行多维度标注。比如目标检测里面，badcase 可以按大中小是否集中、是否有遮挡等维度进行标注。这些标签需要用数据库实现在线管理，从而方便对每个版本 badcase 进行管理。

> **引导问题 2**
> 查阅相关资料，请简单概括一下语音测试的方法和步骤。
> _____
> _____
> _____

语音测试工具认知

语音测试工具主要是针对影音娱乐系统的语音唤醒、交互、控制及发声等功能的测试。它的主要测试目标如下。

1）复杂工况环境下，语音交互功能的完整性、可靠性验证。

2）复杂工况环境下，语音交互结果与外部控制器之间的有效动作验证。

语音测试的具体内容如表 6-2-1 所示。

表 6-2-1 语音测试内容

序号	测试项目	描述
1	唤醒率	在不同环境音下，通过不同语种（方言）对语音交互功能进行唤醒。如"你好，小驰""小驰"等，测试统计语音功能的唤醒率。唤醒功能分硬线触发唤醒和随时唤醒两种

（续）

序号	测试项目	描述
2	识别率	在不同环境音下，通过不同语种（方言）对语音交互功能的语音识别率进行测试。测试语音识别引擎是否能正确理解不同环境下的语义
3	交互测试	在不同环境音下，通过不同语种（方言）对语音交互功能的交互过程进行测试。通过预先设定的不同场景，测试场景交互的正确性
4	外部控制	在不同环境音下，通过不同语种（方言）对语音交互功能的外部控制功能进行测试。如"请打电话给×××""请打开空调"等控制命令，测试命令的识别及外部控制反馈、反馈时间等指标

下面对上述的 4 类测试项目的测试方法进行具体介绍。

一、唤醒率测试

1. 条件准备

1）唤醒语：多语种（普通话、方言）的唤醒音频文件（MP3 格式）。

2）结果确认：唤醒后 HMI 界面及反馈音（如我在的 / 有什么需要帮助吗？）。

3）环境噪声：多场景下的背景噪声音频文件（MP3 格式）。

2. 测试方法

1）程序触发系统收音（根据系统要求，有的车机系统可以随时唤醒，不需要此步骤）。

2）程序控制播放背景噪声和唤醒音频。

3）设置等待时间（一般为 1s）。

4）进行画面检查（图像对比）和收音比对。

二、识别率测试

1. 条件准备

1）识别语言：多语种（普通话、方言）的任意文言的音频文件，重音字、多音字维持适当比例（MP3 格式）。

2）结果确认：文字识别（如我在的 / 有什么需要帮助吗？）。

3）环境噪声：多场景下的背景噪声音频文件（MP3 格式）。

2. 测试方法

1）程序触发系统收音（根据系统要求，有的车机系统可以随时唤醒则不需要此步骤）。

2）程序控制播放背景噪声和语言音频。

3）设置等待时间（一般为 1s）。

4）进行画面检查，对指定区域的图片进行 OCR 文字识别并与原始输入进行文字比对。

三、语音交互测试

1. 条件准备

1）交互脚本：根据业务需要规划测试脚本并将输入转换成音频文件。

2）环境噪声：多场景下的背景噪声音频文件（MP3 格式）。

3）结果确认：文字识别（输出预想）。

2. 测试方法

1）程序触发系统收音（根据系统要求，有的车机系统可以随时唤醒则不需要此步骤）。

2）程序控制播放背景噪声和语言音频。

3）设置等待时间（根据预想反馈的播报时间设置）。

4）进行画面检查，对收音的语音进行文字转换并与预想输出进行比对。

5）根据比对结果选择输入音频播放。

重复步骤 4~5 过程。

四、外部控制测试

1. 条件准备

1）控制脚本：多语种（普通话、方言）的设备控制音频文件（MP3 格式）。

2）环境噪声：多场景下的背景噪声音频文件（MP3 格式）。

3）结果确认：文字识别（输出预想）+ HMI 确认。

2. 测试方法

1）程序触发系统收音（根据系统要求，有的车机系统可以随时唤醒，不需要此步骤）。

2）程序控制播放背景噪声和语言音频。

3）设置等待时间（根据预想反馈的时间设置）。

4）进行画面检查，对控制设置画面的 HMI 图标等进行对比，对收音的语音进行文字转换并与预想输出进行比对。

> **引导问题 3**
>
> 查阅相关资料，请问汽车智能座舱实训系统主要包括哪些部分？
> _____
> _____
> _____

汽车智能座舱实训系统软件认知

目前，市面上的智能座舱综合性测试系统种类繁多，本书以行云新能的汽车智能座舱实训系统为例进行介绍。

汽车智能座舱实训系统拥有完整驾驶常用操作系统故障调试检测实训，包含拨打电话、歌曲播放、电台控制、导航控制、车载网络连接控制、手机连接投屏控制、网络索引查询控制、氛围灯设置调节、空调设置（温度、风量、出风位置）、座椅设置调节等功能。此外，系统包含车载智能座舱 CAN 总线技术、CAN-FD 总线技术、Ethernet 总线技术认知及故障检测，还支持二次开发，可以按照自己的需求进行自定义的功能实现。如图 6-2-1 所示，该系统有 10 个功能：电子助力转向系统、车身控制模块、电池管理系统、车辆控制单元、空调控制器、智能座舱控制单元、集成测试、驾驶人状态监控单元、手势识别控制单元以及语音识别控制单元。

图 6-2-1　汽车智能座舱实训系统页面

其中，电子助力转向（Electric Power Steering，EPS）系统是指依靠电机提供辅助扭矩的动力转向系统，系统内置讲解视频可进行学习，在进行 EPS 系统故障测试时，需要进行命令输入和报文查看，具体操作如图 6-2-2 所示。

1）查看备注开关。
2）命令值填写"01"。
3）自动生成报文，其中 bete7 显示 01 表示 EPS 故障。
4）单击"发送命令"。
5）显示当前状态。

图 6-2-2　EPS 系统故障测试操作

操作成功后可在仪表屏右上方查看 EPS 系统故障显示，如图 6-2-3 所示。

集成测试模块：勾选待测模块，单击"循环测试开始"，测试时电脑会每隔一段时间随机输入命令值，观察仪表屏和主/副娱乐显示屏测试数据（图 6-2-4）。测试模块包括汽车速度、远光灯控制、驾驶人侧门控制、档位控制、动力电池 SOC、充电功率、空调风速、室内温度、室外温度、总百公里耗能显示以及续驶里程显示。

图 6-2-3　显示 EPS 系统故障

图 6-2-4　集成测试模块页面

单击测试结束，可停止测试，单击历史记录会显示最近的测试数据（图 6-2-5）。

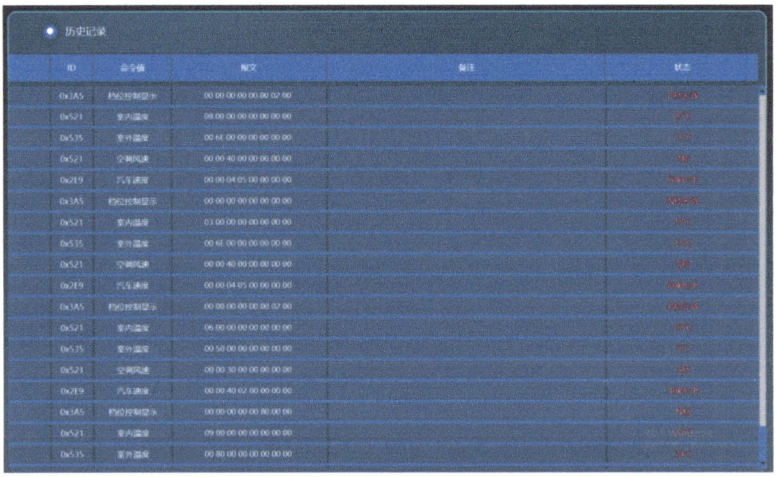

图 6-2-5　测试历史数据显示

CAN 信号模拟汽车仪表屏指示灯测试主要包括 CAN 模拟车灯及车门状态测试。具体测试如表 6-2-2、表 6-2-3 所示。

表 6-2-2　CAN 模拟车门状态测试内容

序号	内容
1	驾驶人侧门状态（关闭／开启）
2	乘员侧门状态（关闭／开启）
3	前舱盖（关闭／开启）
4	右后门（关闭／开启）
5	左后门（关闭／开启）
6	后背门（关闭／开启）

表 6-2-3　CAN 模拟车灯状态测试内容

序号	内容
1	远光灯状态（关闭／开启）
2	近光灯状态（关闭／开启）
3	位置灯状态（关闭／开启）
4	后雾灯状态（关闭／开启）
5	危险灯状态（关闭／开启）
6	左转向灯状态（关闭／开启）
7	右转向灯状态（关闭／开启）

具体测试操作内容及步骤可见视频（二维码如图 6-2-6、图 6-2-7 所示）。

图 6-2-6　CAN 模拟车门状态测试　　图 6-2-7　CAN 模拟车灯状态测试

任务分组

学生任务分配表见表 6-2-4。

表 6-2-4　学生任务分配表

班级		组号		指导老师	
组长		学号			
组员	姓名：＿＿＿＿　学号：＿＿＿＿ 姓名：＿＿＿＿　学号：＿＿＿＿ 姓名：＿＿＿＿　学号：＿＿＿＿ 姓名：＿＿＿＿　学号：＿＿＿＿			姓名：＿＿＿＿　学号：＿＿＿＿ 姓名：＿＿＿＿　学号：＿＿＿＿ 姓名：＿＿＿＿　学号：＿＿＿＿ 姓名：＿＿＿＿　学号：＿＿＿＿	

（续）

任务分工

工作计划

扫描二维码可观看教学视频，了解如何在汽车智能座舱实训系统软件中完成 CAN 信号模拟 EPS 系统故障测试，并结合获取到的相关信息、前面所学习到的知识及小组讨论的结果，制定工作方案，见表 6-2-5。

CAN 通讯测试用例分析及 ESP 故障测试

表 6-2-5　工作方案表

步骤	作业内容	负责人
1		
2		
3		
4		
5		
6		
7		
8		

进行决策

1）各组派代表阐述资料查询结果。

2）各组就各自的查询结果进行交流，并分享技巧。

3）教师结合各组完成的情况进行点评，选出最佳方案。

任务实施

1）概括语音测试工具的四类测试方法。

2）初步认知汽车智能座舱实训系统。

3）完成 CAN 信号模拟 EPS 系统故障测试与汽车仪表屏车门、车灯状态测试，并填写表 6-2-6 所示工单。

表 6-2-6　CAN 信号模拟测试工单

| | CAN 信号模拟 EPS 系统故障测试 |

序号	测试点	测试步骤	测试结果记录
1	无故障		
2	有故障		

| | CAN 信号模拟车门状态测试 |

序号	测试点	测试步骤	测试结果记录
1	驾驶人侧门关闭		
2	驾驶人侧门开启		
3	乘员侧门关闭		
4	乘员侧门开启		
5	前舱盖关闭		
6	前舱盖开启		
7	右后门关闭		
8	右后门开启		
9	左后门关闭		
10	左后门开启		
11	后背门关闭		
12	后背门开启		

| | CAN 信号模拟车灯状态测试 |

序号	测试点	测试步骤	测试结果记录
1	远光灯关闭		
2	远光灯开启		
3	近光灯关闭		
4	近光灯开启		
5	位置灯关闭		
6	位置灯开启		
7	后雾灯关闭		
8	后雾灯开启		
9	危险灯关闭		
10	危险灯开启		
11	左转向灯关闭		
12	左转向灯开启		

（续）

序号	测试点	测试步骤	测试结果记录
13	右转向灯关闭		
14	右转向灯开启		
6S 现场管理			
序号	操作步骤	完成情况	备注
1	建立安全操作环境	已完成□ 未完成□	
2	清理及整理工具量具	已完成□ 未完成□	
3	清理及复原设备正常状况	已完成□ 未完成□	
4	清理场地	已完成□ 未完成□	
5	物品回收和环保	已完成□ 未完成□	
6	完善和检查工单	已完成□ 未完成□	

评价反馈

1）各组代表展示汇报 PPT，介绍任务的完成过程。

2）以小组为单位，请对各组的操作过程与操作结果进行自评和互评，并将结果填入表 6-2-7 中的小组评价部分。

3）教师对学生工作过程与工作结果进行评价，并将评价结果填入表 6-2-7 中的教师评价部分。

表 6-2-7 综合评价表

姓名		学号		班级		组别	
实训任务							
评价项目		评价标准				分值	得分
小组评价	计划决策	制定的工作方案合理可行，小组成员分工明确				10	
	任务实施	1. 概括语音测试工具的四类测试方法				10	
		2. 认知智能座舱实训软件系统，完成 CAN 信号模拟 EPS 系统故障测试				20	
		3. 完成 CAN 信号模拟汽车仪表屏车灯、车门状态测试				20	
	任务达成	能按照工作方案操作，按计划完成工作任务				10	
	工作态度	认真严谨、积极主动、安全生产、文明施工				10	
	团队合作	与小组成员、同学之间能合作交流、协调工作				10	
	6S 管理	完成竣工检验、现场恢复				10	
		小计				100	

（续）

评价项目		评价标准	分值	得分
教师评价	实训纪律	不出现无故迟到、早退、旷课现象，不违反课堂纪律	10	
	方案实施	严格按照工作方案完成任务实施	20	
	团队协作	任务实施过程互相配合，协作度高	20	
	工作质量	能正确完成 CAN 信号模拟测试工单的填写	20	
	工作规范	操作规范，三不落地，无意外事故发生	10	
	汇报展示	能准确表达，总结到位，改进措施可行	20	
		小计	100	
综合评分		小组评分 ×50% ＋教师评分 ×50%		
总结与反思				

（如：学习过程中遇到什么问题→如何解决的/解决不了的原因→心得体会）

任务三　了解座舱场景的测试标准与需求

学习目标

- 了解车载视觉评价指标。
- 了解车载语音评价指标。
- 了解座舱交互功能测试需求。
- 会运用相关工具进行文献检索资料的整理。
- 具有利用信息手段查阅相关资料的能力。
- 具有分析问题、解决问题和再学习的能力。
- 具有良好的团队精神和较强的表达沟通、协调组织能力。
- 具有认真负责的职业态度和良好的职业道德。

知识索引

情境导入

对于智能座舱，硬件是基础，交互能力（系统）是用户依赖的关键，而应用生态则是多样性体验升级，面对丰富多样的交互功能，熟悉各类测试需求和标准是十分必要的。作为智能座舱测试工程师，在某项目开发过程中，为统一测试数据内容，主管要求你查阅测试标准并整理一份座舱交互功能测试需求清单，以便更好完成测试工作。

获取信息

引导问题 1

查阅相关资料，请问智能座舱常见的功能性测试有哪些？

座舱交互功能测试需求认知

随着汽车智能化发展,智能座舱的智能程度也越来越高,从功能上来看,从传统的收音机、媒体播放、基础导航功能到网络互连、语音交互、AR 导航、抬头显示、生物识别等,功能更加丰富。

智能座舱的测试验证需求主要围绕着功能和性能两个层面,功能测试主要验证智能座舱产品和功能设计的一致性,性能测试主要针对智能座舱的稳定性以及用户体验。

一、智能座舱功能测试需求

功能测试主要是用于验证功能是否正确实现,常规的功能测试有语音交互测试、外设交互测试、电源适配测试、HMI 页面切换测试、UI 功能逻辑验证、CAN 通信交互测试等。

1)语音交互测试:用于验证人机语音交互功能,包括语音识别、语音合成、语义识别、多语种识别、多方言识别、语音识别率等测试。

2)视觉测试:主要是图像识别、人脸识别测试,需考虑到光线、角度、距离等因素,测试指标有识别率、误识别率、响应时间等。

3)外设交互测试:主要是指外置移动 U 盘测试、智能移动终端测试。

4)电源适配测试:主要指在不同的电压环境、不同供电条件下的功能状态测试,用于验证智能座舱的电源适应能力。

5)HMI 页面切换测试:以 HMI 界面切换设计为基础,进行正向切换逻辑验证,包括 HMI 滑屏切换、界面层级验证、界面元素拖拽、界面一致性验证。

6)UI 功能逻辑验证:主要是进行 UI 界面一致性测试,常见的 UI 界面切换功能测试有地图应用进入/退出测试、音乐进入/退出测试、电台进入/退出测试、电话进入/退出测试、车辆设置进入/退出测试、天气进入/退出测试、生活服务进入/退出测试等。其他操作动作还有单击、双击、长按、活动、拖拽等,结合具体应用功能进行测试。

7)CAN 通信交互测试:智能座舱系统与整车系统其他节点之间的数据交互主要通过 CAN 总线通信。因此,智能座舱的总线交互信号仿真、监测与测试,主要是使用 CAN 分析模块来实现。

在上述七大类型中,下面选择 CAN 通信测试。以 CAN 通信模拟 ABS 故障为例,讲解 CAN 通信测试内容和测试指标。当测试项目为 CAN 通信模拟 ABS 故障时,首先分析具体测试点如下。

1)车辆正常运行,ABS 无故障。

2)车辆 ABS 系统发生故障。针对不同的两个测试点,分别填写对应的预置条件、测试步骤和测试验收结果。在实际测试完之后,填写测试结果。

当进行 ABS 无故障测试时,需要对 CAN 通信相关的电压、周期、频率、波特率、网络等进行正常设置,通过 CAN 报文模拟车辆正常运行,应达到的验收结果是系统仪表无 ABS 故障灯亮。

当进行 ABS 有故障测试时，同样需要对 CAN 通信相关的电压、周期、频率、波特率、网络等进行正常设置，通过 CAN 报文模拟车辆 ABS 系统故障，应达到的验收结果是系统仪表 ABS 故障灯出现灯亮的效果。具体测试指标及内容如表 6-3-1 所示。

表 6-3-1　CAN 通信模拟 ABS 故障测试指标及内容

测试项目	测试点	预置条件	测试内容	验收效果
CAN 模拟 ABS 故障	无故障	1. 当前处于 ACC ON 工作状态 2. 周期类型：P 频率为 10ms 3. CAN 盒波特率为 1Mbit/s 4. CAN 连接在网关上	CAN 工具模拟发送报文，设置车辆正常运行	仪表 ABS 故障灯不亮
	有故障	1. 当前处于 ACC ON 工作状态 2. 周期类型：P 频率为 10ms 3. CAN 盒波特率为 1Mbit/s 4. CAN 连接在网关上	CAN 工具模拟发送报文，设置车辆 ABS 系统故障	仪表 ABS 故障灯亮

二、智能座舱性能测试需求

性能测试主要是对智能座舱的稳定性、可靠性、用户体验性等方面展开测试，主要包括座舱启动时间、应用启动时间、不同应用的响应时间、动作响应时间、页面切换流畅度、接触的硬件材质耐久可靠性、页面切换流畅程度等内容。性能测试更加注重用户的体验感，将主观评价客观化，通过收集实际数据来进行分析，从而对智能座舱相关产品的应用表现做出评估。

1）响应时间验证：响应时间作为智能座舱用户体验性指标，反映了座舱产品的品质。响应时间测试，测试需求主要有车机冷启动时间、仪表冷启动时间、倒车影像冷启动时间、路径规划冷启动时间等。

2）页面流畅度测试：主要的测试指标有最大连续卡顿帧数、平均帧率、卡顿总帧数、卡顿比率等。

> **引导问题 2**
>
> 查阅相关资料，请问在视觉图像处理过程中，如何得到精确率这个指标？
> _____
> _____
> _____

车载视觉测试标准认知

一、专业评价指标

实际测试过程中，需对不同场景维度以及车内人员行为进行不同的排列组合及遍历取值，以扩展场景边界，有效覆盖测试区。在指标方面，表 6-3-2 中的几个专业指标会被经常用到。

表6-3-2 测试环节常见的评价指标

符号	英文名	解释
FN	False Negative	正样本被预测为负样本的个数，即漏报
FP	False Positive	负样本被预测为正样本的个数，即误报
TN	True Negative	既是负样本又被预测为负样本的个数
TP	True Positive	既是正样本又被预测为正样本的个数，即检测正确

上面的正样本和负样本与算法检测结果的关系就是：实际为正样本的应该都出现在算法检测出的结果中；实际为负样本的应该都不出现在算法检测出的结果中。

二、专业评测指标

我们通常使用评测指标来客观衡量一个模型识别的结果，评测指标如下。

1. 召回率

召回率（Recall）也称查全率，使用正样本测试集输出 Recall，即在所有正样本数据集中识别正确个数的比例，以目标检测为例，我们往往把图片中的物体作为正例，召回率高代表着模型可以找出图片中更多的物体。具体计算如下：

$$\mathrm{Recall} = \frac{TP}{TP+FN}$$

2. 准确率

准确率（Accuracy）是评测指标中最直观的表示方法，它是判断正确的数据（TP+TN）占总数据的比例，表示有多少比例的样本预测正确，多用于统计性别识别结果。具体计算如下：

$$\mathrm{Accuracy} = \frac{TP+TN}{TP+TN+FP+FN}$$

3. 精确率

精确率（Precision）针对模型判断出的所有正例（TP+FP）而言，其中真正例（TP）占的比例。精确率也叫查准率，还是以目标检测为例，精确率高表示模型检测出的物体中大部分确实是物体，只有少量不是物体的对象被当成物体。具体计算如下：

$$\mathrm{Precision} = \frac{TP}{TP+FP}$$

引导问题 3

查阅相关资料，请问在语音测试中，如何计算识别率？

_____
_____
_____

车载语音测试标准认知

车厂目前大多数采用单模语音方案,即只有一路语音信号输入,但是单模语音在噪声嘈杂的环境下就会无法识别,比如在闹市区或者车上人员比较多和吵闹的情况下,用户可能无法顺畅地进行语音交互。因此,测试需要在可重复的、模拟真实场景下进行。测试声场景应模拟行车使用环境,在真实汽车车壳或真实车辆内进行测试。推荐使用符合 ITU-T P.581 规定的 HATS 进行声音信号的重现与采集,使用前对 HATS 进行校准和均衡。将语音标准库中预先录制好的语音输入待测系统,并统计系统输出结果。车载系统的响应可以用录像的方式记录下来,作为测试结果之一。具体测试内容和指标如表 6-3-3 所示。

表 6-3-3 语音功能相关测试内容及指标

序号	测试内容	测试指标	详细描述
1	唤醒率	唤醒率 $=R/N \times 100\%$	成功唤醒次数与唤醒总次数之比,假设测试语料中总共尝试 N 次唤醒,唤醒成功 R 次
2	唤醒音区准确率	音区定位准确率 $=R/S \times 100\%$	成功唤醒的情况下,正确输出唤醒音区的次数,假设测试语料中总共尝试 N 次唤醒,成功唤醒 S 次,正确输出音区次数为 R 次
3	识别率	识别率 $=H/L \times 100\%$	以完整语句的识别情况来判别语音识别效果,假设参与识别的句子总数为 L,识别完全一致的句子数为 H
4	识别音区准确率	音区定位准确率 $=R/L \times 100\%$	指用户成功发出识别语句后,正确输出识别位置的次数,假设参与识别的句子总数为 L,定位成功 R 次
5	人声隔离率	人声隔离率 $=S/N \times 100\%$	指非目标人声位置发出语句被拒绝识别的准确度,假设目标人声位置成功唤醒 N 次,且未发出语句,非目标人声位置发出语句 S 句,未被识别
6	误识率	误识率 $=W/T$	指用户未发出唤醒词而唤醒引擎错误输出已唤醒结果的概率。用单独外放设备播放一定时长的噪声语料,检测语音唤醒的结果,需覆盖有回声及无回声情况。一般量化到 24h 或 48h 内的误唤醒次数,时间 T 内,误唤醒 W 次
7	唤醒延迟	—	用来衡量语音唤醒引擎的响应速度,为检测到唤醒词尾点与唤醒响应时间点之间的时间差
8	CPU 占用率	—	根据不同类型待测设备 CPU 的详细信息,查看语音 SDK 占用百分比的峰值、均值
9	内存占用率	—	根据不同类型待测设备,查看语音 SDK 内存开销

📖 拓展阅读

针对智能座舱的稳定性、可靠性、用户体验方面展开测试，主要覆盖以下内容：座舱启动时间、应用启动时间、动作响应时间、滑屏流畅度、界面切换流畅度、耐久可靠性。性能测试注重用户体验，将主观性评价客观化，以实际数据为基础进行分析，评估产品实际应用表现。

智能座舱开发属于敏捷开发，测试内容多，软件版本高速迭代，而传统手动测试效率低，成本高昂，无法满足智能座舱的测试需求，需要针对性地研究交互式功能测试技术，提升测试效率，实现智能座舱高效、迭代测试。

智能座舱作为人机交互的终端，传统手动测试主要依靠测试人员按照测试工况进行手动操作及识别，利用手指滑屏或者单击屏幕，通过人眼查看评价HMI界面变化，利用嘴巴发声与座舱系统语音交互，通过耳朵进行语音识别。因此根据上述特点，本次提出的智能座舱交互式功能测试技术主要解决测试人员"手""眼""嘴""耳"的关键问题。因此，智能座舱交互式功能测试技术路线如下：采用机械手仿真人手对座舱屏幕的操作；研究机器视觉算法替代人眼进行HMI界面识别；通过人工嘴语音合成进行语音交互；利用传声器进行语音识别。

系统通过人工嘴向座舱系统发送音频指令，座舱系统识别音频指令后进行界面响应，由工业相机采集图像，分析判断界面响应是否准确；传声器采集座舱系统发出的反馈音频，分析验证座舱系统的音频响应逻辑。

机器视觉算法是智能座舱交互式功能测试技术的关键，为满足HMI图像处理要求，本次针对性地开发了如下视觉算法：视觉快速标定算法；高精度图像特征识别算法、响应时间算法、流畅度分析算法、抗干扰处理算法。

🔺 任务分组

学生任务分配表见表6-3-4。

表6-3-4 学生任务分配表

班级			组号		指导老师	
组长			学号			
组员	姓名：_____ 学号：_____ 姓名：_____ 学号：_____ 姓名：_____ 学号：_____ 姓名：_____ 学号：_____			姓名：_____ 学号：_____ 姓名：_____ 学号：_____ 姓名：_____ 学号：_____ 姓名：_____ 学号：_____		
任务分工						

工作计划

扫描二维码可观看教学视频,了解如何在汽车智能座舱实训系统软件中完成 CAN 信号模拟仪表屏速度测试与续驶里程显示测试,并结合获取到的相关信息、前面所学习到的知识及小组讨论的结果,制定工作方案,见表 6-3-5。

CAN 信号模拟车辆控制与能耗测试

表 6-3-5 工作方案表

步骤	作业内容	负责人
1		
2		
3		
4		
5		
6		
7		
8		

进行决策

1)各组派代表阐述资料查询结果。
2)各组就各自的查询结果进行交流,并分享技巧。
3)教师结合各组完成的情况进行点评,选出最佳方案。

任务实施

结合教材,了解座舱场景的测试标准与需求,完成如表 6-3-6 所示工单。

表 6-3-6 了解座舱场景的测试标准与需求

了解座舱场景的测试标准与需求			
记录			完成情况
1. 结合教材信息与网络搜索信息,整理一份座舱交互功能测试需求清单			已完成□ 未完成□
2. 完成 CAN 信号模拟汽车仪表屏速度和续驶里程测试实训			已完成□ 未完成□
座舱交互功能测试需求			
测试大类	测试细分	测试内容	测试指标
功能测试	语音交互测试		
	人脸识别测试		
	外设交互测试		
	电源适配测试		
	HMI 页面切换测试		

（续）

测试大类	测试细分	测试内容	测试指标
功能测试	UI 功能测试		
	CAN 通信 交互测试		
性能测试	响应时间验证		
	页面流程度测试		

CAN 信号仪表屏速度测试

序号	测试点	测试步骤	测试结果记录
1	车速信号 0km/h		
2	车速信号 15km/h		
3	车速信号 40km/h		
4	车速信号 80km/h		
5	车速信号 120km/h		

CAN 信号模拟续驶里程显示测试

序号	测试点	测试步骤	测试结果记录
1	续驶里程 0		
2	续驶里程 10km		
3	续驶里程 200km		
4	续驶里程 1600km（max）		
5	续驶里程 1700km（超出范围）		

总里程百公里能耗显示测试

序号	测试点	测试步骤	测试结果记录
1	总里程百公里能耗 0kW·H/100km		
2	总里程百公里能耗 1kW·H/100km		
3	总里程百公里能耗 10kW·H/100km		
4	总里程百公里能耗 25.5kW·H/100km		
5	总里程百公里能耗（填充 byte1）		

6S 现场管理

序号	操作步骤	完成情况	备注
1	建立安全操作环境	已完成□ 未完成□	
2	清理及整理工具量具	已完成□ 未完成□	
3	清理及复原设备正常状况	已完成□ 未完成□	
4	清理场地	已完成□ 未完成□	
5	物品回收和环保	已完成□ 未完成□	
6	完善和检查工单	已完成□ 未完成□	

评价反馈

1）各组代表展示汇报 PPT，介绍任务的完成过程。

2）以小组为单位，请对各组的操作过程与操作结果进行自评和互评，并将结果填入表 6-3-7 中的小组评价部分。

3）教师对学生工作过程与工作结果进行评价，并将评价结果填入表 6-3-7 中的教师评价部分。

表 6-3-7 综合评价表

姓名		学号		班级		组别	
实训任务							
评价项目		评价标准			分值	得分	
小组评价	计划决策	制定的工作方案合理可行，小组成员分工明确			10		
	任务实施	能正确了解车载语音测试标准			10		
		完成座舱交互功能测试需求清单			20		
		完成 CAN 信号模拟汽车仪表屏的指示灯测试实训			20		
	任务达成	能按照工作方案操作，按计划完成工作任务			10		
	工作态度	认真严谨、积极主动、安全生产、文明施工			10		
	团队合作	与小组成员、同学之间能合作交流、协调工作			10		
	6S 管理	完成竣工检验、现场恢复			10		
		小计			100		
教师评价	实训纪律	不出现无故迟到、早退、旷课现象，不违反课堂纪律			10		
	方案实施	严格按照工作方案完成任务实施			20		
	团队协作	任务实施过程互相配合，协作度高			20		
	工作质量	能正确完成座舱场景 CAN 信号功能测试工单的填写			20		
	工作规范	操作规范，三不落地，无意外事故发生			10		
	汇报展示	能准确表达，总结到位，改进措施可行			20		
		小计			100		
综合评分		小组评分 ×50% + 教师评分 ×50%					
总结与反思							

（如：学习过程中遇到什么问题→如何解决的/解决不了的原因→心得体会）

参考文献

[1] 杨聪，等. 智能座舱开发与实践［M］. 北京：机械工业出版社，2022：34-36，66-71，294-309.

[2] 聂明，齐红威，等. 数据标注工程——概念、方法、工具与案例［M］. 北京：机械工业出版社，2020：22-27，37-47.

[3] 许斗，刘学军，等. 智能网络汽车智能座舱系统测试装调［M］. 北京：机械工业出版社，2022：18-25，140-153.

[4] 薛志荣. 前瞻交互：从语音、手势设计到多模融合［M］. 北京：电子工业出版社，2022：88-90.

[5] 章毓晋，等. 计算机视觉教程［M］. 2版. 北京：人民邮电出版社，2017：39-56.

[6] 李育贤，李钧，臧金环. 车载语音交互技术发展现状及趋势展望［J］. 智能网联汽车，2019（6）：84-89.

[7] 崔红霞，李婷婷，王宁，等. 一种全景相机系统的标定方法研究［J］. 计算机技术与发展，2019，29（7）：194-199.

[8] 练艺，曾晓辉. 智能语音在汽车中的应用［J］. 无线互联科技，2018，15（23）：135-138.

[9] 许旻，马晨东，罗紫琳. 基于深度学习的危险驾驶状态检测预警系统设计［J］. 无线互联科技，2022，19（12）：50-52.

[10] 尤作，谭浩. 手势操控车载信息交互系统研究［J］. 包装工程，2019，40（2）：50-54.

[11] 王兴宝，雷琴辉，梅林海，等. 汽车语音交互技术发展趋势综述［J］. 汽车文摘，2021，（2）：9-15.

[12] 王飞. 汽车智能座舱中人脸活体检测与视线估计算法研究［D］. 合肥：安徽大学，2021.

[13] 回姝，郑红丽，顾莹. 汽车智能座舱发展趋势下的机遇和挑战［J］. 汽车文摘，2022（5）：7-11.

[14] 胡鸿，易灿南，廖远志，等. 车载驾驶员疲劳驾驶预警与控制系统研究［J］. 中国安全生产科学技术，2014，10（11）：101-106.

[15] 李昌夏，加文浩，黄政龙，等. 基于YOLOv5的实时抽烟检测研究［J］. 电脑知识与技术，2022，18（8）：100-102.

[16] 李政文，杜文菊，饶妮妮. 基于不准确图像数据清洗的分类方法研究［J］. 信号处理，2022，38（7）：1547-1554.

[17] 马紫暴，唐娉，赵理君，等. 深度学习图像数据增广方法研究综述［J］. 中国图像图形学报，2021，26（3）：487-502.

[18] 何丽雯，张锐驰. 基于深度学习的驾驶员分心行为识别［J］. 计算机与现代化，2022（6）：67-74.

[19] 史芳菲. 监控视频下运营车辆司机吸烟行为检测系统的设计与实现［D］. 海口：海南大学，2021.

[20] 姜文，刘立康. 软件测试组日常工作流程管理方法［J］. 中国管理信息化，2019，22（19）：142-146.

[21] 郑晗. 基于卷积神经网络的驾驶员抽烟识别算法研究与嵌入式系统实现［D］. 徐州：中国矿业大学，2020.

[22] 许骞艺. 基于深度学习的驾驶员行为识别方法研究［D］. 长春：吉林大学，2021.

[23] 卢迪，马文强. 基于改进YOLOv4-tiny算法的手势识别［J］. 电子与信息学报，2021，43（11）：3257-3265.

[24] 许设，马文博，高晋先，等. 商用车自动驾驶测试现状研究［J］. 汽车实用技术，2021，46(17)：26-29.

[25] 闵志刚. 基于智能驾驶需求的汽车智能座舱设计发展现状及未来趋势探究［J］. 时代汽车，2022（15）：127-129.